スキタイ
騎馬遊牧国家の歴史と考古

雪嶋 宏一 著

Archaeologia
Eurasiatica

雄山閣

■スキタイ騎馬遊牧国家の歴史と考古■目次

序　古代中央ユーラシア草原の騎馬遊牧民 …………………………… 3

I　スキタイ考古学研究のあゆみ ………………………………………… 9
　（1）ヘロドトスの「スキティア誌」 ………………………………… 9
　（2）ヘロドトス以外の史料 …………………………………………… 12
　（3）ロシア帝国時代 …………………………………………………… 13
　（4）ソヴィエト連邦時代 ……………………………………………… 16
　（5）ソ連邦崩壊以降 …………………………………………………… 21

II　スキタイ遊牧国家をめぐる議論 ……………………………………… 25
　（1）スキタイ国家論 …………………………………………………… 25
　（2）匈奴国家論とスキタイ …………………………………………… 27

III　スキタイ時代の編年的枠組み ………………………………………… 31
　（1）スキタイ文化の編年 ……………………………………………… 31
　（2）最近の中央ユーラシアの年代学研究 …………………………… 41

IV　キンメリオイ問題 ……………………………………………………… 49
　（1）アッシリア史料に見られるギミッラーヤ（キンメリオイ）…… 49
　（2）ギリシア史料に現れたキンメリオイ …………………………… 55
　（3）キンメリオイの考古学上の位置付け …………………………… 62

V　第一スキタイ国家：北カフカス ……………………………………… 71
　（1）スキタイの起源をめぐる古代の伝承 …………………………… 71
　（2）スキタイの西漸に関係する考古学資料 ………………………… 76
　（3）スキタイの西アジアにおける活動 ……………………………… 85
　（4）西アジアにおけるスキタイ文化の遺物 ………………………… 98

（5）北カフカス草原のスキタイの遺跡 ………………………… 113

Ⅵ　第二スキタイ国家：黒海北岸草原の支配 ………………… 129
　　（1）スキタイ王の系譜 ……………………………………… 129
　　（2）スキタイ国家の構造 …………………………………… 138
　　（3）ギリシア植民市との関係 ……………………………… 141
　　（4）スキタイ起源神話と王権神授の図像 ………………… 143
　　（5）スキティアの諸部族 …………………………………… 161
　　（6）スキティア周辺の諸民族 ……………………………… 167
　　（7）黒海北岸のスキタイ遺跡 ……………………………… 172
　　（8）スキティアの遺跡の分布、編年、規模 ……………… 177
　　（9）城塞集落の出現 ………………………………………… 185

Ⅶ　第三スキタイ国家：クリミアの小スキティア
　　（1）大スキティアの瓦解 …………………………………… 187
　　（2）第三スキタイ国家の活動 ……………………………… 196
　　（3）小スキティアのスキタイ遺跡 ………………………… 205

おわりに―スキタイの文化遺産 ………………………………… 221

参考文献 ……………………………………………………………… 227
図版典拠 ……………………………………………………………… 245
あとがき ……………………………………………………………… 251

付　　図 ……………………………………………………………… 253
索　　引 ……………………………………………………………… 263

序　古代中央ユーラシア草原の騎馬遊牧民

　本書が主に対象とする地域はユーラシア大陸の中央部である。そこは、中国北辺の大興安嶺からはるか西方ハンガリーのパンノニア平原に至るまで連綿と草原地帯が続く広大な地域である。この地域を区切る自然境界は東から大興安嶺、アルタイ山脈、天山山脈、ウラル山脈、カルパチア山脈などの山塊と、これらの山脈などから発して大草原を蛇行しながら悠々と流れるイェニセイ川、オビ川、ウラル川、ヴォルガ川、ドン川、ドニェプル（ドニプロ）川などの大河およびその支流である。最近ではこの地域を大きく分けて、大興安嶺からアルタイ山脈を中央ユーラシア東部、アルタイ山脈からウラル山脈までを中央ユーラシア中部、ウラル山脈からカルパチア山脈までを中央ユーラシア西部と呼んでいる（藤川 1999）。

　標高はアルタイ山脈・天山山脈を擁する東部ほど高く、西部に向かって低平となる。モンゴルは海抜1000mを越える高原地帯であるが、カスピ海沿岸のヴォルガ川下流域は海抜０ｍ以下の低地帯である。年間の平均降水量も東部のほうが少なく、より寒冷なため古来農業には適していない。一方、例えば北カフカスから黒海北岸地方は歴史的には中世に至るまで遊牧民が割拠した草原地帯であるが、その周辺では新石器時代から農耕牧畜が行われており、近代に至って草原の開発が進むとともにロシア・ウクライナの大穀倉地帯として発展したことはこの地域が決して農業に適さないような土地ではなかったことを明らかにしている。

　草原地帯の北側には森林草原交雑地帯（いわゆる森林ステップ）が広がり、新石器時代からトリポリエ文化などの定住的な農耕牧畜文化が発展した。森林ステップは草原地帯に穀類や魚類などの食料や毛皮、奴隷などの交易品を供給する役割を果たしながら発展した。一方、草原地帯の南側は古代文明が発展した中国、イラン高原、メソポタミア、アナトリアへとつながり、草原の民との接触で歴史・文化的な関係が形成された。

前1千年紀初頭までに中央ユーラシア草原では、ヤギ、ヒツジ、ウシ、ウマ、ラクダなどの家畜を季節的に移動を繰り返しながら飼育する遊牧的牧畜を生業とする遊牧民が支配的な勢力となった。彼らは歴史に登場した時にはすでにウマを利用して家畜を管理する騎馬遊牧の民であり、アラビア半島やアフリカの遊牧民とは異なった特徴をもっていた。彼らは家畜がもたらす毛、皮、肉、乳を原資として、近隣の農耕村落や都市と物々交換を行って交易を営み経済社会を維持発展させたため、広大な地域にもかかわらず彼等の物質的な文化は驚くほど類似していた。

このような草原地帯で発展した騎馬遊牧民の中でも史上最初に知られた民族として、アッシリアでイシュクザーヤ（Iškuzāya）あるいはアシュクザーヤ（Aškuzāya）と呼ばれ、古代ギリシアではスキュタイ（Skythai）と呼ばれた遊牧民の大集団がいた。彼らは騎馬の機動力を発揮した騎馬軍団を発展させて古代文明世界に侵入し、またアケメネス朝ペルシア軍を撤退させたことで広く知られるようになった。そのため、古代の中央ユーラシア東部、中部、西部に普及した騎馬遊牧民の文化は、広義には歴史の父ヘロドトス（Herodotus）が『歴史』の中で詳しく語った「スキュタイ」の文化、あるいは同時代のペルシア人が彼等を呼んだ名称である「サカー（Sakā）」の文化であるとみなされている。

ちなみに、わが国では歴史学の用語として彼らをギリシア語の複数形に基づいて「スキタイ」と呼び習わしているので、本書でも史料や他の文献の引用文以外では基本的には民族名には「スキタイ」、地名には「スキティア」を使用する。しかし、引用文中ではしばしば名称に差異を生じて用語の統一性を欠くことになるが、このような事情であることを予めご了承願いたい。

スキタイは、近代歴史学的な意味での人種、言語、宗教、文化を同じくする「民族」ではない。おそらく、イラン系の集団が支配層を形成し、支配下にさまざまな民族を包含した多民族集団からなっていたと考えられる。ヘロドトスによれば、彼らはアジアの奥部から黒海北岸草原に進出し、民族起源伝説に伝えられた「パララタイ（Paralatai）」と呼ばれる正統な王権を継承した王族を戴いた集団であった（ヘロドトス4巻6節）。つまり、彼らは王権を掌握した氏族あるいは部族を中心に結成された生業や民族を超えた大型・広

域の政治連合体であったと考えられよう。

　スキタイの支配層がイラン系であったという証拠は、前5世紀ギリシアのヘロドトスが記録したスキタイ起源神話に登場するリポクサイス（Lipoxais）、アルポクサイス（Arpoxais）、コラクサイス（Kolaxais）という兄弟の名称や歴代の王名、黒海北岸に建設されたギリシア植民市で製作された多くのギリシア語碑文に散見されるイラン語系として解釈される多数の名前である（Abaev 1979；Schmitt 2003）。また、これらの地域で発掘されたスキタイの墓で発見された遺骨の形質人類学研究によって、被葬者の頭蓋骨は長頭形を示し、顔面の幅が狭く、眼窩は高くなく、鼻は幅広く突出しており、エウロペオイドの特徴が明らかになっている（Zubov 1988：132-134）。それらのことから、彼らは東イラン語を母語としたイラン系の集団であったと考えられている（Oranskiy 1979：88）。おそらく、彼らは前1千年紀初頭に中央ユーラシア東部で勢力を拡大し、近隣諸族との勢力争いの末に西部へ進出して黒海北岸草原に達した遊牧的牧畜を生業とする大集団であったとみなすことができよう。

　ヘロドトスは黒海北岸に居住するスキタイについて語る際にスキティア以東（あるいは以北）の地方について伝えている。ちなみに、本書ではヘロドトス『歴史』の邦語訳文を引用する際には、特に注記のない場合には岩波文庫版松平千秋訳を用いている。

　　この民族の国を越えたさらに東方に進めば、別種のスキュタイ人が住む。これは王族スキュタイに背き、その果てにこの地に到来したものである（ヘロドトス4巻22節）。

と述べ、アジアの奥部には出自を同じくする別のスキタイが居住していることを伝えた。この別種のスキタイが実際にはどこに居住していたかは諸説あり結論が得られるものではないが、スキタイがはるか北方あるいは東方にも居住していたことを証言しており、スキタイの広範な居住分布が知られていた。また、ヘロドトスは次のような情報も伝えている。

　　この民族はスキュタイ人なのであるが、「アミュルギオンのサカイ人」

とよばれていた。ペルシア人はスキュタイ人をすべてサカイ人と呼ぶからである（ヘロドトス7巻64節）。

アミュルギオン（Amyrgion）については後6世紀の学者ビュザンティオンのステファノス（Stephanus of Byzantium）は「サカ族の平原」と注釈した（Scythica et Caucasisa, t. 1, p. 254）。この平原がどこにあったかは定かではないが、ヘロドトスの文脈から判断するとバクトリアに近い中央アジアの地域であったことが推測される。

同時代のアケメネス朝ペルシアの碑文では「サカー（Sakā）」と呼ばれる集団が言及されている。ペルシア王ダレイオス（Dareios）1世のビーソトゥーン（Bīsotūn）碑文ではダレイオスが征服した種族として「尖帽子をかぶるサカ族」がおり、その統領スクンカ（Skunxa）を逮捕連行したことを述べ、尖帽を被り縄に繋がれたスクンカの姿がレリーフで表現されている（Ghirshman 1963：235；伊藤 1974：49）。また、ダレイオス1世のナクシェ・ロスタム（Naqš-e Rostam）碑文 a では、朝貢する国や種族を列挙した中に「ハウマ崇拝のサカ族（サカー・ハウマヴァルガー Sakā haumavargā）」、「尖帽のサカ族（サカー・ティグラハウダー Sakā tigraxaudā）」、「海の向こうのサカ族（サカー・ティアイ・パラドラヤ Sakā tyaiy paradraya）」と呼ばれるサカの集団が言及されていた。次の王クセルクセス（Xerxes）1世のペルセポリス（Persepolis）碑文 h でも「ハウマ崇拝のサカ族」、「尖帽のサカ族」が支配下の種族として言及されていた（伊藤 1974：138）。さらに後代の漢文史料でも西域に「塞」という種族が言及されており、「サカー」との一致を示唆している。つまり、ペルシアではサカーについての多くの情報があり、彼等が同様な特徴をもった騎馬遊牧民であることがよく知られていた。そして、その特徴はスキュタイと異なるものではないため、ペルシア人はスキュタイとサカを特に区別せずに「サカー」と呼んでいたことになる。

考古学研究では、スキュタイ文化は広義には中央ユーラシア草原東部から西部にかけて前7世紀から3世紀前半に発展したスキュタイ系文化あるいはスキト＝シベリア文化のことであり、馬具、武器、埋葬儀礼、動物様式の装飾文様など多くの点でこの地域全体にわたって類似性を示した文化である。一方、

狭義には同時代に北カフカスから黒海北岸草原地帯に居住していた騎馬遊牧民の集団であり、ヘロドトスなどの古代ギリシア語史料でスキタイと呼ばれた人々が所持した文化の名称である。このスキタイ文化は近隣の定住農耕地帯や黒海沿岸ギリシア植民市に多大な文化的影響を与え、さらに中央ヨーロッパにいたる広い地域に伝播したことで知られている。

　本書では特に北カフカスから黒海北岸地帯を支配して王国を建設したスキタイを取り上げて、彼等が築いた王国の歴史について論じていく。スキタイについて述べるためには、スキタイ以前の黒海北岸地方に居住していたと伝えられるキンメリオイ（Kimmerioi）の問題についても当然触れなければならず、またスキタイの後に黒海周辺地域を支配したサルマタイ（Sarmatai）についてもやはり言及しなければならないことは論を待たないであろう。

　本書の構成は次のようになっている。

　Ⅰ章では、古代ギリシア・ローマ時代の記述について言及した後、ロシア帝国時代に開始されたスキタイ考古学研究を現代にいたるまで概観する。

　Ⅱ章では、本書のテーマであるスキタイ国家に関してどのように議論されてきたのか主要な見解を紹介しながら本書における立場を述べることにする。

　Ⅲ章では、考古学的に論じられている中央ユーラシアのスキタイ時代の編年的な枠組みと近年の研究動向を踏まえて、本書が扱う範囲とその区分について明らかにする。

　Ⅳ章では、スキタイ以前に黒海北岸地方に居住したと伝えられたキンメリオイについての歴史学考古学上の議論を辿ってキンメリオイおよびスキタイとの関係について述べる。

　Ⅴ章では、北カフカスにスキタイの中心があった第一スキタイ国家に関して、その起源、西アジア遠征、北カフカスにおける遺跡について記述する。

　Ⅵ章では、黒海北岸地方に中心地が移った第二スキタイ国家に焦点を当てて、王の系譜、国家の構造と起源神話、スキタイ諸族、スキティア周辺の諸民族、および遺跡について述べる。

　Ⅶ章では、サルマタイに黒海北岸草原を追われてクリミアの小スキティアに居を移した第三スキタイ国家の活動について言及してスキタイの歴史を締

めくくる。
　最後に、本書のまとめとして現代におけるスキタイの歴史と考古学に関する問題をまとめるとともに、彼等が残した遺産の意義について述べる。

I　スキタイ考古学研究のあゆみ

（1）ヘロドトスの「スキティア誌」

　スキタイに関する詳細な情報を伝えた最初の人は歴史の父ヘロドトスである。前5世紀中葉、小アジアのハリカルナッソス（Halikarnassos）出身のヘロドトス（前484年頃〜425年頃）は全ギリシア世界を揺るがしたペルシア戦争の原因を究明しようとしてアジア各地を訪ね歩き、そこで見聞した様々な情報をまとめた「ヒストリエー ἱστορίη（研究）」の数章を前445年にアテーナイ（Athenai）で発表して10タラントの褒美を得たという。しかし、翌年には南イタリアに建設されたトゥリイ（Thurii）の植民に参加して、以後生涯をそこで過ごした。彼はトゥリイで著作を完成させたようで、亡くなる425年頃までには「ヒストリエー」はギリシア人の間でよく知られた作品となっていた。周知のようにヘロドトスはその書物で歴史を語ろうとしたのではない。当時はまだ「歴史」という概念がそもそもなかった。彼の広範な調査と記録の結果として「歴史」が誕生することになったと言うべきであろう。ヘロドトスは「ヒストリエー」全編にわたって事実と神話・伝承をあますことなく語ったために理解しがたいエピソードを多く残すことになり、歴史書としてははなはだ不正確な内容であるとみなされてきたが、逆にそのことが今日では非常に重要な資料であると再評価されている（桜井 2006：45）。

　ヘロドトスはアジア各国歴訪の中で、ペルシア軍に撤退を余儀なくさせたスキタイに強い関心をもち、スキティアの玄関口に建設されたミレトスの植民市オルビア（Olbia）を訪問した。この地を確実に訪れたギリシア人著述家は当時としてはヘロドトスが唯一人であり、その後も紀元後55年夏に調査旅行を行ったギリシアの著述家ディオン・クリュソストモス（Dio Cocceianus, later called Chrysostomus）が一人いるだけであると言われている（藤縄 1989：113）。それほどに彼はスキタイに強い関心をもち、見聞した情報を細大漏らさず記録しようという気概に満ちていたことがわかる。そして、彼は『歴史』

第4巻1～142節を「スキティア誌」に費やした。また、他の箇所でもしばしばスキタイに言及してスキタイおよびスキティアに関して最も多くの貴重な記述を後世に伝えた。

　ヘロドトスはスキタイ王アリアペイテス（Ariapeithes）がオルビアに置いていた代官（ἐπίτροπος エピトロポス）であったテュムネス（Tymnes）からスキタイに関する様々な話を聞くことができた。テュムネスはスキタイの神話・伝承、王の系譜、宗教などスキタイ王権に関する事柄、またスキティアの周辺に居住した民族について語ったと思われる。ヘロドトスがオルビアを訪問した前450～440年頃にはすでにスキタイ王アリアペイテスは亡くなり、その子スキュレス（Skyles）王もギリシアかぶれの咎で異母兄弟のオクタマサデス（Oktamasades）に殺害されていたことから、テュムネスはすでに当代の王の代官ではなかったかもしれない。ヘロドトスがオルビアを訪れたのはおそらくオクタマサデス王の治世であり、スキュレスの死がまだ記憶に新しかった頃であったにちがいない（藤縄 1989：217；Alekseyev 2005：43）。

　テュムネスはその名前から判断してスキタイ系ではない。ヘロドトスは別な箇所で小アジア南西部のカリア（Karia）出身の同名の別人テュムネスの子ヒスティアイオス（Histiaios）に言及している（ヘロドトス7巻98節）。つまり、王の代官テュムネスはカリア出自のギリシア人で、何らかの経緯でオルビアに赴いてスキタイ王アリアペイテスの代官となったとも考えられる。ちなみに、カリアはヘロドトスの故郷ハリカルナッソスにも近い地域であるため、両者は故郷を離れた者として互いに親近感を抱いたかもしれない。

　ヘロドトスはオルビアだけでなくスキティアの内陸にも足を踏み入れて、スキタイがエクサンパイオス（Exanpaios）と呼ぶ地に安置された青銅製の巨大な両手壺クラーテールを見たと証言している（ヘロドトス4巻81節）。ヘロドトスは当時のギリシア人としては例外的に異民族（バルバロイ）に関心を寄せた人物であったといえよう。

　ヘロドトスが記述した『歴史』第4巻の「スキティア誌」はおおよそ次のような構成となっている。

　1～4節：スキタイのアジアからの帰還と奴隷の子孫たちとの戦い
　5～7節：スキタイ起源神話スキタイ説

8～10節：スキタイ起源神話黒海北岸ギリシア人説
11～12節：スキタイ起源伝承：スキタイの侵入とキンメリオイの逃亡
13～15節：アリステアス「アリマスポイ物語」の伝承
16～20節：スキティアの諸部族
21～27節：スキティア以東・以北の諸民族
28～31節：スキティアの寒気
32～35節：極北人（ヒュペルボレオイ）に関する伝承
36～40節：アジアの形状
41～43節：リビアの形状とその調査
44節：スキュラクスの調査
45節：ヨーロッパの境界について
46節：知能優れたスキタイの遊牧生活
47～58節：スキティアの河川誌
59～63節：スキタイの宗教儀礼
64～66節：スキタイの敵に対する風習
67～69節：占い師エナレエスについて
70節：スキタイの盟約
71～75節：スキタイ王の埋葬儀式
76～77節：外国の風習を嫌うスキタイ：スキタイ王の兄弟アナカルシスの例
78～80節：外国の風習を嫌うスキタイ：スキタイ王スキュレスの例
81節：スキタイ王アリアンタスによる人口調査とエクサンパイオス
82節：「ヘラクレスの足跡」について
83～92節：ダレイオス大王のトラキア侵攻
93～96節：ゲタイについて
97～98節：ダレイオスのイストロス川渡河
99～101節：スキティアおよび周辺地域の地誌
102～109節：スキティア周辺の民族誌
110～117節：サウロマタイ誌
118～120節：スキタイ軍事同盟と戦術

121〜125節：スキタイ連合軍の作戦行動とダレイオスのスキティア侵攻
126〜127節：ダレイオス王の停戦条件とイダンテュルソス王の回答
128〜130節：スキタイ連合軍の作戦変更
131〜132節：スキタイ王からの贈物とペルシア軍の評議
133節：イストロス川の橋を守備するイオニア人との交渉
134〜135節：ペルシア軍の退却
136〜142節：スキタイ連合軍によるペルシア軍追討

　ヘロドトスはスキタイがどのようにしてアケメネス朝ペルシアの攻撃に打ち勝ったのかに非常に大きな関心を寄せていた。ペルシア戦争ではギリシア軍も散々な目にあってようやく勝利した経緯があったため、スキタイだけがどうしてペルシア軍を撃退できたのかはヘロドトスでなくとも知りたかったのであろうが、それを実際に現地に赴いてその歴史的経緯を明らかにしたのはギリシア人ではヘロドトス唯一人であった。しかしながら、ダレイオスによるスキティア侵攻の記述は「スキティア誌」全体としては決して主要な記述ではなく、スキタイ起源伝承、スキタイ王の系譜、スキタイ諸部族、スキタイの風俗・習慣、スキティアおよび周辺の地誌・河川誌・民族誌などが叙述の中心を占めた。ペルシア軍の足跡を追ってスキティアに赴いたが、ヘロドトスの関心はむしろスキティアおよびその周辺地域に広がってしまった。ヘロドトスはスキタイについて知能が優れていることはポントス（黒海）地方随一であると評価した（ヘロドトス4巻46節）。ヘロドトスのこの叙述態度こそスキタイについて最も詳細な情報を後世に伝えることになったわけであるから、われわれはヘロドトスの英知と慧眼に尊敬と感謝の意を記さねばならないであろう。さらに、ヘロドトスは第4巻以外でもスキタイおよびスキティアについてしばしば言及しており、他の史料には伝えられていない貴重な記述が多数含まれている。そのため『歴史』はスキタイを研究する際の第一級の史料として今日でもその価値は変わらない。

（2）ヘロドトス以外の史料

　古代ギリシア・ローマを通じてヘロドトス以外にもスキタイおよびキンメリオイ、サルマタイなどの中央ユーラシア草原西部で活躍した騎馬遊牧民や

その地域についての情報は、ヘロドトス以前すでに詩人ホメーロス（Homerus）がキンメリオイの名称を詩に織り交ぜ、ヘカタイオス（Hecateus）がスキティアの地理について具体的な記述を残した。残念ながらホメーロスの記述はあまりに伝説的で、ヘカタイオスの記述はわずかな断片のみが残っているに過ぎない。ヘロドトス以降ではトゥキュディデス（Thucydides）、クセノフォン（Xenophon）、ポリュビオス（Polybius）、タキトゥス（Tacitus）など多くのギリシア・ローマの歴史家によって言及されている。しかし、詳しい情報やユニークな情報を残したのは、断片のみ伝えられる前4世紀のエフォロス（Ephorus）およびエフォロスの記述を引用した前1世紀のストラボン（Strabo）の『地理書（Geographia）』、他の著述家には知られていない独自の史料から言及したシチリアのディオドロス（Diodorus Siculus）が執筆した『ビブリオテーケー（Bibliotheke）』、マケドニア王フィリッポス（Philippus）2世の事績を記したポンペイウス・トログス（Pompeius Trogus）の『フィリッポス史（Historiae Philippicae）』（ユスティヌスによる抄録のみが残されている）、『自然誌（Naturalis Historia）』を執筆した後1世紀のプリニウス（Gaius Plinius Secundus）などである。また、後2世紀のサモス島のルキアノス（Lucianus）はスキタイに関するユニークなエピソードを残したことで知られている。

　一方、黒海北岸ギリシア植民市に建立されたギリシア語碑文は、古くから知られていたが、後世建築に再利用されて発見されたり、近代のギリシア植民市発掘で発見されたものなどであるが、スキタイやサルマタイへの言及が残されており、スキタイの歴史を語る場合にきわめて重要である。

　このようなギリシア・ローマの文献資料はスキタイに関する重要な史料であるが、スキタイあるいは中央ユーラシア中部のサカが残した考古学的な資料についての情報は18世紀にロシア帝国がこれらの地方を統治して以降、地中から掘り出される遺物に関心がもたれるまでまたなければならなかった。

（3）ロシア帝国時代

　スキタイ考古学の研究は18世紀中葉に始まった。当時ロシア皇帝エカテリーナ（Ekaterina）2世（1729～96）がエルミタージュ博物館を設立しようとしていた。黒海北岸地方では古墳が盗掘されて宝物が掘り出されていた。この

地方を統治していたメリグノフ（Mel'gunov, A. P., 1722～1788）中将（後に将軍）は皇帝に献上するために宝探しを命じ、1763年にドニェプル川中流右岸、エリザヴェトグラード（Elizavetgrad）（現キロヴォグラード Kirovograd）市近郊でリトイ（Litoi）古墳を発掘させた。古墳からは西アジアの文化の影響が強く感じられる金装剣と金製鞘などの金製品が発見され、最初に記録が残されたスキタイ古墳となった（香山 1970：112-114；ブラシンスキー 1982：24）。18世紀末になるとタマン（Taman）半島の古代ギリシア植民市ファナゴリア（Phanagoria）周辺でも古墳が発掘された。その後、オデッサ（Odessa）の古典学者ブラーランベルク（Blaramberg, J. de, 1770～1931）がオデッサ（1825年）とケルチ（Kerch）（1826年）に相次いで博物館を開設した。彼はギリシア古典古代と古代エジプトの資料の膨大なコレクションをもっており、博物館に収蔵した。それに続く1830年にクリミア半島のケルチでクリ＝オバ（Kul'-oba）古墳が偶然発見された。ケルチ市長ステンプコフスキー（Stempkovskiy, J. A., 1788～1832）が考古学的知識をもったフランス人デュブリュクス（Dubrux P., 1770～1835）に調査を命じた。クリ＝オバは未盗掘の状態で発見されたが、発見の知らせを聞いた盗賊が夜陰に隠れて攪乱して多くの貴金属製品を盗掘した。それでもなおスキタイ戦士が表現されたエレクトラム（金銀合金）製小型壺型容器（アリュバッロス型杯）などの豪華な大量の副葬品が発掘された（香山 1970：114-118；ブラシンスキー 1982：56-88）。クリ＝オバの発掘はロシア考古学の画期となり、以降ロシア政府が南ロシアの地をエルミタージュ博物館の収蔵資料の源泉であると認識するに至った（Tunkina 2003：320）。また、1852年にはスキタイ古墳の中で最高の墳丘（高さ21m）をもつアレクサンドローポリ（Aleksandropol'）古墳がペロフスキー（Perovskiy, L. A., 1792～1856）によって発掘された。

　スキタイ古墳の最初の学術的な調査はザベーリン（Zabelin, I. E., 1820～1908）による1862～63年のチェルトムルイク（チョルトムリク）（Chertomryk, Chortomryk）古墳の発掘である。チェルトムルイク古墳はドニェプル川下流右岸に位置する最大級のスキタイ古墳であり（墳丘直径115m、墳丘高19m）、地下に埋葬施設が大規模にうがたれた横穴墓であり、ゴリュトス（gorytus 弓矢ケース）の金製装飾板や銀鍍金製アンフォラなどのスキタイ美術を代表す

る豪華な副葬品をともなったスキタイ王の埋葬が発見された（香山 1970：121-126；ブラシンスキー 1982：89-107）。チェルトムルィク古墳は120年後の1983年から4年間にわたって再調査が行われ、ザベーリンの調査が検証され、墳墓の構造が明らかにされた。さらに未発掘であった墳丘北側部分から新たに埋葬址が発見された（Alekseev, Murzin and Rolle 1991）。一方、ドニェプル川中流域ではボブリンスキー（Bobrinskiy, A. A.）等がスキタイ古墳の発掘調査を行い、森林草原地帯へのスキタイ文化の拡大に関する資料を提供した。

ヴェセロフスキー（Veselovskiy, N. I., 1848～1918）は1891～94年にかけてドニェプル川下流域で最大級のオグーズ（Oguz）古墳を発掘したが、墓は攪乱されていた。その後、彼はクバン川中流域支流でマイコープ（Maikop）、ケルメス（Kelermes）、コストロムスカヤ（Kostromskaya）、ウリスキー（Ul'skiy）などで古墳群を次々に発掘した。これらの古墳からは初期のスキタイ文化の資料が多数発見された。特に、ケレルメス古墳群は鉱山技師シュリツ（Shul'ts, D. G.）が1903～04年に宝探しのような発掘を行ったため、1904～08年、1908～10年にかけてヴェセロフスキーが調査を行った。しかし、当時の発掘では調査記録が十分に作成されなかったため、どの墓をシュリツが発掘し、ヴェセロフスキーがどの古墳を調査したのか不明確であった（香山 1970：132-134）。ヴェセロフスキーはケレルメス古墳群の調査に続いて1912～13年にドニェプル川下流左岸のソローハ（Solokha）古墳の発掘を手がけ、地下式横穴墓でスキタイ王の埋葬址と金製櫛やフィアラ盃などの豪華な副葬品を発見して大きな成果をあげた（香山 1970：126-131；ブラシンスキー 1982：108-120）。

一方、スキタイ研究に不可欠な黒海北岸のギリシア植民市の研究はファルマコフスキー（Farmakovskiy, B. V., 1870～1928）による南ブグ川河口に位置するオルビアの組織的な発掘によって進展した。黒海北岸地方に伝わり、また発掘によって発見された碑文資料は古典学者ラトィシェフ（Latyshev, V. V., 1855～1921）によって集成され、今日でも最も重要な文献資料の一つとして利用されている（IOSPE I^2）。

ロシア革命直前までのスキタイ考古学研究を総括したのは古典考古学者ロストフツェフ（Rostovtsev, M. I., 1870～1952）であった。彼は文献資料と考古学

資料を編年順に整理し、地方的な考古学資料の特徴を明らかにして、スキタイ研究の基礎を築いた (Rostovtsev 1918；1925；2002；Rostovtzeff 1922；1931；1993)。また、英国の考古学者ミンズ (Minns, E. H., 1874～1953) はロシアの考古学者と密接な関係を保ってスキタイおよび黒海北岸ギリシア植民市の考古学研究をまとめた (Minns 1913)。なお、ミンズはロストフツェフの亡命生活を支援して、わが国でもよく知られているロストフツェフの著書『古代の南ロシア (*Iranians and Greeks in South Russia*)』の出版に尽力した (Rostovtzeff 1922；雪嶋 1992b；Bongard-Levin 1997：305-328)。

ロシア革命以前にスキタイの古墳から発見された多くの貴金属製品はエルミタージュ博物館に収蔵され、今日でも館内の特別室「黄金の部屋」の主要な資料として見学者の注目を集めている。

（4）ソヴィエト連邦時代

ロシア革命による混乱でしばらくソヴィエト考古学は停滞した。この時代フィンランドの考古学者タールグレン (Tallgren, A. M., 1885～1945) が国際的な考古学研究雑誌『古代北方ユーラシア (*Eurasia Septentorionalis Antiqua*)』(1927～1938) を刊行し、ソヴィエトの学者の協力も得て中央ユーラシア考古学の研究を精力的に進めた (角田 1971：325-326)。まもなく、ソヴィエト科学アカデミー物質文化史研究所によって雑誌『ソヴィエト考古学 (*Советская археология*)』(1936～1992) が創刊されソ連邦考古学の研究発表の場が確保されていった。また、黒海北岸ギリシア植民市あるいはギリシア・ローマ考古学関係の研究については世界史研究所より発刊された『古代史通報 (*Вестник древней истории*)』(1937～) に研究発表されるようになり、スキタイ考古学研究の発展に貢献した。

1937年から1950年にかけてモスクワ大学のグラーコフ (Grakov, B. N., 1899～1970) がドニェプル川下流左岸でダムの人造湖 (カホフ湖) に沈むカーメンスコエ (Kamenskoe) 城塞集落址の調査や対岸のニコポリ (Nikopol') のスキタイ民衆の群小古墳の発掘を行い、それまでほとんど知られることがなかった黒海北岸草原の古代遊牧民の生活の痕跡を明らかにした (Grakov 1954；1962)。グラーコフはモスクワ大学をスキタイ＝サルマタイ考古学の研究中心に発展

させて多くの学者を輩出させた。グラーコフが中心となって1952年にモスクワで開催されたスキタイ＝サルマタイ考古学会議はスキタイ考古学研究の大きな成果であり、その後のスキタイ研究の基礎を築いた重要な研究集会であった（Shelov 1954）。

一方、エルミタージュ博物館のアルタモーノフ（Artamonov, M. I., 1898～1972）はウクライナの森林ステップ地帯のスキタイ時代の城塞址やドン川流域のハザル（Khazar）の遺跡の発掘を指揮しながらスキタイ考古学の研究も進め、エルミタージュ博物館をスキタイ美術・考古学研究のもう一つの中心にした。同博物館から発行された雑誌『考古学論集（Археологический сборник Государственного Эрмитажа）』に毎号多数の関係論文が掲載された。1966年に公刊されたエルミタージュ博物館所蔵のスキタイ貴金属製品を集成した『スキタイ古墳の宝物（Сокровища скифских курганов）』はその大きな成果であった（英訳はArtamonov 1969）。

また、クリミア半島中央部のシンフェローポリ（Sinferopol'）市ケルメンチク（Kermenchik）丘で1945年からシュリツ（Shul'ts, P. N.）が城塞集落址いわゆるスキタイのネアポリス（Neapolis）の発掘に着手し、城門に造られた廟からスキタイ王の墓を発見した（Shul'ts 1953；シュリツ 1969）。ポスト・スキタイ時代「小スキティア（Scythia minora）」におけるスキタイ国家の首都とみなされる都市遺跡の調査が開始され、サルマタイの東からの侵攻に耐え切れず、黒海北岸草原からクリミアに退去した小スキティア時代のスキタイの姿が明らかになった。

ウクライナでは第二次大戦後、テレノシュキン（Terenozhkin, A. I., 1907～1981）が中心となって考古学調査が進められた。1954年にドニェプル川下流左岸に位置するメリトーポリ（Mel'topol'）市でロシア革命後初めてとなる大古墳の発掘を行い、スキタイ研究の画期を拓いた（Terenozhkin and Mozolevskiy 1988；プラシンスキー 1982: 151-168）。ドニェプル川中流域の森林草原地帯ではイリインスカヤ（Il'inskaya, V. A., 1920～1979）らが精力的にスキタイ墓群の発掘調査を行い、スキタイ文化の分布を明らかにした（Il'inskaya 1968; 1975）。そして、1960年代末以降、モゾレフスキー（Mozolevskiy, B. N.）を初めとするウクライナの考古学者たちはドニェプル川下流域の大古墳の学術的な発掘調査

に着手して、ガイマノヴァ・モギーラ（モヒラ）(Gaymanova Mogila)、ホミナ・モギーラ（モヒラ）(Khomina Mogila)、トルスタヤ・モギーラ（トフスタ・モヒラ）(Tolstaya Mogila, Tovsta Mogila)、ジョルトカーメンカ(Zhertokamenka)、ベルジャンスキー(Berdyanskiy)、ブラトリュボフスキー(Bratoluybovskiy)などのスキタイ貴族の墓を次々に明らかにし、スキタイ考古学研究を飛躍的に発展させた(Bidzilya 1971；Mozolevs'kiy 1973；1979；1982；Boltrik and Fialko 1994；Murzin and Fialko 1998；高浜, 林, 雪嶋 1992：33-35)。特に、トルスタヤ・モギーラの発掘ではこれまでほとんど調査されなかった墳丘周辺部も発掘され、周溝から大量の動物骨が検出され、スキタイの埋葬儀礼に新たな資料を提供した(Mozolevs'kiy 1979：18-25)。

　スキタイ考古学で最も重要な課題はスキタイの起源問題である。この問題についてアルタモーノフは、スキタイ文化を後期青銅器時代にヴォルガ方面から西方へ広まったスルーブナヤ(Srubnaya)文化（木槨墳文化）に起源するとみなし、スキタイ以前に黒海北岸草原に居住したと伝えられたキンメリオイの文化を中期青銅器時代のカタコムブナヤ(Katakombnaya)文化（地下式横穴墳文化）と考えた(Artamonov 1950)。したがって、スキタイは黒海北岸に起源したことになり、スキタイ文化を土着文化とみなした。この仮説はグラーコフによっても支持された。グラーコフはさらにスキタイの最終的な黒海北岸支配は前7世紀末のスキタイの新たな波によるものであると考えた(Grakov 1971：27)。その後、グリャズノフ(Gryaznov, M. P., 1902〜1984)によってトゥバで大規模なアルジャン(Arzhan)古墳が発掘され黒海北岸のスキタイ文化よりも古いスキタイ文化の墓であることが明らかになった。古墳は^{14}C（炭素同位体14）の測定値で前9〜8世紀中葉に編年され、最も早期のスキタイ文化の遺跡とみなされた(Gryaznov 1980)。テレノシュキンはアルジャン古墳を考慮して黒海北岸のスキタイ文化はすでにアジアの東方で形成された文化が持ち込まれたと主張し、土着起源説を否定した(Terenozhkin 1976：210-211)。

　スキタイ起源の問題とともにもう一つ重要な問題はスキタイ美術を特徴付ける動物文様の起源についてであった。多くの学者たちは、スキタイは動物文様を前7世紀の西アジア遠征で受容して発展させたと考えた（ロストゥツ

ェフ 1974：282-297)。一方、ボロフカ (Borovka, G. I., 1894～1941) はスキタイ美術をシベリアと関係付けて「スキト＝シベリア動物文様 Scytho-Siberian animal style」と呼んで北アジア起源を唱えた (Borovka 1928：32-66)。ところが、第二次大戦後まもなくイラン北西部コルデスターン州のジヴィエ (Ziviye) でスキタイ風の動物文様で装飾された金製品を含む一連の遺物が発見されるとスキタイ動物文様の起源を西アジアとみなす説が有力になった。スキタイ動物文様はアッシリア周辺のイラン北西部で形成されて黒海北岸へ、また中央アジアをへてシベリアへ伝播したとみなされた (Artamonov 1968：29)。しかしながら、南シベリアでは後期青銅器時代のカラスク文化とそれに続く初期鉄器時代のタガール文化ですでに動物文様を巧みに表現した遺物が多数あり、同様な資料がモンゴリアから中国北辺でも発見されていたことから、中央ユーラシア東部でも早くから動物文様が発展していたことはよく知られていた。グリャズノフは東部カザフスタンで初期遊牧民の文化であるマイエミール (Mayemir) 期を区別して遊牧文化の発展を裏付けていた (Gryaznov 1947)。彼は1971～74年にトゥバでアルジャン古墳（1号墳）を発掘して、ネコ科の猛獣が体躯を環状にまるめた青銅製の胸飾りや鹿を表現した青銅製竿頭飾（ポールトップ）などの最初期のスキタイに特徴的な動物文様が表現された副葬品を発見した。これによりスキタイ文化の起源が東方にあり、動物文様も東方に起源することが有力になった (Gryaznov 1980)。

　このような考古学研究の発達とともに、1970年代には歴史学、社会学、民族学、宗教学、神話学などの隣接学問の成果を取り入れた新しい二つの研究の流れが現れた。第一の研究は、ハザーノフ (Khazanov, A. M.) による『スキタイ社会史 (Социальная история скифов)』である。彼は民族学の立場から遊牧民を広く研究し、1960年代からスキタイ・サルマタイの研究に取り組んだ。そして、唯物史観による奴隷制と階級社会の議論に終始していたスキタイ社会の研究方向を転換させて、スキタイ遊牧民の社会構造に社会史的な視点からアプローチして、スキタイ社会の歴史を叙述した (Khazanov 1975)。ハザーノフはスキタイ研究の成果を世界の遊牧民の歴史および社会構造の考察に敷衍して Nomads and the outside world を公刊した (Khazanov 1983)。なお、本書の第3版はロシア語版としてアルマトゥから出版されている (Khazanov

2002)。

　第二の研究は、ラエフスキー（Raevskiy, D. S.）によるスキタイの神話的宗教的イデオロギーの研究『スキタイ＝サカ諸民族のイデオロギーの概要（Очерки идеологии скифо-сакских племнн）』である。ロシア＝ソヴィエト時代にはスキタイの神話宗教に関する研究はあまり積極的には行われていなかった。ロストフツェフ（Rostovtsev 1913）以来ヘロドトスが証言したスキタイのパンテオンの七神（ヘロドトス4巻59節）に関しての論考に重点がおかれ、ギリシアの神になぞらえたスキタイの神について論及された。いくつかの考古学資料に表現された人物像をスキタイの神にあてはめるような研究が行われていたが（Artamonov 1961；Grakov 1950；参照：Neykharadt 1982：185-213)、スキタイの宗教神話が体系的に論じられることはほとんどなかった。

　一方、印欧語族の神話を研究して印欧神話三機能論を展開したフランスのデュメジル（Dumezil, G., 1898～1986）はヘロドトスが伝えるスキタイ起源伝説を高く評価して、印欧神話の体系に組み入れた。そして、スキタイ起源神話やスキタイの宗教に関する起源伝説などの記述と中央カフカスのオセット人に伝わる「ナルト叙事詩」と比較して、多くの共通性を論証した（Dumezil 1958；1978；デュメジル 1987）。ところが、ラエフスキーはスキタイ起源神話や宗教体系の再構築を目指した。彼が注目したのは、それまでスキタイの日常的な場面を表現したものとみなされてきたクリ＝オバのエレクトラム製アリュバッロス杯、チャストィエ（Chastye）古墳群3号墳出土の銀鍍金製アリュバッロス杯、ソローハ古墳出土の金製櫛、ガイマノヴァ・モギーラの両耳杯、チェルトムルィク古墳の銀鍍金製アンフォラなどに打ち出されたフリーズ風のスキタイ戦士の図像や、サフノフカ（サフニフカ）（Sakhnovka, Sakhnivka）村出土の金製方形飾板および多数の古墳から出土している金製方形飾板に表現された女神の前で角杯を手にしたスキタイ戦士の図像などであった。そして、古代文献に残されたスキタイ起源伝説とこれらのスキタイ人物表現を組み合わせてスキタイの神話宗教イデオロギーの体系を再構成してみせた（Raevskiy 1977c；1993；雪嶋　1983）。ラエフスキーの仮説は大いに支持され、スキタイの宗教的な表現に関する研究は進展した（Bessonova 1983）。

　ソ連邦時代のスキタイ考古学を集大成したのはウクライナのイリインスカ

ヤとテレノシュキン夫妻であった。彼らの共著『前7－4世紀のスキティア』(Il'inskaya and Terenozhkin 1983) では、それまでに発掘調査されたスキティアの遺跡が時代別、そしてカフカス、黒海北岸草原地帯、スキティアの定住民、ドニェプル川中流域右岸の森林草原地帯、同左岸地方の森林草原地帯という地域別にまとめて論述された。彼らの遺産は1986年刊行の『ウクライナ共和国考古学』第2巻に継承された (Anokhin et al. 1986)。一方、ソ連邦科学アカデミー考古学研究所が刊行した『スキタイ＝サルマタイ時代のソ連邦ヨーロッパの草原』では、先スキタイ（キンメリオイ）時代、スキタイ時代、サルマタイ時代（前8世紀～後3世紀）にわたって黒海北岸草原からウラル地方に至る地域で発展した騎馬遊牧民の文化がメリューコヴァ (Melyukova, A.I.) 等によって総括された (Melyukova 1989)。これらの成果はスキタイ考古学研究において必ず参照すべき文献として今日でも価値を失っていない。

　また、1980年代にはかつて発掘されたが調査記録が十分に残されていないチェルトムルイク古墳とケレルメス古墳群の再調査が行われた。チェルトムルイク古墳の再調査はウクライナ科学アカデミー考古学研究所によって1983～86年に行われ、古墳全体の構造の確認と未調査区域の発掘が行われ、新たに埋葬址が検出されるなどの大きな成果をあげ、詳細な報告書が刊行された (Alekseev, Myrzin and Rolle 1991)。一方、ケレルメス古墳群はエルミタージュ博物館によって1983年から4シーズン（1986、1988、1990年）にわたって再調査が行われて、シュリツとヴェセロフスキーが発掘した墳墓の特定と、未発掘古墳の調査が行われて古墳群全体を明らかにした。発掘された古墳の詳細と出土遺物のカタログがロシア語ドイツ語対訳で刊行された (Galanina 1997)。

（5）ソ連邦崩壊以降

　1991年のソ連邦崩壊によって各共和国が独立していくと1992年にはソ連邦科学アカデミーも解体され、各地の考古学研究はそれぞれの国の研究機関の管轄となった。そのため、ウクライナ国内の遺跡は当然のことながらウクライナが主体的に調査することになり、ウクライナではロシアの学者たちによる独自の発掘調査は困難になった。このような時にウクライナではポーランドのポズナニ大学との協力で1995年にルィジャノフカ（リジャニフカ）

(Ryzhanovka, Ryzhanivka) 村大古墳を発掘調査した。この古墳はクリ＝オバ以来の未盗掘のスキタイ墳墓として話題を集め、スキタイ研究の新たな画期となった（雪嶋 1997a：Skoryi, Khokhorovs'ki, Hryhor'ev, Rydevs'ki 1999；Chochorowski and Skoryi 2000)。

　ソ連邦崩壊後の経済的な困窮による資金不足でますます考古学の調査研究は困難になった。そのため、以前には極めて限られていた外国の研究機関・団体からの研究資金による国際的な共同調査がにわかに進展した。アメリカ、ドイツ、イタリア、ベルギー、韓国などが遺跡の発掘調査に乗り出した。とりわけ、ドイツ考古学研究所はEurasien-Abteilung（ユーラシア部門）を開設して旧ソ連邦や東欧の考古学研究の態勢を整え、『ユーラシア古代文化（*Eurasia Antiqua*)』という年刊の研究論集を1996年に発刊した（林 1999a)。同研究所は2002年にトゥバのアルジャン2号墳を発掘調査して前7世紀に編年される墓の全貌を明らかにした（Chugunov, Parzinger and Nagler 2002)。そして同時に『ユーラシア草原諸民族（*Steppenvölker Eurasiens*)』という報告書のシリーズを発刊してロシア・ウクライナ考古学の援助を開始した。

　発掘調査と並んで発掘資料の理科学的な分析研究が外国の研究機関の協力で行われるようになった。特に、Ⅲ章で述べるような年輪年代学と放射性炭素同位体による年代学の共同研究が始まり、国際的な研究態勢による研究発表が行われ始めている。

　以上のように黒海北岸地域のスキタイ考古学はロシア、ソヴィエト、ロシア・ウクライナが主導して発展してきたことによってロシア語を主要言語として調査研究が行われてきた。そのため、ロシア以外の地域でも遺跡名は一般的にロシア語で表記されてきた。ソ連邦崩壊以降は各共和国の独立によってとりわけ黒海北岸地域ではウクライナ語の役割が増大し、遺跡名がウクライナ共和国の範囲ではウクライナ語で表記されることが普通になってきた。一方、北カフカスではカフカス系やトルコ系、イラン系の多数の民族共和国が存在するが、依然としてロシア語の役割が大きく、地名はロシア語表記が一般的であるようだ。しかし、カフカス南部では各民族語で表記されるようになってきているが、本書に登場する遺跡名、地名のすべてにわたって現地語に近いカタカナ名で表記するだけの情報を筆者はまだもちえない。そのた

め、遺跡名・地名についてはロシア語表記を原則として、現地の発音が判明しているものについてはなるべく現地音を（　）に入れて併記しているのでご了承のほどをお願いしたい。

II スキタイ遊牧国家をめぐる議論

（1）スキタイ国家論

　古代の中央ユーラシアの騎馬遊牧民ははたして国家的なシステムをもつ統治国家を築いていたのかどうかという問題は古くから議論されて現在に至るも問題点として取り上げられる研究テーマである。古代中央ユーラシアの騎馬遊牧民の中で歴史上最もよく知られている民族はスキタイと匈奴である。スキタイは、後述のように西アジアではアッシリア帝国となんらかの対等な関係をもってアッシリア皇女を后として迎え、黒海北岸草原においては起源神話の最初の王コラクサイスに由来するパララタイ一族が王権を掌握して他のスキタイ諸部族を支配下においていた（ヘロドトス4巻6節）。そして、ペルシア軍のスキティア侵略の際には、周辺諸民族を従えてペルシア軍を混乱に陥れて退却を余儀なくさせる統率力を発揮した。さらに、起源神話に基づく王権の正当性を内外に示して、黒海北岸のギリシア植民市を支配しながら自治を認めるという政策を取り、コインを発行するなどの古代国家的な施策も行った。

　スキタイ王国の歴史的位置付けに関する研究はロシア革命以前から発表されていた。ラッポ＝ダニレフスキー（Lappo-Danilevskiy, A. S., 1863〜1919）はスキタイには捕虜を支配する体制があり、バルバロイから文明への発展段階に達していたとみなした（参照：Neykhardt 1982：163）。ロストフツェフは、スキタイ王国がハザル汗国やキプチャクのような国家と同様に組織されており、本営の周りには急な攻撃や襲撃にたいして常に準備を整えていた騎兵が一群をなしており、平和時には王、諸侯、親兵は大家畜群の所有者であり、支配下の奴隷あるいは農奴を雑役に使用していたと述べた（Rostovtsev 1918: 38）。

　ソ連邦時代には唯物史観に基づいて古代国家は奴隷制を生産基盤とした階級社会と考えられたため、スキタイ社会に奴隷が存在したか否かが盛んに議

論された。ジェベリョフ（Zhebelev, S. A., 1867〜1941）は、ヘロドトスの時代にはスキタイはまだ氏族・部族社会にあり前2世紀のクリミアのスキタイ王国に至って明らかに国家の兆候が現れたと論じた（参照：Neykhardt 1982：164)。アルタモーノフはジェベリョフの考えを引き継いで、スキタイ社会は下僕や戦争捕虜のような家内奴隷が存在するが社会的役割が小さく、氏族・部族社会を基盤とした階級の萌芽が認められる軍事的民主制段階にあるとし、前3世紀末以降のクリミアの小スキティア王国時代に階級社会に移行し国家段階に達したとみなした（Artamonov 1974：143-144；参照：Neykhardt 1982：169-170)。それに対して、グラーコフは前5世紀末にドニエプル川下流域に出現したスキタイの城塞集落カーメンスコエを政治経済の中心地とみなして、前4世紀のアテアス（Ataias or Ateas）王の時代にスキタイは黒海北岸からドナウ川までを支配して国家段階に達していたと考えた（Grakov 1950：7；1954：23-24；1971: 41)。

　一方、テレノシュキンは、スキタイ社会では、家族は独立した小家族であり、ヘロドトスの時代にすでに氏族社会の体制はかなり弱まっており、奴隷が家内労働ばかりでなく、牧畜でも使用され、生産的な役割ももっていたと考えた。そして、奴隷制をもった初期の国家の特徴を帯び、さまざまな搾取形態に基づいた原初的な国家の段階に達していたと認めた（Terenozhkin 1966；Terenozhkin 1977；Neykhardt 1982：163-184)。

　ところが、ハザーノフは国家成立の条件を支配機構の成立と考え、前7世紀後半のスキタイの西アジア遠征時代にはすでにスキタイ社会は支配下の諸地域から貢物や税を搾取する組織をもつ国家段階にあったと考えた。そして、奴隷から王族に至るスキタイ社会の階層を詳細に分析し、古代・中世の中央ユーラシアの遊牧国家との比較を試みた。そして、前7世紀〜6世紀初めの西アジア時代を第一スキタイ王国、前6〜3世紀の黒海北岸草原時代を第二スキタイ王国、前2〜後2・3世紀のドニエプル川下流域とクリミア時代を第三スキタイ王国とするスキタイ国家の時代区分を提唱した（Khazanov 1975：203-251；1978：425-439)。

　近年、アレクセエフ（Alekseev, A. Yu.）は前5〜4世紀のスキタイ王と同時代のスキタイ王墓と目されている古墳との対応関係について仮説を提出して

いるが、その中でスキタイ王の系譜を3期に区分する試みを行った。それによれば、前7世紀の第一王朝は西アジアで活動したイシュパカー（Išpakā）からマデュエス（Madyes）まで、第二王朝はヘロドトスが言及したスパルガペイテス（Spargapeithes）からペルシア軍と戦ったイダンテュルソス（Idanthyrsos）までの前7世紀末から前6世紀の最後の3分の1期まで、第三王朝は前6世紀末から前4世紀後半までで、指輪の銘文から知られるアルゴタス（Argotas）からトラキア系のオリコス（Orikos）までとした。そして、前4世紀に知られるアテアスからアガロス（Agaros）までを同王朝の支配者とみなした（Alekseev 2005：39-40）。つまり、アレクセエフはスキタイ王朝の発生をイシュパカーからとし、スキタイ国家の出現を前7世紀のアジア時代から認めている。しかし、王朝の交代については史料からは明らかではなく、3期に区分する十分な根拠があるとは思われない。

（2）匈奴国家論とスキタイ

わが国ではスキタイ国家論についてはあまり関心がもたれなかったが、北アジアの騎馬遊牧民である匈奴の国家問題については詳しく論じられている。中でも匈奴の政治形態を詳しく研究した内田吟風は以下のように論じている。

> 匈奴及び南匈奴は、これらの部の多数が連合し、屠各種の部族に統領せられる国家である。単于・南単于は屠各種の大人であると同時に、全連合部族の長であった（内田 1975：238）。

と述べて、匈奴は部族連合国家であったと考えた。そして、南匈奴の国家組織については、

> その大臣の貴なる者は、左賢王、次は左谷蠡王、次は右賢王、次は右谷蠡王、これを四角と云う。次は左右日逐王、次は左右温禺鞮王、次は左右斬将王。これ六角たり。皆、単于の子弟、次第まさに単于たるべきものなり（内田 1975：239）。

という『後漢書南匈奴伝』の記述を考慮して、

　史記・漢書の匈奴伝の伝える前漢時代の匈奴のそれと、若干の相違があるが本質的には殆ど同一であったことを示している。(中略) 南単于は、被支配的な多数の連合部族の渠師、大人を同姓、異姓の左右賢王以下の王、侯に分割統治せしめた (内田 1975：240)。

と述べて、匈奴では単于を輩出する攣鞮氏が国家の要職を独占して諸部族を支配していたとみなした。ところが、沢田勲は唯物史観の観点から匈奴国家に関して次のように結論して、前述の内田とは異なる見解を表明した。

　前漢期匈奴および南北分裂後の北匈奴の社会においては、階級社会移行の萌芽は認められるが、完全な階級社会に移行したとはいいがたい。(中略) 歴史的には匈奴は遊牧国家形成期に位置し、遊牧国家完成期の突厥などとは明確に区別される必要があろう。匈奴はその国家制度を十分に成熟させえないまま南北に分裂し、その遺産が次の鮮卑、柔然に継承されぬまま史上より姿を消したのである (沢田 1996：160)。

つまり、匈奴社会は国家形成時期であったが、完成には至らなかったということで国家組織は未成熟であったとみなしたのである。
　一方、加藤謙一は唯物史観を援用して、匈奴の統治機構を、高度に発達した遊牧民特有の権力形態としての軍事的民主制であるとみなし、さらに異民族支配の観点から軍事的民主制「帝国」という新たな概念を提唱した。加藤はこのような概念をスキタイなどの古代遊牧民の統治機構を評価する際の「物差し」として提起した (加藤 1998：179-185)。
　最近、このような観点とは別に林俊雄は以下の理由を挙げて、匈奴が「国家」と呼べる水準に達していたとみなしている (林 2007：215)。

　匈奴が漢と対等の外交関係を結んでいていたこと、流入した漢人の官

僚層の存在が想定できること、租税徴収制度が存在したこと、簡素ながら法律・裁判制度が存在したこと、経済・防衛政策に国家的意思が看取されること、漢との間に境界線が存在することが双方に意識され、北側の人民は匈奴の支配に属することが漢にも認められていたことなど。

このような匈奴の国家論に関する社会制度の発展を軸とする議論とは異なり、杉山正明はむしろ遊牧社会に対する近代的国家論の押し付けを拒んで、スキタイについて独自な見解を発表した。杉山は、スキタイを権力の核となる特定の集団を中心に結成された生業や民族を超えた大型・広域の政治連合体であると考え、「スキタイ」とはそれぞれの集団や地域あるいは人間が帰属意識をもった最大の政治・社会単位となる国家名称とみなし、中央ユーラシアの遊牧国家の源流と位置付けた（杉山 1997：89）。杉山の説は、スキタイの政治形態をポストモダンな観点から初めて捉えた見解であり、古代遊牧国家に関する新しい概念であるとみなされよう。

以上のようなスキタイと匈奴に関する古代遊牧国家論を踏まえて、本書では黒海北岸に登場したスキタイを「最大の政治・社会単位となる国家名称」とみなし、さらにスキタイが国家的なレベルにあったとみられる歴史・考古学的な事象を織り交ぜて、スキタイ国家の歴史を叙述していく。その時代区分としては、ハザーノフと同様に中心地の変遷によってスキタイ国家を第一国家から第三国家に区分する。ハザーノフとは異なる点は西アジアではなく北カフカスに中心があったとみなされる前 7 世紀の時期を第一スキタイ国家、前 6 世紀以降に黒海北岸に中心が移り、ドニェプル川の中流域から下流域にスキタイの墳墓が集中した時期を第二スキタイ国家、サルマタイの東からの侵攻にともなって前 3 世紀以降にドニェプル下流域およびクリミアにスキタイの範囲が縮小して都市国家的な様相をも呈したいわゆる小スキティア時代を第三スキタイ国家とする。

ところが、後述のように黒海北岸草原でスキタイ文化がいつ頃成立したのかという問題で、これまでよりも遡る前 8 世紀という見解が近年表明されていることを考慮すると（後述）、スキタイ以前に黒海北岸草原に居住していたとされるいわゆるキンメリオイの問題も避けて通ることができない。し

がって、先スキタイ時代の歴史学的考古学的問題を論じた後、スキタイ文化の北カフカス・黒海北岸草原登場の時期、その後の中心地の変遷を考慮しながら、近年の研究成果を取り入れてスキタイ国家の歴史を以下に叙述してみよう。

Ⅲ　スキタイ時代の編年的枠組み

（1）スキタイ文化の編年

　黒海北岸草原の初期鉄器時代の編年は従来前9～7世紀前半が先スキタイ時代、前7世紀後半から前3世紀前半までをスキタイ時代、前3世紀後半から後3世紀までをサルマタイ時代と大きく分けてきた。サルマタイ時代にはクリミア半島に「小スキティア」と呼ばれる王国が存在し、スキタイの政治勢力が命脈を保っていたため、その時代をポスト・スキタイ時代とも呼んでいる。ソヴィエト時代に一般的であった先スキタイ時代からサルマタイ時代までの編年は次のとおりである(Terenozhkin 1976：208；Melyukova 1989：11, 49)。

　　先スキタイ時代チェルノゴロフカ（またはチェルノゴロフスキー）
　　　（Cherno-gorovka or Chernogorovskiy）期　前9～8世紀中葉（あるいは前
　　　8世紀後半～7世紀初頭）
　　先スキタイ時代ノヴォチェルカッスク（Novocherkassk）期　前8世紀
　　　後半～7世紀前半（あるいは前8世紀末～7世紀第4四半期初頭）
　　前期スキタイ時代　前7世紀後半～6世紀
　　中期スキタイ時代　前6世紀末～5世紀
　　後期スキタイ時代　前4～3世紀
　　サルマタイ時代　前3世紀～後3世紀（ポスト・スキタイ時代）

　このような編年の中で特に議論の対象になっているのは先スキタイ時代の考古学文化とスキタイ時代の開始と、後期スキタイ時代の終焉に関する問題である。後者の問題については後述するとして、ここでは特に前者に関する複雑な議論について述べることにする。

　黒海北岸草原地帯では紀元前1千年紀初頭は後期青銅器時代から初期鉄器時代への移行期にあたり、初期の遊牧的牧畜文化が形成されつつある時期であった。この時代は先スキタイ時代と呼ばれ、ヘロドトスによってスキタイ以前にこの地に居住したと伝えられた伝説的なキンメリオイの文化や、それ

Ⅲ スキタイ時代の編年的枠組み

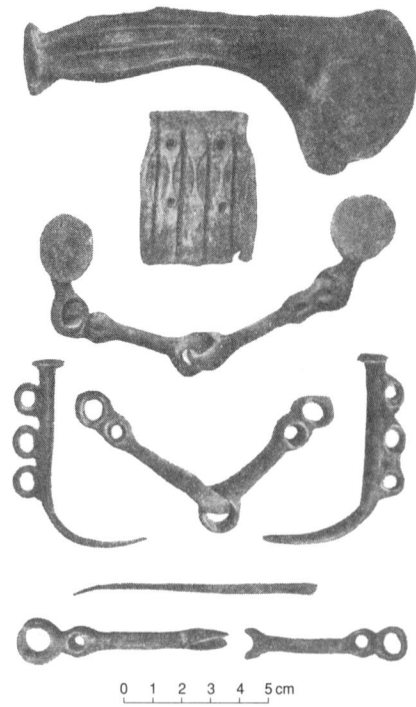

図1 ノヴォチェルカッスク出土一括遺物

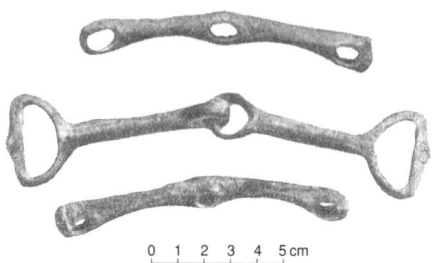

図2 チェルノゴロフカ1号墳3号墓出土の銜と鑣

に続くスキタイの起源やスキタイ文化の形成に関係ある極めて重要な時期にあたり、考古学者の関心が注がれてきた。その結果、この時代の文化編年と文化の帰属に関して様々な見解が提出され、今日に至るまで意見の一致が見られない。

先スキタイ時代の編年を考えるにあたって最も大きな問題は、1939年にドン川下流域のノヴォチェルカッスクで発見された一括遺物（青銅製斧、ピン、銜2個、鑣、鏃の鋳型）をメルクマールとするノヴォチェルカッスク型の遺物（図1）と、ドネツク州チェルノゴロフカ村1号墳3号墓から出土した銜と1対の鑣などをメルクマールとするチェルノゴロフカ型の遺物（図2）との関係をどのように考えるのかという点である。

すでに、わが国ではこれら両タイプの遺物群の研究に関して高浜秀や林俊雄が比較的詳しく紹介しており（高浜 1980；林 1990：31-34）、ここで繰り返すまでもないが、黒海北岸のスキタイの起源を考える上で避けて通るわけにはいかないため、概略をまとめておこう。

まず、先スキタイ時代の資料の中でとりわけ馬具に注目して銜の型式を4

分類したのはイエッセン（Iessen, A.A., 1896〜1964）であった。彼は、末端に 2 つの環がつくノヴォチェルカッスク型の銜を第 1 タイプ、末端が円形の 1 環となる型式を第 2 タイプ、末端が鐙形の環となるチェルノゴロフカ型の銜を第 3 タイプ、末端が第 3 タイプとは逆向きの鐙形の環となる銜を第 4 タイプとして、それぞれに伴う鑣の型式も検討した。イエッセンは第 3 型式の銜をケレルメス古墳などの出土例から判断して初期スキタイのものと考え、第 1 タイプはそれより早い先スキタイ時代とみなした（図 3）（Iessen 1953；参照：山本 1972；高浜 1980）。

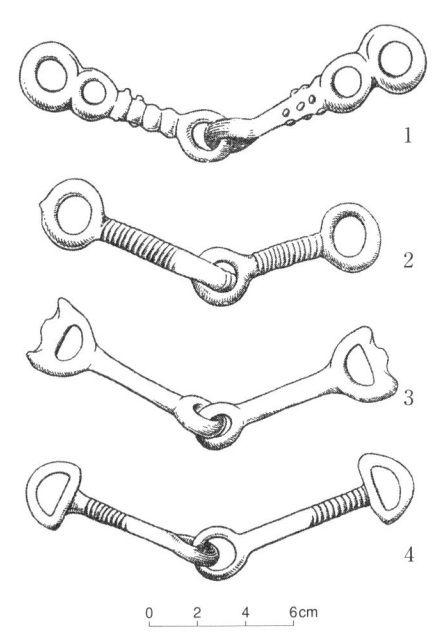

図 3　イエッセンによる銜の型式分類
1：第 1 タイプ　2：第 2 タイプ　3：第 3 タイプ
4：第 4 タイプ

　イエッセンの研究を大きく発展させたのがテレノシュキンである。彼は、チェルノゴロフカ型の遺物とノヴォチェルカッスク型の遺物をさらに多数集成して、馬具ばかりでなく武器や装飾品に至るまで広く検討を加えて先スキタイ時代の文化の様子を描き出した。そして、この文化は後期青銅器文化であるスルーブナヤ文化の最終末の段階にあり、チェルノゴロフカ型の遺物を前 9〜8 世紀中葉に、そしてノヴォチェルカッスク型の遺物をそれに続く 8 世紀中葉から 7 世紀中葉に編年して、イエッセンとは逆の編年的結論を得た。そして、両タイプの遺物の担い手をともにキンメリオイであると考えた。つまり、イエッセンが初期スキタイの銜とみなした第 3 タイプにはスキタイ以前のものが区別され、それに伴う鑣の型式に違いがあると判断したのである。また、キンメリオイを駆逐したとされるスキタイはすでに完成された「スキタイ文化」を携えて短期間のうちに黒海北岸に侵入したのであり、スキタイ

はキンメリオイとは異なり、トゥバのアルジャン古墳などに見られる北アジアの初期遊牧文化に起源する集団であるとみなした (Terenozhkin 1976；高浜 1980)。

これに対して、ウクライナの後期青銅器文化を研究していたレスコフ (Leskov, A.M.) は両タイプの遺物はある時期並行して存在したもので、むしろ両者の分布域に違いがあり、その担い手が異なっているとみなした。そして、チェルノゴロフカ型の遺物は前8世紀中葉～7世紀中葉に黒海西岸から北岸草原地帯に分布し、その担い手はキンメリオイであるとした。一方、ノヴォチェルカッスク型の遺物は前8世紀末～7世紀第4四半期初めに、黒海東岸、北カフカス、ドン・ヴォルガ流域に分布しており、その担い手はスキタイであると考えた (Leskov 1984)。レスコフの考え方に従えば両タイプは共に黒海北岸の地に文化的ルーツをもつという従来のスキタイのスルーブナヤ文化起源説に基づくもので、スキタイの北アジア起源を提唱するテレノシュキンと対立した。

レスコフ以降この問題に関する様々な意見が登場した。中でも、チレノヴァ (Chlenova, N.L) の意見は極端で、ノヴォチェルカッスク型遺物群を前7世紀の北カフカスに限定し、それらをいわゆる鹿石と結びつけて、その担い手をキンメリオイと断定して、彼らをカフカス系であるとした (Chlenova 1984)。一方、ドゥボフスカヤ (Dubovskaya, O.R.) のような地道な意見もある。彼女はノヴォチェルカッスク型遺物群を中心に研究し、その分布範囲がチェルノゴロフカ型遺物群の分布と一致していないことから両者の担い手が同じ部族集団であるとは考えられず、両者は同時代に並行した文化であるとみなした (Dubovskaya 1989)。

テレノシュキンの指導を受けたウクライナの若手考古学者からは新しい解釈が提起された。クロシコ (Klochko, V.I.) とムルジン (Murzin, V.Iu.) はノヴォチェルカッスク型遺物群の中には中央ヨーロッパとの文化的な関係が認められる資料があり、前10～7世紀初めに編年されるが、チェルノゴロフカ型遺物群は前9～8世紀中葉に編年され、馬具・剣などはアルジャン古墳出土の資料と類似しているが、逆に黒海北岸の先行する文化との関係が稀薄であるという。そのため、アルジャンとの関係を重視してチェルノゴロフカ型遺

物群の担い手をプロト・スキタイとみなし、スキタイの西方移動の第1波と考えた。つまり、テレノシュキンがキンメリオイとスキタイにあえて区別した第3タイプの銜は共にスキタイに属すことになる。そして、スキタイ動物文様を伴う初期スキタイの資料は第2波のスキタイの移動によるものであるとした。一方、ノヴォチェルカッスク型遺物群は土着の文化とみなされキンメリオイとの関係が示唆された (Klochko and Murzin 1987)。こうして、文化の民族的帰属に関してレスコフとは全く逆の結論が導かれたのであり、従来の仮説の根拠が大きく揺らいでしまった。

　従来前7世紀中葉から後半とされていた黒海地方におけるスキタイ文化（あるいはプロト・スキタイ）出現の上限はクロシコとムルジンの仮説によれば前9～8世紀と大きく引き上げられているが、同様な年代の引き上げはドイツのコサック (Kossack, G.) によって試みられていた。彼は最初期のスキタイ動物文様および先スキタイ時代の資料を広く検討した結果、初期のスキタイ動物文様を前8世紀末まで、7世紀中葉以前、600年頃までの3期に編年することを試みた。彼が前期スキタイ時代の開始を前8世紀後半と考えた理由は次のとおりである。ドニェプル川中流左岸で発掘されたジャボチン (Zhabotin) 村2号墳から2組の轡が発見され、一方の二枝式の青銅製銜は外側末端が2連の円形環となる先スキタイ時代のノヴォチェルカッスク型で（図4, 1）、他方はそれが鐙形になった

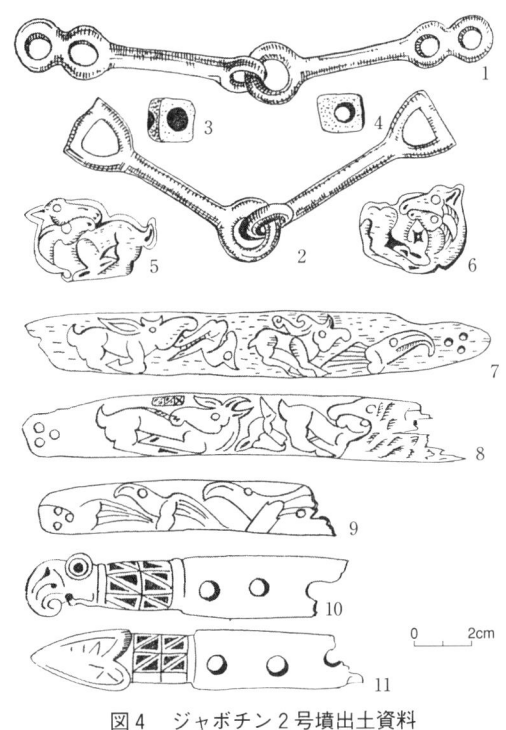

図4　ジャボチン2号墳出土資料

初期スキタイによく見られるものであった（図4，2）。これらの銜に伴う鑣は骨製で末端にワシ頭部やウマの蹄が彫刻され幾何学文様が施されたものであった（図4，10，11）。また、鳥の嘴と疾駆するヘラジカを表現した動物文様が線刻された骨製板を伴っていた（図4，7～9）。コサックはこれらの鑣を黒海北岸最古のスキタイ動物文様とみなし、それが南オセチア、グルジア、アルメニア、アナトリア東部、北西イランに分布し、前7世紀の資料と同じグループとみなした。その中の南オセチアのトリ墓群68号墓ではジャボチン2号墳同様な青銅製銜などが出土して前700年頃と編年されていたことから、ジャボチン2号墳をそれと同時代の前8世紀末に編年した（Kossack 1983；1987）。

コサックの提案は1992年にメドヴェツカヤ（Medvedskaya, I. H.）によって初期スキタイ時代I期、II期、III期という図式的な編年の提案に発展した。彼女は考古学資料だけでなく、文献資料によるキンメリオイとスキタイの西アジア侵攻をそれに関係付けている。つまり、キンメリオイの西アジア侵攻を722～715年の間の事件とみなし、初期スキタイ時代I期を前8世紀後半、後述するアッシリア史料で前670年代に記録されたスキタイの西アジア侵攻に対応して前7世紀前半をII期、スキタイが西アジアから北カフカスに撤退する前7世紀後半をIII期とした（Medvedskaya 1992）。メドヴェツカヤの編年については、実際に各期に対応する遺跡や遺物が十分見出されないため批判され、修正案すら提起された（Polin 1998）。

一方、イスマギロフ（Ismagilov, R.B）はウラル川流域のグマロヴォ（Gumarovo）1号墳3号墓を、鹿石や動物様式、スキタイ式青銅製鏃などを伴うことから（図11）、西方に移動してきた最初期のスキタイのものと考え、前8世紀中葉に編年されたアルジャンを考慮して、前8世紀末から7世紀初頭に編年した（後述）。イスマギロフはこの墓で発見された鏃の一定の型式のセットに注目して、同じセットが東部カザフスタンのチリクタ（Chilikta）、シルダリア下流域のウイガラク（Uygarak）、ブルガリアのシューメン市近郊のエンジャ（Endzha）やベログラデツ（Belogradets）の古墳でも見られることから、これらの遺跡を「チリクタ型文化」という類型にまとめて、最初期のスキタイが西方移動にともなって造営したものであるとみなした。また、グマロヴォで

はノヴォチェルカッスク型の青銅製鏃も検出されていることから、西方に移動してきたスキタイがこのタイプの文化と接触し、それらを取り入れていった結果であると考えた。こうして、スキタイの黒海方面への出現年代が別な資料の研究からも8世紀末から7世紀初頭に引き上げられる可能性が強くなっている。

ところで、イスマギロフはチェルノゴロフカ、ノヴォチェルカッスク両遺物群についてはテレノシュキン説を支持して、スキタイ以前のおそらくはキンメリオイのものと考えていた（Ismagilov 1988）。

このような先スキタイ時代からそれに続く初期のスキタイ時代の編年に関する議論を総括し、独自の見解を提出したのはアレクセエフである（Alekseev 1992 ; 1996）。彼はこのような議論を通じて、複雑な先スキタイ時代の文化を文献資料に伝えられた単純な図式にあてはめることは不可能であるという考えに至った。そして、従来のような先スキタイ時代の文化がスルーブナヤ文化最終末のベロジョルカ（Belozerka）期の文化を継承するものではなかろうという近年の仮説を考慮して、ベロジョルカ期の文化は土器の型式から判断して、それに先行するスルーブナヤ文化のサバチノフカ（サバチニフカ）（Sabatinovka, Sabatinivka）期とは明らかに断絶しており、むしろヴォルガ・ウラル方面の後期青銅器時代のフヴァルィンスク（Khvalynsk）文化と起源的な関係が見られるという。つまり、ベロジョルカ期の文化はスルーブナヤ文化の終末段階ではなく、さらにその後に続く先スキタイ文化も当然スルーブナヤ文化の最終末段階ではありえないということになる。そして、先スキタイ時代の南ロシアからウクライナに至る草原には統一的なキンメリオイの文化が存在したのではなく、地域によって区別される4つの文化が同時期に併存したというのである。つまり、黒海北岸のチェルノゴロフカ型、ドン＝ヴォルガ流域のチェルノゴロフカ（カムィシェバッハ）（Kamyshebakha）型、ウラル地方のヌル（Nur）文化、北カフカスを中心としたノヴォチェルカッスク型である。前3者はアルジャンとの関係が指摘される互いに類似した文化であり、ノヴォチェルカッスク型がそれらとは異なっているという。ちなみに、ヌル文化はヴォルガ川下流域から中流域に分布する集落址と墓で近年検出された後期青銅器時代から初期鉄器時代への移行期の文化で、磨研土器

表1　先スキタイ文化の編年

	テレノシュキン編年	レスコフ編年	チレノヴァ編年
900 BC			
850			
800			
750	チェルノゴロフカ期（キンメリオイ）		
700	ノヴォチェルカッスク期（キンメリオイ）	チェルノゴロフスカ型遺物（キンメリオイ）	
650		ノヴォチェルカッスク型（スキタイ）	ノヴォチェルカッスク型（キンメリオイ）
600	スキタイ		

と粗製土器、青銅製ナイフなどのわずかな資料によって特徴付けられているが、起源的にはスルーブナヤ文化と断絶しており、ヴォルガ以西には広がっておらず、むしろ西部カザフスタン方面との関係が指摘されている東方的な要素をもった文化であるという (Kachalova 1989)。

　そして、アレクセエフは黒海北岸におけるキンメリオイの存在についても疑問を投げかけている。というのは、キンメリオイの活動が史料に確実に記録された小アジアにおいては黒海北岸先スキタイ時代の遺物は検出されておらず、発見される資料はいずれも初期スキタイに特徴的な遺物ばかりであったからである。すなわち、独立したキンメリオイの集団を小アジアに認めたとしても、彼らが残した遺物はスキタイのものと極めて類似したもので、両者を区別することは事実上困難であるとする。そのため、アナトリアで発見

クロシコ&ムルジン編年	コサック&メドヴェツカヤ編年	マホルトイフ編年
ノヴォチェルカッスク期（キンメリオイ）		
		チェルノゴロフカ型
	チェルノゴロフカ型（プロト・スキタイ）	ノヴォルチェルカッスク型（カフカス土着民）
	初期スキタイⅠ	
スキタイ	初期スキタイⅡ	スキタイ
	初期スキタイⅢ	

された遊牧民タイプの遺物を前7世紀第2四半期から中葉に編年して、これらをキンメリオイのものであるとみなした。もしそうであるならば、黒海北岸地方でも両者を考古学的に区別することはできず、その地でのキンメリオイの存在を独自に証明することはできないということになる。本来、黒海北岸におけるキンメリオイに関するギリシア語史料の言及はいずれも伝説的であり、確実にそこに居住したという史料的根拠は乏しいのである。つまり、先スキタイ時代の文化の担い手をキンメイオイとみなすことは困難ということになる（Alekseev 1992；Kachalova and Alekseev 1993）。

　アレクセエフによる問題提起の一方で、マホルトィフ（Makhortykh, S.V.）は北カフカスの先スキタイ時代に編年される初期遊牧文化の遺跡を、当時ドナウ川からヴォルガ川に至る草原を支配したキンメリオイとの関係で解釈し

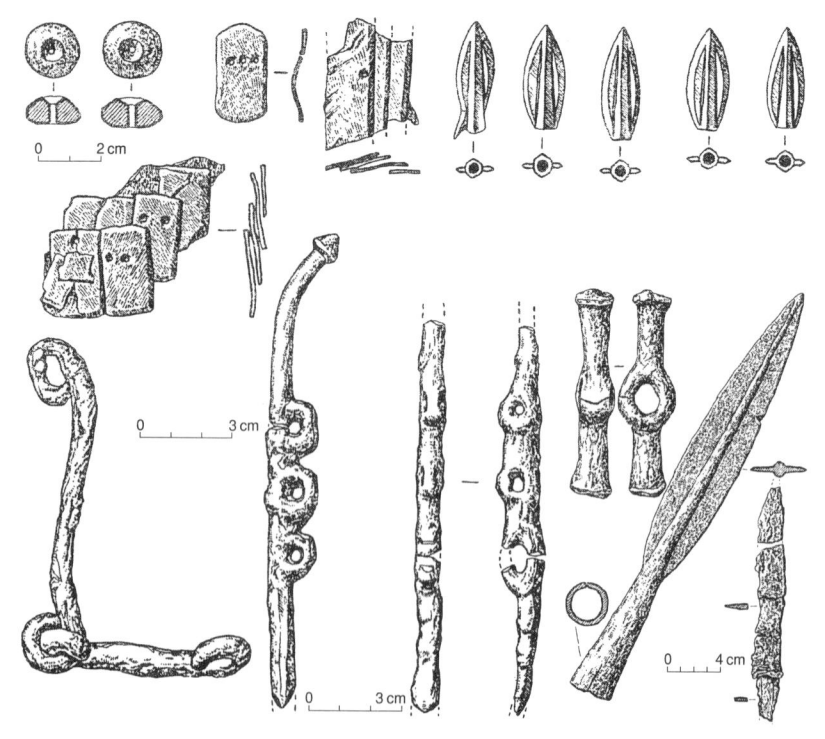

図5 ステブレフ15号墳出土資料

ている。彼は、北カフカスのチェルノゴロフカ、ノヴォチェルカッスク両文化類型の問題を伸展葬と屈葬などの埋葬儀礼の点から考察した。そして、カフカス山脈北麓で発見されたノヴォチェルカッスク型の遺跡を草原の住民と接触をもったカフカス土着の人々に帰属させ、ノヴォチェルカッスク型文化類型の上限を前9世紀末に引き上げてチェルノゴロフカ型文化との並存を認めながらも、テレノシュキンの前後2期の編年を基本的に支持している。また、北カフカスに分布する鹿石をチレノヴァと同様にキンメリオイに帰属させている（Klochko and Makhortykh 1987；Makhortykh 1994）（表1参照）。

　このような議論が行われていた最中、ドニェプル川中流右岸森林草原地帯にあるチェルカッスク州ステブレフ（Steblev）15号墳が前8世紀に編年されるという発掘報告が発表された。墓から出土した青銅製鏃5点は、先スキタイ時代の遺跡から出土した鏃やウズベキスタンの北タギスケンやカザフスタ

ンで前8～7世紀頃に編年される鏃と類似し、鉄製鎚は先スキタイ時代中央カフカスのコバン（Koban）文化出土資料や中央アジアのウイガラク18号墳出土資料に類似するものであった。また、鉄製銜と鑣はケレルメス古墳群やクラースノエ・ズナーミャ（Krasnoe Znamya）古墳群出土の資料と類似している。さらに、伴出した6点の土器は森林草原地帯のチェルノレス（Chernoles）文化後期のもので前8世紀後半に編年されるという（図5）。このような点からクロシコ等はこの遺跡を前8世紀に編年し、黒海北岸最古のスキタイの遺跡とみした（Klochko and Skoryi 1993）。しかし、ケレルメスやクラースノエ・ズナーミャは前7世紀に編年されるが、決して前8世紀には遡らないことから、墓の年代については前7世紀前半とみなす研究者もいる（Skakov and Erlikh 2005）。

（2）最近の中央ユーラシアの年代学研究

スキタイ考古学では編年に関しては以前からしばしば議論されてきた根本的な問題であるが、1990年代以降編年研究に新しい研究動向が見られた。従来スキタイ考古学の編年に大きな役割を果たしていたのは遺物の型式学的分類と文献資料に基づく古典考古学的方法であったが、それに加えて理化学的な分析による年輪年代法と^{14}C（炭素同位体14）年代から得られる較正曲線が利用できるようになった。さらに、わずかな有機物でも分析が可能な加速器質量分析計（Accelerator Mass Spectrometry：AMS）による^{14}C測定が可能となったことで、ウィグルマッチ法（wiggle-matching）による精度の高い年代補正値がスキタイ考古学資料でも得られるようになった。

このような研究方法による最初の成果として1998年にトゥバのアルジャン1号墳、山地アルタイ地方のトゥエクタ（Tuekta）1号墳、パジリク（Pazyryk）1、2、5号墳の年代補正値が発表された。それによれば、95％の確率でアルジャン1号墳の年代は810BC、トゥエクタ1号墳は同様に655BC、パジリク5号墳は同様に380BCという結果であった（Zaitseva *et al.* 1998：579）。従来の編年ではアルジャン1号墳が前9～8世紀中葉、トゥエクタ1号墳が前6世紀、パジリク5号墳が前4世紀であったため、トゥエクタ1号墳が1世紀ほど古くなった他は従来の年代を追認する結果であった。ところが、2001年

にその他のいくつかの中央ユーラシアの初期遊牧文化の遺跡のウィグルマッチ法による年代補正値が発表された。山地アルタイのバシャダル（Bashadar）古墳が296BC、東部カザフスタンのベレリ（Berel'）が369BC、ハカスのチェレムシノ（Cheremshino）古墳が723BC、トゥバのドゲエ＝バアル（Dogee-Baary）第2墓群8号墳が367～353BC、パジリク2号墳が288BC（290～287BC）、パジリク5号墳が264～262BCという結果になった。これにより、従来前6世紀とされたバシャダルは前3世紀初頭に下げられ、パジリク古墳群で最も古いとされる2号墳が前3世紀前半、前述のパジリク5号墳の年代は前4世紀から前3世紀中葉になった。そして、ベレリとバシャダル、パジリクの編年上の位置が逆転したことが注目される（Vasiliev et al. 2001: 66）。さらに、より精度の高いデータによってパジリク2号墳と同じ山地アルタイ南部のウランドリク第4墓群1号墳の年代が発表された。それによれば、前者は300＋25/－28 cal BC、後者は311 ＋22/－29 cal BCになるという（Hajdas et al. 2004）。このような結果によって従来前5～4世紀とされていたパジリク文化は前4～3世紀に下がることになった。また、2001年に発掘されたトゥバのアルジャン2号墳の年代がAMSで分析され、その後年輪年代法によって精査され、618～604BCの範囲に入る確率が高いことが明らかにされた（Menghin, Parzinger, Nagler and Nawroth 2007：83-84）。

　中央ユーラシア東部から中部の遺跡の造営年代がより正確に決定できた理由は、墳墓に大量の丸太が使用されていたことと寒冷な気候のため有機物の保存状態が良好であったことである。これらの資料は以前から[14]C年代測定と年輪年代測定に利用されてきた。一方、中央ユーラシア西部とりわけ黒海北岸草原のスキタイの墳墓では木材は使用されているが有機物が保存されにくいため、[14]C年代測定や年輪年代法の資料に乏しい。従来の編年は古典考古学的な研究方法によるもので、編年が確立しているギリシア陶器やギリシア製品、あるいはハルシュタット（Hallstatt）文化の資料との比較によって行われてきた。そのため、[14]C年代法や年輪年代法の導入は遅れていた。このような状況の中で木片、皮革、骨片なども資料として利用できるAMSによる分析がようやく始まったといえよう。

　アレクセエフはAMSを利用した[14]C年代測定法を積極的に導入してより精

度の高いデータの入手に努め、中央ユーラシア東部の遺跡で得られた年代を基礎にして分析を行っている。最初に分析されたのは、エルミタージュ博物館に保存されている北カフカスのクバン川中流域支流のケレルメス31号墳、クバン川下流域のセミ・ブラチエフ（Sem' brat'ev）古墳群4号墳、ドニェプル川下流左岸のソローハ古墳、ドニェプル川下流右岸のチェルトムルィク古墳の資料である。ケレルメスの資料は型式分類によって得られた前650〜580年という編年とデータがほぼ一致していたが、セミ・ブラチエフでは前460〜425年という型式分類による編年とはかならずしも一致しなかった。ソローハでは400〜375BC、チェルトムルィクでは348〜325BCという値が出て、これまでの型式編年の結果と比較的近い結果となった（Zaitseva *et al.* 1998）。

さらにアレクセエフ等は黒海北岸および北カフカスのスキタイ資料の編年研究を進め、多数の遺跡のデータを発表した（Alekseev *et al.* 2001；2002）。結論を先に述べると、先スキタイ時代からスキタイ時代の編年としては次の3期に大別できるという（Alekseev *et al.* 2001）。

先スキタイ時代からスキタイ時代初頭　前9世紀〜7世紀中葉

初期スキタイ時代　前7〜6世紀

古典スキタイ時代　前5〜4世紀

この研究でデータが得られた遺跡の中でこれらの時期に編年できるものは次のようであった。ただし、個々の遺跡の詳細なウィグルマッチ法による補正年代の推定結果は示されなかった。

第1期：ステブレフ15号墳、ウアシヒトゥ1号墳（北西カフカス）

第2期：ケレルメス31号墳、26墳、24号墳、ノヴォザヴェジョンノエ12号墳、9号墳、13号墳、2号墳（北カフカス、スタヴローポリ州）

第3期：アレクサンドローポリ古墳（ドニェプル川下流右岸）、セミ・ブラチエフ6号墳、4号墳、ソローハ古墳、オグーズ古墳（ドニェプル川下流左岸）、チェルトムルィク古墳

このような遺跡の年代はこれまでの年代観を大きく変えるものではないが、第1期の先スキタイ時代からスキタイ時代初頭をひとつの時期にする点は目新しい。キンメリオイとスキタイの文化は区別がつかないほど類似しているとみなした結果である。ステブレフ15号墳は前述のようにスキタイ文化

に属することは明らかであるが、ウアシヒトゥ1号墳は先スキタイ時代のノヴォチェルカッスク型文化の特徴を保ちながらスキタイ文化の要素ももつ移行期の性格を示している。両遺跡が同時期に編年されるのか、あるいは前後関係にあるのかは現時点では明らかではないが、ステブレフ15号墳は中央ユーラシア中部あるいは東部ですでに形成された文化をともなってウクライナに来たった騎馬遊牧民が造営した墓であり、ウアシヒトゥ1号墳は先スキタイ時代の文化を所持する騎馬遊牧民が新たなスキタイ文化の影響を受けて造営した墓であるということができよう。

　黒海北岸地方におけるスキタイ文化の出現を前8世紀にまで遡らせる見解は最近ではダラガン（Daragan, M. N.）によって支持されている。彼女は森林ステップ地帯のチェルノレス文化の代表的遺跡であるジャボチン集落址の編年に関する研究を行って新たな見解を発表した。集落址で検出された層位をⅠ期、Ⅱ期、Ⅲ期に時代区分して、各期の土器の型式と文様についてチェルノレス文化の他の遺跡やハルシュタット文化の遺跡と比較した。その結果ジャボチンはモルドヴァのドニェストル川中流域の後期チェルノレス文化と関係が深いことが判明し、以下のような文化との並行関係が考察された（Dragan 2004；2005）。

　　ジャボチンⅠ期（前9世紀末／8世紀初頭〜8世紀前半）：コジア＝サハルナ文化（モルドヴァの前期ハルシュタット文化）〜バサラビ文化Ⅰ期（ルーマニアの中期ハルシュタット文化）−ノヴォチェルカッスク型遺跡

　　ジャボチンⅡ期（前8世紀後半）：ショルダネシュティ遺跡（モルドヴァ）−バサラビ文化Ⅱ期（中期ハルシュタット文化）−ノヴォチェルカッスク型遺跡〜前期スキタイ時代Ⅰ期（メドヴェッツカヤによる）−中央ヨーロッパのトラコ＝キンメリオイ期の後期

　　ジャボチンⅢ期（前7世紀初頭〜中葉）：前期スキタイ時代Ⅱ期（メドヴェッツカヤによる）−バサラビ文化Ⅲ期−フェリジェレⅠ〜Ⅱ期

　　ポスト・ジャボチン期（前7世紀後半）：前期スキタイ時代Ⅲ期（メドヴ

ェッカヤによる）森林草原地帯ではスキタイの城塞集落が
出現

　このような編年の中でジャボチン2号墳はジャボチンⅡ期に位置付けられ、ノヴォチェルカッスク型の遺跡や、ブルガリアのエンジャやベログラデツの遺跡と同時期とされた。ダラガンはこの時期の特徴的な遺物としてウクライナのオルシャヌィ（Ol'shany）の埋葬址から出土した金製首輪を挙げている。遺物はノヴォチェルカッスク型であるが、最初期のスキタイの型式が認められるという。また、オルロヴェツ（Orlovets）村346号墳の最初期のスキタイの特徴をもつ副葬品の中に同様な金製首輪が見られた（Daragan 2004：128-129）。ジャボチンⅡ期ではノヴォチェルカッスク型の遺物と最初期のスキタイの遺物が並存していたことになり、先スキタイ時代の文化とスキタイ文化の最初の接触があったことになる。つまり、アレクセエフの編年の第1期と対応することになり、黒海北岸におけるスキタイの登場を前8世紀に編年する大きな根拠となろう。こうしてウクライナでは黒海北岸草原におけるスキタイ文化の開始を前8世紀に編年する意見が益々有力になりつつある。

　そして、アレクセエフは上述の成果を基にして編年研究をさらに進めて、黒海北岸地方を中心とするスキタイ文化を歴史的事件を考慮しておおよそ次のような8期に区分する試論を発表した。(Alekseev 2004)

第1期：前8世紀末〜680年頃。遊牧民グループの中央アジアから北カフカスと黒海北岸地方への長距離移動時代。ギリシア史料のキンメリオイ、アッシリア史料のギミッラーヤのカフカス南部とイランへの侵入。

第2期：前680年頃〜670/660年。前8世紀末アッシリア史料にキンメリオイが記録され、スキタイの第1世代がカフカス南部とイランへの到着（アッシリア史料のアシュクザーヤ、イシュクザーヤ、王イシュパカーとバルタトゥア）、続くスキタイの北カフカスへの流入。

第3期：前650年〜600年。中央アジア内でのキンメリオイとスキタイの占領とスキタイの第2世代（マデュエス王の治世）の「覇権」。北カフカス山麓とドニェプル川流域森林草原地帯の十分な発展の開始。

第 4 期：前600年頃～550/525年。本来のスキティアの歴史の暗黒時代、その後半には黒海北岸地方の不安定な状態と諸族の長距離に移動があった。ギリシア植民市と森林草原地帯の都市が攻撃され、そのいくつかは壊滅した。時期はダレイオスの黒海西岸および北岸遠征の時期まで延長される可能性がある。

第 5 期：前550/525年頃～480年。古い文化とヘロドトスのスキティアとして知られる古典期の文化という 2 つの文化期の間の時期であり、カフカスと黒海地方では東方からの新しい遊牧民グループの流入によって新しい工芸品セットが流通した。スキタイ風の文化の地方センターがヴォルガ＝ドン川流域に出現した。

第 6 期：前480年頃～430年。ギリシア植民市への軍事的政治的圧迫によって特徴付けられる新しいスキタイ社会形成期。

第 7 期：前430/420年～360年。スキティアとギリシア植民市との安定的な共存の時期。

第 8 期：前360年頃～300/290年。大スキティアの最後の段階。対外的な戦争と闘争の時期で、東方から別な遊牧集団が新たに流入した。

アレクセエフはこのような編年を前述のアルジャン 1 号墳（2710±70 cal BP）、ステブレフ15号墳（2575±24 cal BP）、ケレルメス31号墳（2556±24 cal BP）、ウアシヒト 1 号墳（2540±35 cal BP）、ケレルメス24号墳（2399±40 cal BP）、ソローハ古墳（2305±23 cal BP）、チェルトムルイク古墳（2225±14 cal BP）、アレクサンドローポリ古墳（2149±52 cal BP）の較正曲線を示しながら^{14}Cのデータで補強しようとしているが、アレクセエフ自身も認めているが前 4 世紀以降は^{14}Cのデータの限界により年代に相当のばらつきが見られ、従来の編年と十分に適合しているわけではない（Alekseyev 2005）。しかしながら、従来の編年を大きく変えるような理化学的なデータは提供されていない。今後より一層詳細な編年データの提供が行われることを期待したい。

本書で検討するスキタイ国家の時代区分とアレクセエフの編年の試みの関係としては、北カフカスの第一スキタイ国家はアレクセエフの第 1 ～ 3 期にあたり、黒海北岸草原の第二スキタイ国家は第 4 ～ 8 期に相当する。しかしながら、クリミアに展開した第三スキタイ国家はアレクセエフの時代区分に

は相当せず、ポスト・スキタイ時代あるいはサルマタイ時代ということになる。

Ⅳ　キンメリオイ問題

（1）アッシリア史料に見られるギミッラーヤ（キンメリオイ）

　上述のように、スキタイが北カフカスから黒海北岸の草原を支配する以前、その地にはキンメリオイが居住していたとみなされていた。そのため、スキタイ以前の文化を先スキタイ時代の文化と呼び、その担い手をキンメリオイと考えてきた。ところが、近年、先スキタイ時代の文化をめぐって相当に複雑な議論が展開され、従来の説に修正を迫る意見が提起されている。これらの議論でまずは重要な論点はキンメリオイに関係する同時代のアッシリア史料である。

　前8世紀末から7世紀前半、アッシリアの史料では「ガメラーヤ（Gamerāia）」あるいは「ギミッラーヤ（Gimirrāia）」と呼ばれる「蛮族（*umman-man-da*）」がウラルトゥ、フリュギア、アッシリア、メディアなどの境界でしばしば言及された。彼らが住む土地は「ガミル（Gamir）」、「ギミッラ（Gimirra）」などと呼ばれていた。今日では「ギミッラーヤ」と「キンメリオイ」との音韻的な類似から彼らが西アジアに登場したキンメリオイであるとみなされている。キンメリオイはヘロドトスによれば彼らがスキタイ以前に黒海北岸地方に居住していたが、スキタイの侵攻によって西アジアに逃れたという。したがって、ギリシア史料のキンメリオイについて論じる場合にはアッシリア史料のギミッラーヤについて論及しなければならない。

　一方、前670年代のアッシリア史料では「アシュクザーヤ（Aškuzāia）」あるいは「イシュクザーヤ（Iškuzāia）」と呼ばれる集団が単独かあるいは「ギミッラーヤ」とともに言及されている。「アシュクザーヤ」あるいは「イシュクザーヤ」は「スキタイ」との音韻的な類似から西アジアに侵入したスキタイとまた同一視されている。したがって、スキタイの西アジア滞在について言及する場合には「イシュクザーヤ」についても当然触れておかなければならないのである。

表2 キンメリオイおよびスキタイ関係アッシリア史料コンコーダンス

No	SAA1	SAA4	SAA5	SAA6	Lanfranchi	Ivantchik	年代	関係地域	(行番号)言及された名称
1	30				p.17	1	716-714	Urartu	(6) [KUR.PA]B-ir
2	31				18	2	716-714	Urartu	(9) KUR.ga-mir; (Rv 10) KUR.PAB-ir
3	32				18	3	716-714	Urartu	(12) KUR.PAB-ir
4		92			21	4	716-714	Urartu	(6) KUR.ga-mir-ra; (9) KUR.ga-mir-ra
5		174			20	5	714	Urartu	(2) [KUR.gi-mir]
6		145			23	6	714	Urartu	(4) [LU.]ga-me-ra-a-a
7		144			24	7	714	Urartu	(r.5) KUR.gi-mir-a-a
8						54		Urartu	(II, 8) KUR.gi-mir-a-a
9					44-47		707-678?	Assyria	(r.18) KUR.gi-m[ir-ra-a]
10				204		41	679	Nineveh	(1) IGI ᵐSUHUŠ-KASKAL LÚ.gi-mir-a-a
*11					70	7	679-	Hubuška : Mannai	(1) ᵐte-uš-pa-a KUR.gi-mir-ra-a-a(22) ᵐiš-pa-ka-a-a KUR.aš-gu-za-a-a
12						8		Hubuška	(18) ᵐte-uš-pa-a KUR.gi-mir-a-a
**13						9	677-676	Hubuška, Til-Barsib	(21) ʿiš-pa-ka-a-a ᵐᵃˢ aš-ka[-za]-a-a; (23) te-uš-pa-a [LÚ.]gi-mir-a-a
14						10		Habuška	KUR.gi-[mi]r-a-a
15						11			(II, 1) [LÚ.]gi-mir-a-a
16					84-87	12	671-669		(8) [L]Ú.gi-mir-ra-a-a; (10) LÚ.gi-mir-[a-a]; (11) LÚ.gi-mir-a-a
17					71-72	13	676-675	Mannai	(12) LÚ.gi-mir-a-a; (r.1) LÚ.gi-mir-a-a; (r.8) [LÚ.gi-mi]r-a-a
18					95	14		Assyria	(8) KUR.gi-mir-a-a-a
19					86	15		Media	(8) LÚ.gi-mir-ra-a
20					120	16		Mannai	(11) [LÚ.gi]-mir-ra-a-a
21		1				17	after 675	Muški	(4) ERIM.MEŠ LÚ.gi-mir-ra-a
22		17				18	after 672	Hilakku	(r.2) [LÚ.ERIM.MEŠ KUR.g]i-mir-a-a[a]
23		18				19		Šubria	(7) [LÚ.]gi-mir-ra-a-a
24		20				20	672	Assyria	(2) ᵐbar-ta-tu-a LUGAL šá KUR.[i]š-ku-za; (6) ᵐbar-ta-tu-a LUGAL šá KUR.iš-ku-za; (t.5-6) ᵐbar-ta-tu-a LUGAL, šá KUR.iš-ku-za; (t.7) ᵐbar-ta-tu-a KUR.iš-ku-za; (t.5-6) ᵐbar-ta-tu-a LUGAL, šá KUR.iš-[ku]-za-a-a
25		23				21	671-669	Hubuškia	(5) LÚ.ERIM.MEŠ l[i]ku-za-a-a; (t.5-6) ᵐbar-ta-tu-a LUGAL, šá KUR.iš-[ku]-za-a-a
26		24				22	671-669	Hubuškia	(9) [KUR.gi-mir-ra-a-a]; (10) [KUR.iš-ku-za-a-a]; (t.8) gi-mir-ra-a-a; (t.9) [K]UR.iš-ku-za-a-a
27		35				23	after 672	Bīt-Hamban	(4-5) [LÚ.ERIM.MEŠ] LÚ.iš-ku-za-a-a LÚ.[ERIM.MEŠ] [LÚ].gi-mir-ra-a
28		36				24	after 672	Šamaš-naṣir	(r.2-3) [LÚ.ERIM.MEŠ LÚ.iš-ku-za-a-a LÚ.ERIM.MEŠ] [L]Ú.gi-mir-[ra-a-a]
29		37				25	after 672	Bīt-Hamban	(1) [LÚ.ERIM.MEŠ LÚ.iš-ku-za-a-a LÚ.ERIM.MEŠ LÚ.gi-mir-a-a]
30		39				25	after 672	Bīt-Hamban, Parsumaš	(2) [LÚ.ERIM.MEŠ]Š LÚ.iš-ku-za-a-a, LÚ.ERIM.ME[Š LÚ.iš-ku-za-a-a]
31		40				26	after 672	Bīt-Hamban, Parsumaš	(r.4) [LÚ.ERIM.ME]Š LÚ.iš-ku-za-a-a, LÚ.ERIM.ME[Š LÚ.iš-ku-za-a-a]
32		43				27	Rebellion of Kaštaritu (Media), 674-672	Kišassu	(4) ERIM.M[EŠ LÚ.gi-mir-ra-a-a; (r.9) ERIM.MEŠ LÚ.gi-mir-ra-a
33		44				28	Rebellion of Kaštaritu (Media), 674-672	Karibtu	(6) ERIM.M[EŠ LÚ.gi-mir-ra-a-a; (r.4) [ERIM.MEŠ LÚ.gi-mir-ra-a

(1) アッシリア史料に見られるギミッラーヤ　51

34	45		Rebellion of Kaštaritu (Media), 674-672		(5) LÚ.g[i-mir-ra]-a-a; (r.5) [LÚ.gi-mir-ra-a-a]
35	48		Rebellion of Kaštaritu (Media), 674-672	Šiubara	(r.7) ERIM.MEŠ LÚ.gi-mir-r[a-a-a]
36	49		Rebellion of Kaštaritu (Media), 674-672	Ušiši	(4) [ERIM.MEŠ] LÚ.gi-mir-ra-a-a]
37	50		Rebellion of Kaštaritu (Media), 674-672		(5) LÚ.gi-mir-[ra-a]
38	51		Rebellion of Kaštaritu (Media), 674-672	Kilman	(8) [LÚ.gi-mir-ra-a-a]; (r.6) [LÚ.gi-mir-ra-a-a]
39	65			Media	(7) [ER]IM.MEŠ LÚ.gi-mir-ra-a-a; (r.14) [ERIM.MEŠ LÚ.gi-mir-ra-a-a]
40	66			Media	(5) ERIM.MEŠ LÚ.iš-ku-z[a-a-a]
41	67			Media	(r.7) [ERIM.MEŠ KUR.iš-ku-za-a-a]
42	71			Media	(r.3) LÚ.ERIM.MEŠ iš-ku-za-a-a
43	79		672-669	Ellipi	(9) LÚ.ERIM.MEŠ [LÚ.gi-mir-ra-a]
44	80		672-669	Ellipi	(2-3) [LÚ.ERIM.MEŠ] [L]Ú.gi-m[ir-ra-a-a]
45	97		672-669	Ellipi	(r.2) LÚ.gi-mir-ra-a-a
46	139		Rebellion against Esarhaddon, 671-670		(11) gi-mir-[ra-a]
47	142		Rebellion against Prince Assurbanipal, 671-670		(11) [LÚ.gi-mir-ra-a-a]
48	144		Rebellion against Esarhaddon & Assurbanipal, 671-670		(10) LÚ.gi-mir-ra-a-a
49	295				(8) LÚ.g[i-mir-ra-a-a]
50	269			Mannai	(2) LÚ.ERIM.MEŠ gi-mir-ra-a-a
51		112-13	668/67		(4) [L]Ú.gi-mir-a-a
52			Annales E1 (668-665)		(II, 104) LÚ.gi-mir-ra-a-a; (II, 119) LÚ.gi-mir-ra-a
53			Annales E2 (667-664)		(A 15) [LÚ.gi-mi]r-ra-a-a; (C 5) gim-[ri ...]
54			Annales HT (663)		(r.20) LÚ.gi-mir-ra-a
55			Annales B (649), C (647) & F (645)		(5) LÚ.gimir-ra-a-a
56			Annales A (643/2)		(II, 104) LÚ.gi-mir-ra-a-a; (II, 119) LÚ.gi-mir-ra-a
57			Annales IT		(142-143) ᵐdug-dam-me-i LUGAL NUMUN hal-qá-te-i; (146) ᵐdug-dam-m[e-i] LUGAL šad-da'i; (151) ᵐdug-[dam-me-i]
58			Annales H (640)		(1) [ᵐdug-dam-me-i gal-l]u NUMUN hal-q[á-te-i]; (12) [ᵐdug-dam-me-i]
59			639		(10) [ᵐdug-dam]-me-i LUGAL ERIM-man-da NUMUN [hal-qá-te-i]
60					(20) ᵐdug-dam-me-i LUGAL ERIM-man-da; (25) ᵐsa-an-dak-KUR-ru DUMU
61			657	Assyria	(14) KUR.gim-ra-a-a; (27) ERIM-man-da LÚ.gim-ra-a
62					(14) KUR.gi-mir-a-[a]

*Heidel 1956 : 14-17.　　**Thureau-Dangin, F. 1929, 194-195.

近年フィンランド・アカデミーのNeo-Assyrian Text Corpus Project（新アッシリア文書集成プロジェクト）によるState Archives of Assyria（アッシリア国家文書集）のシリーズでアッシリア史料が続々と公刊された。そこにはギミッラーヤ、イシュクザーヤ関係史料が多数収録された。プロジェクトに参加したランフランキ（Lanfranchi, G. B.）はギミッラーヤ関係史料をサルゴン2世（SargonⅡ, 在位前722～705年）、エサルハッドン（Esarhaddon, 在位前681～669年）、アッシュルバニパル（Assurbanipal, 在位前669～627年）の各王の時代と地域に整理してギミッラーヤについて考察した（Lanfranchi 1990）。

　このプロジェクトとは別に、イヴァンチク（Ivanchik, A.I.）はキンメリオイ・スキタイ関係のアッシリア史料54点を集めて原文の翻刻とフランス語訳注を発表した。彼は、アッシリア史料ではギミッラーヤとイシュクザーヤは特定の集団として区別されていたとみなした（Ivantchik 1993）。

　これらのアッシリア史料集でギミッラーヤ、イシュクザーヤに言及している関係文書（復元されたものを含む）62点をイヴァンチクの番号に準拠して概ね年代順にまとめると表2のようになる（雪嶋 2003：89）。サルゴン2世時代が8点（1～8）、サルゴン末期からエサルハッドン初期までのどこかに年代付けられるものが1点（9）、エサルハッドン時代が41点（10～50）、アッシュルバニパル時代が12点（51～62）である。これらのうち、ガミルおよびギミッラーヤのみに言及するものが49点（1～12, 14～23, 32～39, 43～51, 53～62）、アシュクザーヤおよびイシュクザーヤのみに言及するものが5点（24, 25, 40～42）、両者を併記するものが7点（13, 26～31）、具体的な名称がないものが1点（52）である。

　ギミッラーヤ関係の史料は前716/14年から640/39年までの間に断片的に残されている。ガミルおよびギミッラーヤについての最古の記録はサルゴン2世の第8回軍事遠征（前714年）の際得られた情報である。そこではウラルトゥに対抗していた勢力の地方ガミル、ガメラ、ギミルが言及された。これがギミッラーヤの住む土地とみなされている（表2，1～7）。つまり、前714年以前にギミッラーヤが西アジアに登場してウラルトゥを攻撃したという事件が伝えられたものである。この事件についてはサルゴン2世の治世の始めである前722年から715年の間に生じたと考えられている。

ギミルの所在地については諸説ある。考古学者ピオトロフスキー（Piotrovskiy, B. B.）や文献学者ヂヤコノフ（D'yakonov, L. M.）は後にアルメニア語の地名でGamirk'と呼ばれた古代のハリュス川（現クズル・ウルマク川）以南のカッパドキア東部とみなし（Piotrovskiy 1959: 233; Diakonoff 1981: 111; D'yakonov 1994：109)、考古学者ポグレボヴァ（Pogrebova, M. N.）はウラルトゥの北東（現アルメニアからアゼルバイジャン西部）と考えた（Pogrebova 2001）。最近ではイヴァンチクがカフカス南部説を主張している（Ivanchik 2001）。アッシリア資料では、ギミッラーヤがはじめアッシリア北方のウラルトゥの領域を侵していたことを明らかにしているが、彼らがどこからそこに至ったかについては言及されておらず、また彼らの中心がその後どこにあったかも明確ではないのである。

次にギミッラーヤが記録されたのは前679年である。「分遣隊長ギミラーヤ、ᵐSUHUŠ-KASKAL（Ubur-Harrān）の立会い」という一文が法律文書にある（表2，10）。イヴァンチクはこの人物はアッシリア人であるとしている（Ivantchik 1993：254）。

続いて前679～676年頃にキリキア地方のフブシュナで「ギミッラの王テウシュパ、はるか遠方に居住する蛮族（ᵐte-uš-pa KUR.gi-mir-ra-a-a ‖ ERIM-man-da šā a-šar-šú ru-ú-qu）」をアッシリア軍が打ち破ったと記録された。この同じ碑文の中でマンナイのグテイが「アシュグザ国のイシュパカー（ᵐiš-pa-ka-a-a KUR.aš-gu-za-a-a）」の軍団とともに戦って戦死した事件が記録された（表2，11）。同じ事件がティル・バルシブ（テル・アフマル Tel Aḥmar）出土の碑文でも「ギミッラーヤのテウシュパ（te-uš-pa-a [LÚ.]gi-mir-ra-a-a）」および「アシュクザーヤのイシュパカー（¹iš-pa-ka-a-a ᵐᵃᵗ aš-ku[-za]-a-a）」と記録された（表2，13）。これらはギミッラーヤの首長とイシュクザーヤの首長が同時に言及された注目すべきユニークな文書である。これによってギミッラーヤとアシュクザーヤ（イシュクザーヤ）は同時代にそれぞれの首長に率いられて別な地方で軍事行動を展開していたことが明らかになり、彼らはそれぞれ独立した集団であるとみなすことができる。

ギミッラーヤは前676/75年頃にマンナイとともに言及され（表2，17）、ムシュキ（Muški、フリュギア）と同盟してメリド（現在のトルコ東部マラティア）を攻撃した（表2，21）。また、メディア王カシタリトゥ（Kaštaritu）（ギリシア

史料のフラオルテス）の反乱の際（前674～72年）にはギミッラーヤはメディアやマンナイの軍団とともに「ギミッラーヤの軍団（LÚ. ERIM. MEŠ LÚ. *gi-mir-ra-a-a*)」という語句だけで列挙された（表2，32～38）。前672年以降にはキリキアのヒラック方面でも言及された（表2，22）。アッシリア王エサルハッドンの治世末年の反乱では、ギミッラーヤはヒッタイト人やエジプト人、ヌビア人などとともに列挙され、依然アッシリアの敵のひとつであったようだ（表2，46～48）。

　アッシュルバニパルの年代記ではギミッラーヤはリュディアの敵として何度も言及されている（表2，52～58）。リュディア王ギュゲス（Gyges, アッシリア史料のGuggu）がギミッラーヤの攻撃に対してアッシリアに援軍を要請したが、結局リュディアは援軍なしで攻撃に耐えられず、ギュゲスは亡くなったと考えられている。従来ギュゲスの死は前652年頃と考えられていたが、ランフランキやイヴァンチクはこの事件は前644年頃とみなしている（Lanfranchi 1990：112；Ivantchik 1993：105)。

　ギミッラーヤとイシュクザーヤが同時に言及された文書は大半が復元されたもので、アッシリア北方（現在のトルコ東部ハッキャリ地方）のフブシュキアやビート・ハンバン方面に関するものが多く、メディアやマンナイの軍隊とともに列挙されているが（表2，26～31）、残念ながらただ列挙されているだけで史実的な内容を伴っていない。

　アッシュルバニパル王末年の年代記に「蛮族で破壊者の王ドゥグダッメ（Dugdamme)」が記録されている（表2，57～59）。また、「蛮族の王ドゥグダッメとその子サンダクシャトル（Sandakšatru)」がアッシリアに侵攻したという（表2，60）。ドゥグダッメはギミッラーヤではなく「蛮族」の長として言及された。しかし、それ以前にも「蛮族ギムラーヤ」などの言及があり（表2，61）、またドゥグダッメは紀元後1世紀から2世紀はじめのギリシアの著述家プルタルコス（Plutarchus）の『対比列伝』や前1世紀小アジアのポントス出身の地理学者ストラボンが記録したキンメリオイの首長リュグダミス（Lygdamis）（ストラボン1巻3章21節）と音韻的な類似により同一視されている。このような類推からアッシリア史料にいう「蛮族」はギミッラーヤを指していたことになる。これによって、キンメリオイがアッシュルバニパル王末年まで小アジ

アで軍事活動を行っていたと判断できよう。なお、ドゥグダッメは前641年あるいは640年頃に亡くなったと考えられている（Lanfranchi 1990：119；Ivantchik 1993：114-115）。

以上、アッシリア史料ではギミッラーヤはアッシリアに敵対する蛮族としてメディア方面と小アジアのフリュギアやキリキア方面でしばしば言及されたが、具体的な史実を伴った言及は少なく、他の諸族とともにアッシリアの敵としてただ列挙された場合が多い。しかし、テウシュパやドゥグダッメに率いられて、イシュクザーヤとは別にアッシリアの境界から小アジアにかけて広範囲に独自に軍事行動を行っていたことは明らかである。しかし、彼らがどこに根拠地をもち、どのような理由でアッシリアや小アジア各地を侵略したのかは判明しない。

（2）ギリシア史料に現れたキンメリオイ

ギリシア史料で最初にキンメリオイに言及したのは前8世紀後半の英雄叙事詩人ホメーロスである。ホメーロスは『オデュッセイアー（*Odysseia*）』の中でキンメリオイを伝説的なオケアノスの涯の冥界入口付近に居住する種族として言及した。

> おりから船は、流れの深い大洋河の涯に到着いたしました。
> このあたりはキンメリオイの族の郷土で、その城市のあるところとて、
> いつも靄気や雲霧やに蔽われてい、年がら年じゅう
> 淡々と輝く太陽がその光の矢を彼らに注ぎかけることもなく、
> （ホメーロス『オデュッセイアー』第11書13-16行）

そして、最初に黒海（ポントス Pontus）北岸とキンメリオイを結びつけたのは前5世紀初頭小アジアのミレトス出身の地理学者ヘカタイオスである。

> 二つの口をもつ川［タナイス川］はいわゆるマイオティス［湖］とキンメリコス・ボスポロスに注いでいる（拙訳）（Jacoby 30：Hekataios von Milet, Frag. 195）。

ヘカタイオスに学んだヘロドトスはキンメリオイの黒海北岸出自をはっきりと証言した。彼は、黒海北岸草原はスキタイが征服する以前にはキンメリオイが居住する「キンメリアKimmeria」と呼ばれた土地であったと明言した。キンメリオイは、スキタイがアジアの奥部からこの地方へ侵攻してくると聞いて、戦うべきか逃げるべきかを王族と民衆とが議論して、国土を守ろうとした王族が打ち果て、民衆はスキタイからの難を避けようとして故郷から去った（ヘロドトス4巻11節）。そして、民衆は黒海北岸から黒海東岸を通って小アジア黒海南岸の「シノペのある半島に住みついた」。この「シノペのある半島」とはパフラゴニア（アナトリア黒海南岸の中央）のことである。スキタイはキンメリオイの後を追って進路を誤ってメディアの地（今日のイラン北西部）に侵入したという（ヘロドトス4巻12節）。ヘロドトスが伝えたこの経緯は黒海北岸地方でスキタイが伝えていた伝承の一部であり、ヘロドトスが最も納得したスキタイ起源説である。そのため、ヘロドトスはキンメリオイの故地が黒海北岸にあったと述べた。

　　今日スキュタイ人の居住する地域は、古くはキンメリア人の所属であったといわれるからである。（中略）いまもスキュティア地方には「キンメリア砦」とか「キンメリア渡し」とかがあり、キンメリアの名で呼ばれる地方もあれば「キンメリア・ボスポロス」と呼ばれる海峡もある（ヘロドトス4巻11～12節）。

ストラボンもまた次のように述べてヘロドトス同様にキンメリオイを黒海北岸に起源した民族であると考えた。

　　ボスポロス地方ではかつてキンメリア族が大きな兵力を保有し、この地方に「キンメリア」の異名が付いたのもこのためだった。そして、黒海右岸からイオニア地方にかけての内陸諸地域の住民を追出した。それから、スキュタイ族が後者をこれらの地域から追払い…（ストラボン11巻2章5節）

以上のように、キンメリオイの起源を伝えているのは、アッシリア史料やホメーロスなどの同時代的な史料ではなく後世に伝承された史料である点を考慮する必要がある。
　一方、ヘロドトスはキンメリオイの西アジア侵略について次の一説を残している。

　　スキュタイ人は前にも記したように、二十八年間にわたって上アジアを支配したのである。スキュタイ人はキンメリア人を追ってアジアに侵入し、メディアの支配権を奪ったのであるが、スキュタイ人の来攻以前にはこのキンメリア人がアジアを支配していた（ヘロドトス4巻1節）。

　ここで使われた「支配する」という単語はともに ἄρχω であるため、ヘロドトスはキンメリオイとスキタイのアジア支配には区別すべき差はないと考えていたのであろう。その実態はアッシリア史料同様にギリシア史料でもキンメリオイによる各地への軍事行動であった。ヘロドトスによれば、キンメリオイは黒海北岸から最初はパフラゴニアに住み着いたとされたが、その後再度パフラゴニアへ至りさらにその南西のフリュギアに進攻したという。ストラボンは次のように記した。

　　また、キンメリオイ族はその名をトレレス族ともいい、あるいは後者が前者の一部族だともいうが、その部族はしばしば黒海右岸域や自分たちの地方に隣接する諸地域へ侵入し、時にパプラゴニア［＝パフラゴニア］地方へ入り、さらにプリュギア［＝フリュギア］の諸地方へ入った。後者への侵入はミダスが雄牛の血を飲んで死の運命に身を任せたという話のある時の出来事だった（ストラボン1巻3章21節）。

　これらの記録に基づいて、キンメリオイによるフリュギアの首都ゴルディオン（Gordion）攻撃と伝説的なミダス（Midas）王の死がキンメリオイに関係付けられた。ミダスは前709年に敵の攻撃に対してアッシリア王サルゴン2世へ援軍を要請している。また、紀元後3～4世紀カエサリアのキリスト教

学者でありギリシアの年代記をまとめたエウセビオス（Eusebius）はミダスの死を前696/5年と記録している（Eusebius, 92b）。しかしながら、ミダスの墓とされたゴルディオンの大墳墓MMは最近の^{14}Cと年輪年代測定によるウィグルマッチ法で得られたデータでは前8世紀前半と推定されている（Manning, Kromer, Kuniholm and Newton 2001）。また、これまでキンメリオイの攻撃で破壊されて生じたとされてきた都市の破壊層はさらに前9世紀後半と推定されるようになり（Manning, Kromer, Kuniholm and Newton 2001）、もはや大墳墓とミダスの死を関係付ける根拠はなく、キンメリオイのゴルディオン攻撃と都市の大破壊とも関係がないことになる。つまり、キンメリオイのゴルディオン攻撃については考古学的な確証は得られないことになる。おそらく、前8世紀末〜7世紀初頭のキンメリオイによるゴルディオン攻撃は大王ミダスの死をもたらしたとはいえ都市を破壊するほどの規模ではなかったといえよう。

　ヘロドトスによればキンメリオイはさらにイオニアやサルディスを攻撃した。

　　［リュディア王］クロイソスより以前にも、キンメリア人がイオニアに侵攻したことがあったが、それも国々を征服するというようなことではなく、単に掠奪を目的とする侵入にすぎなかった（ヘロドトス1巻6節）。

キンメリオイはここでも都市の破壊が目的ではなく掠奪をもっぱらにしたと考えられよう。そうであれば、キンメリオイのアジア支配とは各地に被害をもたらす掠奪行為であり、それは遊牧民が生活に必要な物資を都市に求めて行う一種の搾取であると考えられないだろうか。さらに、キンメリオイのサルディス攻撃について、

　　このアルデュスはプリエネを占領、ミレトスに侵攻したが、彼がサルディスを支配している時期に、キンメリア人がスキュティア系遊牧民の圧迫で定住地を追われ、アジアの地に入り込み、サルディスをそのアクロポリスを除いてことごとく占領した（ヘロドトス1巻15節）。

として、ヘロドトスはキンメリオイのサルディス攻略が前述のギュゲスの時代ではなく、ギュゲスの子アルデュスがサルディスを支配していた時代であると述べた。

一方、ストラボンはキンメリオイのフリュギア攻撃とミダスの死に続けて、前述のリュグダミスの軍事活動に言及している。

> リュグダミスは自分の部族を率いてリュディア、イオニア両地方にまで進み、サルディス市を陥れたがキリキア地方で落命した（ストラボン1巻3章21節）。

前述のようにアッシリア史料ではギミッラーヤのサルディス攻撃でギュゲス王が亡くなり、それが前644年頃とみなされている。一方、ヘロドトスではキンメリオイの攻撃はギュゲスの子アルデュスの統治時代とする。するとキンメリオイはサルディスを少なくとも2回攻撃したことになる。1回目がギュゲスの死の前644年頃、2回目が前述のリュグダミス（＝ドゥグダメ）の死の前641年あるいは640年頃である。

ここで、リュディア王国の王の在位期間についてヘロドトスが記したことによって考えてみよう。前547年のアケメネス朝ペルシア王キュロスによるサルディス陥落で最後の王クロイソスが亡くなりリュディア王国が滅亡したことを基点にして次のように在位期間が算定できるという（藤縄 1989：92）。

ギュゲス	38年	（前716〜679年）（1巻14節）
アルデュス	49年	（前678〜630年）（1巻16節）
サデュアッテス	12年	（前629〜618年）（1巻16節）
アリュアッテス	57年	（前617〜561年）（1巻25節）
クロイソス	14年	（前560〜547年）（1巻86節）

ギュゲスは前669年に即位したアッシリア王アッシュルバニパル（在位前668〜627年）と同時代人であることがアッシリア史料で明らかであるため、前679年に亡くなっているはずはなく、また前644年頃のキンメリオイの攻撃で亡くなったとすればギュゲスの在位年代には相当の問題がある。もし、ギュゲスが前644年に亡くなったとしてギュゲスの在位年数に間違いなければ、

即位は前681年頃となり、逆にアルデュスの在位期間が49年ではなく約15年に短縮されてしまう。このような在位期間の大きなずれに問題はなかろうか。ヘロドトスの年代学を論じた藤縄謙三はギュゲスの死について従来の説に基づいて前652年とみなしており、前679年と計算されたギュゲスの死との17年の差を「古い時代については、その程度の誤差があるようである」と述べてあまり問題にしていない（藤縄 1989：92）。ギュゲスの死を前652年ではなく前644年とすれば誤差は35年に広がり、在位年数の伝承に問題があったと考えざるをえない。

　こうして、アッシリア史料およびギリシア史料ではキンメリオイの西アジアにおける活動は前8世紀後半から前7世紀後半にわたっていたということになる。彼らはアッシリアとは敵対関係にあり、ギミッラーヤは「蛮族（umman-man-da）」とだけ呼ばれることがたびたびであった。しかし、彼らの出自については初期の史料では言及されなかった。その点についてはまだ情報を持っていなかったというべきであろう。やがて、ギリシア人が黒海北岸の事情に通じるようになると、ヘカタイオスによってキンメリオイの黒海北岸出自が伝えられた。そして、ヘロドトスによって地名などの具体的な証拠が提示されたのである。

　キンメリオイの民族的な帰属に関しても様々な見解が表明されてきた。ロストフツェフはギリシア史料を基にトラキア系と判断し、キンメリオイが東からではなくバルカン半島から南ロシアや小アジアへ移動したとみなした（Rostovtsev 1918：27；2002：30）。その後、テレノシュキンは後述するように先スキタイ時代の黒海北岸および北カフカスの考古学資料を研究してキンメリオイがスキタイと同様にイラン系であるとみなした（Terenozhkin 1976）。ところが、ククリナ（Kuklina, I. V.）は、アリステアス（Aristeas）の叙事詩に言及された「南の海に近く住んでいたキンメリア人」（ヘロドトス4巻13節）の「南の海」をペルシア湾とみなして、キンメリオイは湾岸北部から小アジアへ侵入したスキタイと同系の種族であり、さらにスキタイはキンメリオイに続いて中央アジアの大河であるアムダリヤとシルダリヤの間の地域からイラン高原を経て西アジアに移動したと考えた（Kuklina 1985：76-77, 188-189）。また、チレノヴァは北カフカスの鹿石および言語学的な議論から北カフカス系

を主張し (Chlenova 1984：74-87)、イヴァンチクは後述するアナトリアのノルシュンテペ (Norşuntepe) で発掘された石組をもつ埋葬をキンメリオイのものと断定して、石組の埋葬が見られる中央カフカスのコバン文化との関係を指摘している (Ivanchik 2001：56)。さらに、ザウターはキンメリオイに関する史料を十分検討した結果、黒海北岸起源説を否定しているが、その出自については明らかにしていない (Sauter 2000：252-253)。このように今日に至るまでキンメリオイに関する史料研究ではキンメリオイの黒海北岸滞在およびキンメリオイの出自については十分納得できる結論に至っていない。しかし、筆者は後述するアナトリアにおける考古学資料の検出により、キンメリオイはやはり黒海北岸の出自ではなかろうかと考えている。

一方、キンメリオイの末路についてもリュディア王アリュアッテスによる討伐とする説とスキタイによって駆逐されたという説がある。ヘロドトスは、キンメリオイをアジアから駆逐したのはリュディア王アリュアッテスであると述べた。

> このアリュアッテスは、デイオケスの子孫であるキュアクサレスおよびその指揮下のメディア人と戦い、キンメリア人をアジアから駆逐し、コロポンの植民都市であるスミュルナを占領し、クラゾメナイに侵攻した（ヘロドトス1巻16節）。

そうであるならばアリュアッテスが即位した前617年以降の事件である。ところが、ストラボンは次のように伝えている。

> キンメリオイ、トレレス両族ともしばしばこのような侵略を行ったが、話によるとコボスの率いるトレレス族は最後にはスキュタイ族の王マデュスの手でその地方を追われた（ストラボン1巻第3章21）。

このトレレス族とはキンメリオイの一部であると言われる。首長コボスはストラボンによれば、

スキュタイ族のマデュス、エチオピア族のテアルコス、トレレス族の
コボス、エジプトのセソストリスとプサンメティコス、ペルシアではキ
ュロスからクセルクセスに到る間の諸王がある(ストラボン1巻3章21節)。

と列挙して著名な諸王の一人として挙げられた。マデュス（Madys）はヘロ
ドトスが言及したプロトテュエス（Protothues）の子マデュエス（Madyes）と
同じ人物であるとみなされる。ヘロドトスによれば、マデュエスはアッシリ
アのニネヴェがメディアによって攻囲された際にアッシリアの援軍としてメ
ディア軍を攻撃した人物である（ヘロドトス1巻103節）。リュディア王アリュ
アッテスによるキンメリオイのアジアからの駆逐と、スキタイ王マデュエス
によるトレレス族の追討とはどのような関係にあったのかは明らかでない
が、この事件がヘロドトスによって伝えられたスキタイの西アジア支配（後
述）の終焉までに生じたことは間違いなかろう。

(3) キンメリオイの考古学上の位置付け

上述のように、スキタイが登場する以前の時期に黒海北岸草原で発展した
考古学文化をキンメリオイに帰属させる見解がこれまで行われてきた。つま
り、スキタイ以前の時代に編年される初期鉄器文化であるチェルノゴロフカ
型文化類型とノヴォチェルカッスク型文化類型が先スキタイ時代の文化であ
り、それらの担い手がキンメリオイであるというのである。

キンメリオイの文化とスキタイ文化を区別する指標としてはいわゆるスキ
タイ動物文様を伴っているか否かが重要な点である。先スキタイ時代の黒海
北岸から北カフカスで盛行した装飾文様はヴォールト文や、円と方形を組み
合わせたいわゆる太陽を象徴したとみなされる文様などの幾何学文が主流で
あった（Terenozhkin 1976：173-185)。もし、動物文様を伴えばそれはスキタイ
文化と接触していた、あるいはスキタイ文化であるとみなされている。

先スキタイ時代の黒海北岸草原の考古学をさらに複雑にしているのは、上
述したように、そしてアレクセエフが指摘するように、キンメリオイが100
年近くにわたって滞在したとされる西アジアでは先スキタイ時代の文化に関
係付けられるような考古学資料が発見されていないことである。その逆に、

アッシリア史料ではキンメリオイのように数多く言及されていないスキタイに関係付けられる青銅製鏃、剣、馬具などの考古学資料がアナトリアからイラン北西部、カフカス南部地方、さらにはパレスティナで発見されている (Sulimirski 1954；雪嶋 1992a；2003b；柳生 2005)。

このような齟齬を解決するためにアレクセエフは次のような提案を行った。つまり、西アジアに滞在したキンメリオイはスキタイに同化されてきわめてよく似た文化をもっていたために、両者は考古学的に区別することができないと (Alekseev 1992: 91)。そして、アナトリアで発見された遊牧民（スキタイ）タイプの遺物を前7世紀第2四半期から中葉に編年して、これらの遺物をキンメリオイのものであると断じた (Kachalova and Alekseev 1993：82)。この見解の前提には、キンメリオイとスキタイの両者はもともと考古学的に極めて類似した文化をもっていた同系の集団であり、スキタイが黒海北岸草原に侵攻して先住していたキンメリオイを圧迫して軍事的に駆逐していったのではなく、文化的に同化を図りながら、もはや両文化が区別できないという段階になって、まずはキンメリオイ（ギミッラーヤ）が、そしてスキタイ（イシュクザーヤ）が西アジアに侵攻していったという考えがなければ成立しない。もし、キンメリオイが黒海北岸に起源しないということであれば、西アジアにおいてキンメリオイはスキタイとは別々に活動しており、スキタイが独自の文化を持ったキンメリオイを文化的に同化したというような経緯は見出せないため、両者の文化が区別できないほど類似していたということはありえないことになる。

これらの点を考慮すれば、キンメリオイもスキタイと同様に中央ユーラシアに起源するイラン系の騎馬遊牧民集団であり、本来同様な初期遊牧文化を共有しており、キンメリオイはスキタイ文化に影響を受けながら北カフカス・黒海北岸を経由して西アジアに侵攻していったと考えなければならない。

ところが、アナトリアから先スキタイ時代の黒海北岸の資料に類似する青銅製袋穂鏃が日本アナトリア考古学研究所によって発掘調査されているカマン・カレホユックで発見されている（図 6.1）。このタイプは翼部が矢羽形を呈した両翼鏃である。また、イスタンブール考古学博物館3階のウラルト

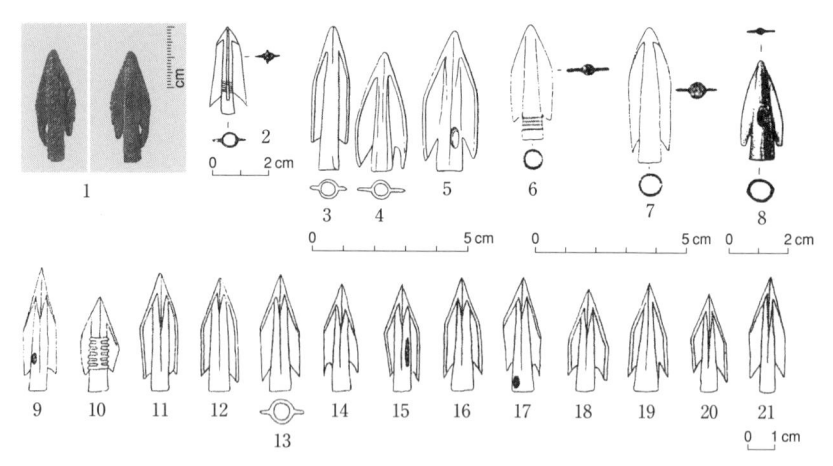

図6　先スキタイ時代の青銅製矢羽形鏃
1：カマン・カレホユック(遺物番号97000889)　2：マーラヤ・ツィンバルカ
3・4：エンゲルス市博物館蔵　5：ヴォルガ川下流右岸ミハイロフカ村(サラトフ市博物館蔵)
6・7：サカル・チャガⅣ墓群20号墳　8：セルジェン＝ユルト集落址35号墓
9〜21：ヴィソーカヤ・モギーラ5号埋葬

ゥ関係資料が展示されたケースの次に北方草原文化と関係する青銅製品が展示されている。その中に青銅製鏃が2群に分けて置かれている。1群は前8〜7世紀に編年されている両翼鏃5点と弾丸形鏃1点であるが、両翼鏃のうちの1点は明らかにカマン・カレホユックの例と同様な矢羽形を呈している。他の両翼鏃はカマン・カレホユックでも発見されている型式である。しかし、イスタンブールの例はいずれも出土地が明記されていない。これらの鏃が一括で発見されたかどうかも不明であるが、確実に先スキタイ時代に特徴的な矢羽形鏃がアナトリアで発見されていることになる。

　このような矢羽形鏃は黒海北岸の先スキタイ時代の古墳ヴィソーカヤ・モギーラ（ヴィソーカ・モヒーラ）(Vysokaya Mogila, Vysoka Mohila)（前8〜7世紀）出土の13点（図6,9〜21）(Bidzilya and Yakobenko 1974：155)とマーラヤ・ツィンバルカ（マーラ・ツィンバルカ）(Malaya Tsinbalka, Mala Tsinbalka)（前8世紀）出土の2点（図6,2）(Klochko 1979：42)、ヴォルガ川下流域で採取された3点（図6,3〜5）(Smirnov 1961：111)、アムダリヤ下流域のサカ最初期の古墳サカル＝チャガ(Sakar-chaga)第6墓群20号墳（前8世紀末〜7世紀）出土の2点（図6,6,7）(Yablonskii 1991：78)が知られている（雪嶋 1998：185）。最近

報告された例としてはチェチェンのセルジェン=ユルト（Serzhen'-Yurt）集落址35号墓出土の青銅製鏃1点がある（図6, 8）。この例はもはや武器として使用されたものではなく、護符としてペンダントのように使用されたものであるというが（Kozenkova 2002：79, Tabl. 21, 2）、伴出した第6タイプの青銅製腕輪が前9世紀〜8世紀前半に編年されるため、先スキタイ時代であることは明らかである（Kozenkova 2002：102-104）。これらの例はカマン・カレホユックのものよりも袋穂がやや短いが、カマン・カレホユックの例がこれらと型式学的に関係していることは明らかである。この型式はヴイソーカヤ・モギーラ以外では少数ずつしか発見されていないため、カマン・カレホユックおよびイスタンブール考古学博物館の例は無視できるものではない。つまり、このような遺物が発見されたことは、先スキタイ時代の文化がアナトリアに伝わっていたことを示す根拠の一つとなりえよう。

　それとは逆に、西アジア由来の資料がカフカスと黒海北岸の先スキタイ時代の墓から出土している。黒海北岸のノサチョフ（ノサチフ）（Nosachev, Nosachiv）古墳から出土した青銅製の算盤玉形の透かし状飾板がアッシリアのニネヴェ（Nineve）などの宮廷レリーフに表現されたウマの胸帯に見られる飾りと類似することからレリーフの年代を古墳編年の根拠とし、黒海北岸とアッシリアを結ぶ資料とみなした（Kovpanenko 1966：177-178）。また、カフカス山脈北麓のキスロヴォツク市西方のコバン文化の遺跡クリン=ヤル（Klin-yar）第3墓群186号墓では前7世紀前半に編年されるアッシリア製青銅製兜が発見され、中央カフカスの住民もキンメリオイやスキタイの西アジア遠征に参加していたと考えられている（Belinskiy 1990）。このような先スキタイ時代の墓から西アジアに関係する資料が出土していることから、この時代すでに黒海北岸から北カフカスにかけての住民が西アジアと直接的な関係をもっていたとみなすことができよう。

　以上のような先スキタイ時代の黒海北岸・カフカスと西アジアとの繋がりだけではなく、この時代の北カフカスおよび黒海北岸地方ではユーラシア草原東部で形成されていた初期遊牧文化の影響を受けていた。それらは、北カフカスの最初期のスキタイ文化にも関連するものである。これらの資料は剣・鏃などの武器、鑣・銜などの馬具、鹿石、鍑である。テレノシュキンは

これらの資料によってキンメリオイの東方の初期遊牧民文化との結びつきを指摘した (Terenozhkin 1976：184)。

　鹿石は後期青銅器時代から初期鉄器時代にモンゴル高原を中心に草原地帯に広く分布する石柱状の石像であり、表面に鹿の文様が浅く陰刻されているものが多く知られているため「鹿石」と呼ばれている。石像は全体として人物を表現している。高さは1〜4mくらいで、上端が斜めに削られたサーベル形あるいは角柱形が多い。モンゴル高原で発見された多くの石像には全面に鹿の文様が見られるが、鹿の文様はないが全体としては鹿石の形式をもつ石像がモンゴル高原から中央ヨーロッパに至る広範な地域に分布している。ノヴゴロドヴァ (Novgorodova, E. A.) は鹿石の型式を大きく3つに分類している。第1型式は胴体が細長く伸び鼻面が口ばし状に伸びた鹿文様が全面に表現されたもの、第2型式はシカ、ウマ、イノシシ、ネコ科の猛獣などが写実的に表現されたもの、第3型式は動物文様が表現されていないものである (Novgorodova 1989：185；畠山 1992；藤川 1999：89-94；林 2005：151-155；参照：Volkov 2002：19)。

　第1タイプの鹿石はモンゴル高原で特によく見られるもので、正面と背面の幅が狭く、側面の幅が広いものが多い。各面の幅がそれほど違わない断面隅丸方形のものや、天然の大きな細長い石の表面に図像を陰刻したものなども知られている。正面の上部には斜め3本あるいは2本線が陰刻されて顔を表現している。側面上部には円によって耳が表現され、その下端には耳飾が描かれている。首にはビーズ状の首飾りが表現されている。胴部には鹿文様が斜め下方から上方に向かってぐるりと石を取り巻いているものが多い。その下には幅広の帯が水平にぐるりとめぐり腰を表現している。帯は格子文などで装飾され、帯からは剣、斧、弓袋、砥石などが吊り下げられている。また、背面では帯の上方には五角形の図形が描かれたものがあり、楯であるとみなされている。また、ところどころにウマ、イノシシ、ネコ科の猛獣などが小さく表現されたものもある。鹿石に表現された剣、斧、鶴嘴などの武器や装飾品はカラスク (Karasuk) 文化の遺物に類例があるため、鹿石の製作年代はカラスク文化期 (前13〜8世紀) から前期スキタイ時代 (前6世紀ころまで) に推定されている。しかし、前9〜5世紀頃とみなす研究者もおり問題

(3) キンメリオイの考古学上の位置付け　67

は十分に解明されているわけではない（参照：林 2005：155）。

　北カフカスで発見されている鹿石は鹿文様のない第3タイプであるが、顔面や耳の表現、帯から武器や工具が下げられ、弓袋を帯に取り付けており、基本的な表現はモンゴルの鹿石と同様であり、草原東部に由来する文化の影響下で現地で製作された資料であることは確実である。これらの鹿石は先スキタイ時代に年代付けられることから「キンメリオイの石像」と呼ばれている(Chlenova 1984；Ol'khovskiy 2005：18)。現在までにウラル、カフカス、黒海北岸地方、バルカン半島で29例（1本で上下に表現された例が4点含まれるため、実際には25点）が知られ、北カフカスに最も多く分布する。

　これらの鹿石の特徴は頭部に鉢巻（ディアデム）、耳には耳飾り、首には大きな算盤玉のようなビーズからなる首飾り、腰に帯を締めて剣、斧、砥石を提げ、弓袋を挟んでいる。動物文はほとんど見られないが、ズボフスキー（Zubovskiy）の例では頭部および胴部に動物文がある。北

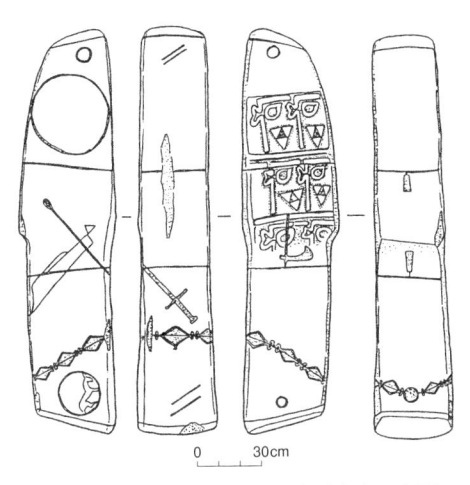

図7　ウスチ＝ラビンスカヤ古墳出土の鹿石

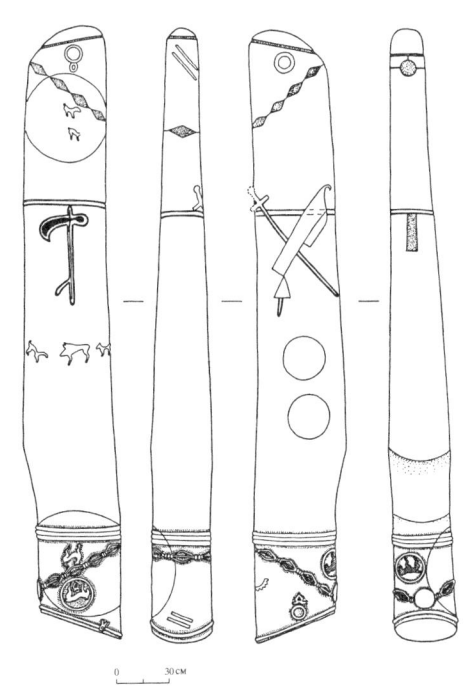

図8　ズボフスキー古墳出土の鹿石

カフカスの石像のいくつかには石の両端に頭部が表現されているものがある。本来、鹿石は下端を地面に埋めて立てて使用したと考えられるが、両端に頭部を表現したのではどちらを上にしたらよいのかわからないので、横に寝かせて置いたのではないかという推測もされている。しかし、ウスチ＝ラビンスカヤ（Ust'-Labinskaya）の例では背面に砥石が上下で表現されるが、帯に吊り下げられた武器は首飾りを伴うほうの頭部につながっている。斧の柄の上に表現された盾の図はおそらく上部の頭部に関係するものである。つまり、ここでは下部の表現がある石に上部を描いたということになろう。実際、石像は高さ11mの古墳頂上部から深さ8mの地点で図7のような上下で穴に埋め込まれて垂直に立てられていたものである（Ol'khovskiy 2005：32）。つまり、下部の表現のある石を再利用して上部を表現したものであった。

　一方、ズボフスキー古墳の例では、石像は古墳上部より1.42mの深さのところで横になって発見されており、発掘状況から上下関係は判明しない。仮に図8に基づけば、上部の図像は鉢巻をして顔を2本の斜線で表し、円形で表された右耳にだけ耳飾りが付き、算盤玉状のビーズからなる首飾りを着け、右側面には円の中に動物が表現され、さらに帯よりも下にも動物文を伴っていた。帯からは斧、剣、弓袋、砥石が吊り下げられていた。下端の図像のほうが鉢巻や首飾り、動物文、帯については細部が表現されているがそれ以上の図像を伴わない。このような動物文様はおそらく草原東部に起源して北カフカスに最初に登場したもので、スキタイ文化のさきがけとなったものとみなすことができよう。

　ところが、ズボフスキーの石像のうち帯を伴って表現された図像はウラル川流域のグマロヴォ1号墳で発見された鹿石に類似している（図11-2）。後述のようにグマロヴォ1号墳は前7世紀初頭に編年され最初期のスキタイ古墳であるとみなされているため、この石像の製作も同時代に属すと考えられるとすれば、スキタイ文化との接触を考えざるを得ない。オリホフスキー（Ol'khovskiy, V. S.）はキンメリオイの石像の年代を前8世紀～7世紀前半に編年し（Ol'khovskiy 2005：93）、キンメリオイの石像をスキタイ時代に黒海北岸地方で盛行したスキタイの石人の起源とみなした（Ol'khovskiy 2005：120）。つまり、先スキタイ時代に東方から伝播した文化伝統がスキタイに受け継がれ

剣については先スキタイ時代の黒海北岸には中央ユーラシア草原東部で発達した剣に類似する型式の剣が発見されている。例えば、ドニェプル川中流域のチェルカッスク州スッボトヴォ（Subbotovo）村で発見された青銅製剣はきのこ状の柄頭と、一方の側に空隙がありそこに3本のブリッジが渡された中空の柄、小さく左右に突起する鍔とそのすぐ下がややえぐれたようになっている短剣はミヌシンスク（Minusinsk）、東カザフスタン、トゥバに類例があり、カラスク文化に起源する剣であるといえる。また、ドニェプル川中流域のスメラ（Sumela）市近郊のゴロヴァチノ（Golovyatino）村で発見された銅柄鉄剣はやはりきのこ状の柄頭をもつが細い柄と直角に交差する細く長い鍔をもち、前期の鹿石に表現された剣と類似している。同様な剣は北カフカスでも発見されている。テレノシュキンによれば、先スキタイ時代黒海北岸森林草原地方で発見される青銅製剣あるいは銅柄鉄剣は前10世紀あるいは9世紀にアジアの奥部から伝わったもので、それらは北カフカスあるいは中央ヨーロッパにまで伝播した。先スキタイ時代のこれらの剣はスキタイのアキナケス型剣の祖形とは認められていない。前8世紀末あるいは7世紀前半に黒海北岸地方に侵入したスキタイによって新たにアキナケス型剣がもたらされると、これらの剣は姿を消していった（Terenozhkin 1975：132）。つまり、剣では先スキタイ時代からスキタイ時代には断絶があるということになろう。

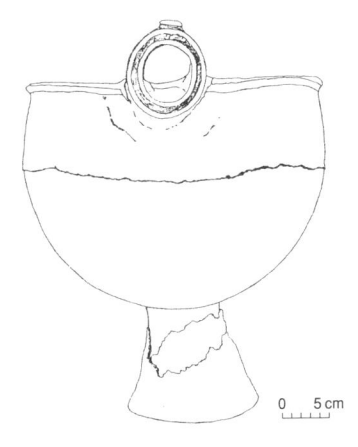

図9　ベシュタウ山北西麓発見の青銅製鍑

青銅製鍑は祭祀の際に犠牲を煮炊きする両耳広口の鋳造製の釜である。草原東部やカザフスタンでは一括埋納遺物として発見される例が知られてい

る。最古の型式とみなされるものは半球形に近い胴部をもち、円錐台形の圏台と重環文がめぐり上端に小さな突起が1つ付くものであり、中国北辺や新疆で発見されている。類似した型式の鍑がカフカス山脈北麓のベシュタウ (Beshtau) 山の北西麓と北峰で1点ずつ偶然に発見された。前者はノヴォチェルカッスク型の銜、鑣、青銅製鏃などを伴った一括埋納遺物であり、後者は原型を留めないほど大破していた。前者はイエッセンによってかつて図が発表されたが、最近ロシアの考古学者デミデンコ (Demidenko, S, V.) が再調査して写真撮影したが、イエッセンが示した図が不正確であったことが明らかになった。デミデンコによって発表された写真と図で明示する (図9)。それによって、ベシュタウ山北西麓発見の鍑はよりいっそう新疆の発見例と類似していることから、その起源が東方にあることは明らかである。しかしながら、この型式の鍑は前期スキタイ時代の鍑とは明らかに型式が異なり、現時点では継承関係を見出すことはできない。また、この鍑は先スキタイ時代に北カフカスを中心に盛行した青銅板を鋲留めして作られたいわゆる両手付瓶とも明らかに異なるものであり (デミデンコ 2003)、東方で誕生した青銅製鋳造鍑の最初の影響であり、その後に登場するスキタイの鍑のさきがけとなるものであることは明らかであろう。

　以上のように先スキタイ時代の北カフカスから黒海北岸地方では西アジアとの関係を示す資料とともに東方からの強い文化的影響が見られ、考古学的にも時代の大きな潮流の中にあったことが看取されよう。

V　第一スキタイ国家：北カフカス

（1）スキタイの起源をめぐる古代の伝承

　黒海北岸草原のスキタイ国家の歴史を語る際に、どのような経緯でスキタイが黒海北岸に登場したのかについて言及しておかなければならない。スキタイの起源についてはいくつかの起源神話が知られているが、それらとは別に何らかの歴史的な経緯を反映したと思われる伝承も残されている。スキタイ起源神話については後述することにして、ここでは後者の伝承について述べ、スキタイが黒海北岸草原に至る経緯に言及しておきたい。

　スキタイの起源を伝える伝承はヘロドトスによって記録されている。ヘロドトスはスキタイの起源について四つの説を伝えている。最初の二説は神話的であり、残りの二説は歴史的な背景をもった伝承である。後者の二説のうち最初の一説は、

　　スキュタイ人ははじめアジアの遊牧民であったが、マッサゲタイ人に攻め悩まされた結果、アラクセス河を渡りキンメリア地方に移ったという（ヘロドトス4巻11節）。

第二説はプロコンネソス出身のアリステスが作詩した叙事詩に記録された内容である。

　　ヒュペルボレオイ人を除いては、アリマスポイ人をはじめとしてこれらすべての民族は、絶えず近隣の民族を攻撃し、イッセドネス人はアリマスポイ人によって国を追われ、スキュタイ人はイッセドネス人に追われ、さらに南方の海に近く住んでいたキンメリア人は、スキュタイの圧迫をうけてその地を離れたという（ヘロドトス4巻13節）。

これら二説はいずれもスキタイがアジアの中央部に起源していることを伝えているが、そこを離れる要因と経路については異なっている。前者ではマッサゲタイ (Massagetae) の圧迫から逃れて「アラクセス (Araxes) 川」を渡ってキンメリオイの地方へ移住したのであり、後者ではアリマスポイ (Arimaspoi) に攻撃されたイッセドネス (Issedones) によってさらにスキタイが圧迫されたため、玉突き状態でスキタイは移動せざるを得ず、アラクセス川を渡って「南方の海 (ἡ νοτίη θαλάσσα)」の近くに住むキンメリオイを駆逐したという。ここではスキタイはマッサゲタイやイッセドネスよりも弱い勢力であったとみなされよう。いずれの説でもアジアの奥部の草原で遊牧民集団が勢力争いを行い、その結果スキタイが西方に移動したということになろう。また、マクロな視点から見れば、前1千年紀の初め頃にアジアの遊牧民の勢力が全体的に強まり、互いに支配領域を拡大していったと考えられよう。

ここで問題となるのはキンメリオイの地に隣接する「アラクセス川」と「南方の海」がどこを指しているのかということである。「アラクセス川」については、ヘロドトスは、中央アジアを流れてアラル海へ注ぐアムダリヤを指していたり、またアルメニアを流れてカスピ海に注ぐアラクス川を指している場合もある。一方、北からカスピ海に注ぐヴォルガ川についてはヘロドトスがその存在を知っていたとは考えられないが、アムダリヤと混同して言及していたとも思われる。例えば、アケメネス朝ペルシアの王キュロス (Kyros) がマッサゲタイと戦った時に言及されたアラクセス川 (ヘロドトス1巻202節) は明らかにアムダリヤである。また、ヘロドトスは、

> ペルシア [人]、メディア [人]、サスペイレス [人]、コルキス [人] より先の東部においては、一方には「紅海」が、北側ではカスピ海と、東方に向かって流れるアラクセス河とが延びている (ヘロドトス4巻40節)。

と述べて、おそらくアルメニアからアゼルバイジャンを東に向かって流れてカスピ海に注ぐアラクス川をここではアラクセス川と呼んでいると思われる。「アラクセス川」がアラクス川であるとすれば、キンメリオイはスキタ

イの黒海北岸侵攻以前にすでにカフカス南部あるいは北西イランに居住していたことになるため、逃げ出したキンメリオイを追ってスキタイがメディアに侵攻したという説は成り立たなくなる。そのため、ここのアラクセス川はアムダリヤかヴォルガ川ということにならなければいけない。一方、「南方の海」がどの海を意味しているのか議論されている。それをエリュトラ海（紅海）やペルシア湾とみなす説がある（Kuklina 1985：72-91）。事実、ヘロドトスは上記の記述の直前に次のように述べている。

　「紅海」と呼ばれている南方の海に至るまでの地域を、ペルシア人が占めている。その北方にはメディア人、メディア人の先にはサスペイレス人、サスペイレス人の先にはコルキス人が住み、パシス河の注ぐ北の海に至る（ヘロドトス4巻37節）。

ここでは「紅海」を「南方の海」とはっきり呼んでいる。ヘロドトスの時代にはペルシアはオリエント全域を支配下に治めていたため、「紅海」地方までペルシア人が占めていたことは間違いない。一方、「パシス（Phasis）河」は今日のグルジア中部を西に流れて黒海に注ぐリオニ（Rioni）川であることから、ここの「北の海」は黒海を指している。とすればヘロドトス4巻13節の「南方の海」も「紅海」を指していたと考えても不思議はないが、その直前でヘロドトスは、

　イッセドネス人の向こうには一つ眼のアリマスポイ人が住み、そのむこうには黄金を守る怪鳥グリュプスの群、さらにその向こうにはヒュペルボレオイ人（「極北人」）が住んで海に至っている（ヘロドトス4巻13節）。

と述べて極北の海に言及しているため、それと対比して「南の海」を使用しているのであろうと考えられており、ここでは黒海を指すと考える説のほうが有力である（ヘロドトス『歴史』中巻、285ページ松平千秋注8；Dovatur, Kallistov, Shishova 1982：221, primech. 184）。しかしながら、前述のククリナのように「南方の海」をやはりペルシア湾と考えてキンメリオイをペルシア湾の

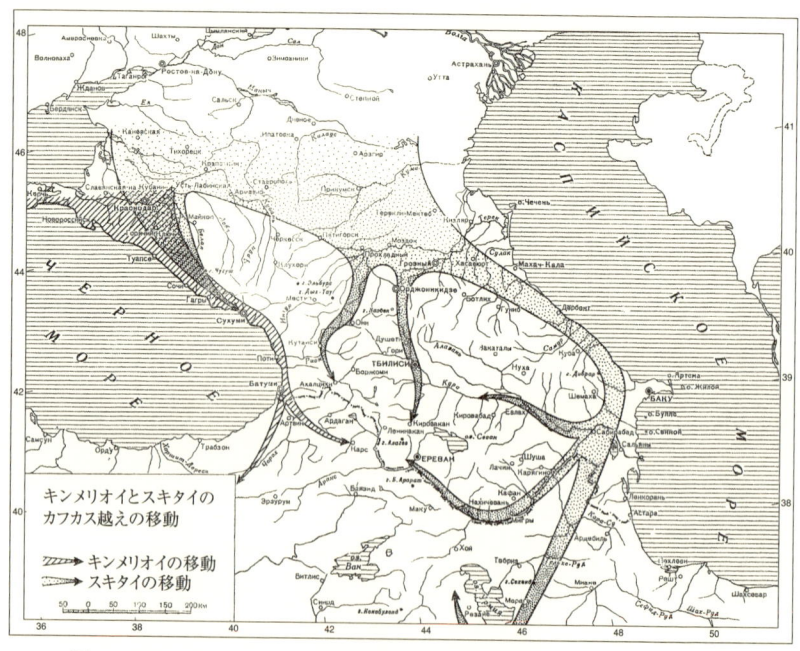

図10 キンメリオイとスキタイの西アジア侵入経路 (クルーブノフによる)

北側に置き、スキタイが渡ったアラクセス川をアムダリヤと考える学者もいる (Kuklina 1985：77)。

ヘロドトスはキンメリオイとスキタイが西アジアに侵略したルートを次のように語り、アラクセス川がヴォルガ川、南方の海を黒海とみなす意見に根拠を与えている。

　キンメリア人を追ったスキュタイ人が、進路を誤ってメディアの国に侵入したことも明らかである。すなわちキンメリア人は絶えず海岸に沿って逃げたのに対し、スキュタイ人はコーカサス (カウカソス) 山を右手にしつつ追い、途中で進路を内陸に向け、メディアに地に侵入することになったのである (ヘロドトス4巻12節)。

この「コーカサス (カウカソス) 山」とは特定の頂をもつ山というよりはカフカス山脈を指していると考えられている。スキタイが通過したルートに

ついては、カスピ海西岸沿いの現在のダゲスタンのデルベント経由が有力であるが、中央カフカスを南北に貫く十字架峠（現代のグルジア軍用道路）やその他のいくつかのカフカス越えの峠道などが推定されている（図10）(Krupnov 1960：66-67)。もし、キンメリオイが紅海やペルシア湾岸に居住していて、そこにスキタイが最初に侵攻したとすれば、キンメリオイはカフカスを南から北へ逃げたことになり、それを追ったスキタイが「コーカサス（カウカソス）山」を右手に見て進んだとすれば、それは黒海東岸沿いに北上したことになり、メディアの国に侵入することはありえないのである。すなわち、キンメリオイはコーカサスを黒海東岸沿いに南下して小アジア北東部に至り、スキタイはそれをカスピ海西岸沿いに南下して「コーカサス（カウカソス）山」を右手に見て進み、内陸に進路を変えたためイラン北西部のメディアに侵入したと考えるほうが自然である。キンメリオイがコーカサスを黒海沿いに進んだという伝承はプルタルコスも伝えている。

　　昔のギリシア人に初めて知られたキンメリアー人はその全民族の小部分に過ぎず、スキュティアー人に圧迫されて逃亡もしくは離反によりリュグダミスに率いられてマイオーティスからアジアに移った（プルタルコス「英雄伝：マリウス11節」）。

マイオティス（Maeotis）は今日のアゾフ海であることから、キンメリオイがアゾフ海からアジアに至るとすれば、やはり黒海東岸沿いのルートを取ったとみなされよう。
　一方、ディオドロスはスキタイの起源について次のように説明した。

　　この人々［スキタイ］が戴いた古代の諸王のひとりが、領土をさらに広げ、山地ではカウカソス山脈にかけ、平野地帯では大洋オケアノス沿岸、マイオティス湖そのほかの地方をタナイス川に到るまでの間、に広がった。(中略) しばらくの後、両王（パロイ族とナパイ族のそれぞれの王）の子孫で、勇気と軍勢の統帥双方に格段すぐれていた諸王が、タナイス対岸の広大な土地を征服してトラキア地方に達し、もう一方の地方へ遠

征しては、武力をもってエジプト地方のナイル河にまで達した（ディオドロス 2 巻 3 節 43）。

この伝承によれば、スキタイはまずアジアからカフカス山脈にかけ、マイオティス湖からタナイス（ドン）川を支配し、そしてタナイス川対岸の黒海北岸草原からトラキアまでを征服したという。重要な点はここではキンメリオイについて言及されておらず、またスキタイの西アジア侵攻に関する記述が暗示的なことである。ディオドロスはクリミアのケルチ半島とその対岸のタマン半島を支配したボスポロス王国の歴史に関するユニークな事件を伝えており、黒海北岸の事情には通じていたようだ。そのため、彼が伝えたスキタイの起源伝承では逆に他の史料にはないスキタイのトラキア侵攻が記録されたと思われる。

このような伝承から判断できることは、最初期のスキタイの移動の原因は、中央ユーラシア中央部における近隣諸部族との勢力争いにあり、その抗争で住地を追われたスキタイが西に向かい、ヴォルガ川を越えて北カフカスから黒海北岸に達して、その地の先住のキンメリオイを圧迫した。前述のように、キンメリオイはおそらくこの地でスキタイ文化に同化されながらも黒海北岸から黒海東岸沿いに南下して小アジアに至った。一方、黒海北岸から西に進んだスキタイの一団はバルカン半島南東部のトラキアに侵入した。北カフカスのスキタイはキンメリオイに続いて南下を始め、カフカスのカスピ海側を通過してメディアに侵入したということであろう。スキタイがヴォルガ川を渡り北カフカスから黒海北岸に至った時代は、この地域で最も古いスキタイ文化の資料が前 8 世紀に編年されるとすれば、その時期であると考えられよう。

（2）スキタイの西漸に関係する考古学資料

スキタイが黒海北岸に至るまでの道程に残された遺跡とみなされるのは、ウラル川流域のオレンブルク州グマロヴォ村のグマロヴォ 1 号墳 3 号墓である。また、先スキタイ時代の文化に基盤を置きながらスキタイ文化の影響を受けた遺跡が北西カフカスのアドィゲ（Adyge）で発掘されたウアシヒトゥ

(2) スキタイの西漸に関係する考古学資料 77

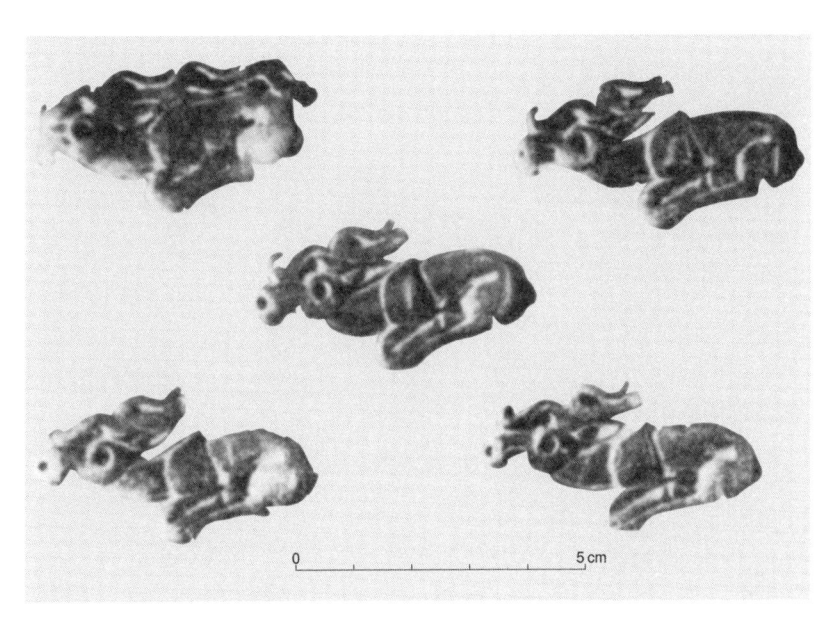

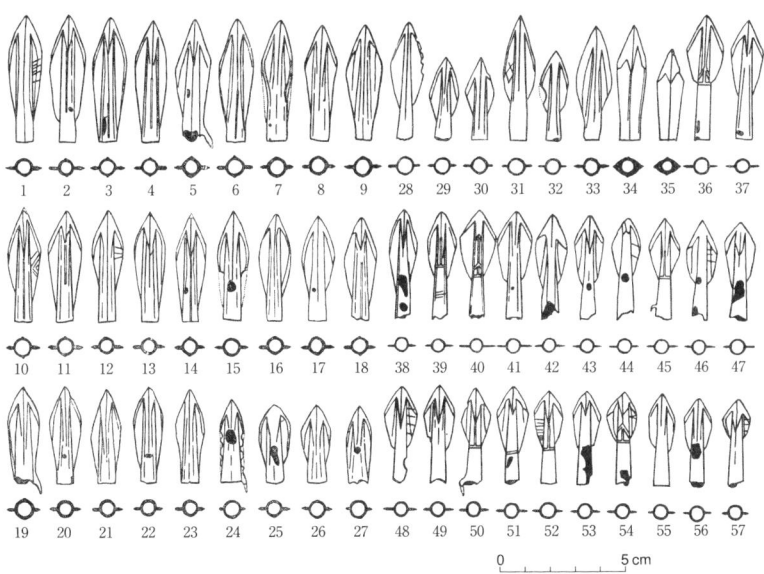

図11-1 グマロヴォ1号墳3号墓出土資料 (1)

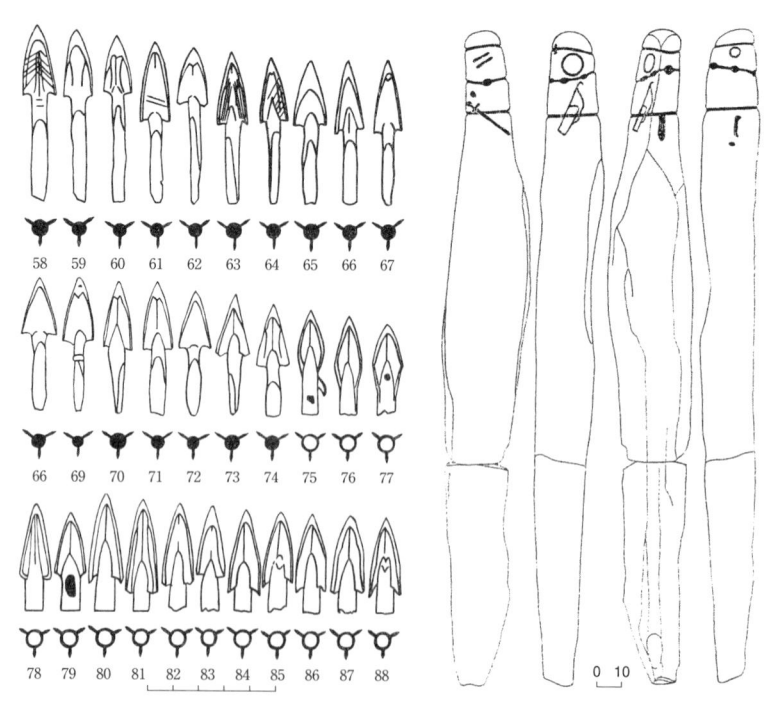

図11-2　グマロヴォ1号墳3号墓出土資料（2）

(Uashkhitu）1号墳である。そして、黒海北岸草原地帯に達した最初期のスキタイの遺跡として前述のステブレフ15号墳やジャボチン2号墳が挙げられよう。

　グマロヴォ1号墳3号墓は青銅器時代のアラクリ（Arakul'）文化の古墳を再利用して造られた楕円形の地下式横穴墓である。墓から箙のセットが出土し、箙を装飾していたスキタイ動物様式の金製鹿形飾板5点と青銅製鏃88点、鉄製鏃1点が出土した（図11）。金製鹿形飾板の類例は東部カザフスタンのチリクタ古墳などで知られている。青銅製鏃のうち71点が袋穂式で17点が有茎式であった。前者の中にはアルジャン1号墳、ウイガラクやタギスケン、ブルガリアのエンジャで発見されたスキタイ初期の断面方形鏃や両翼鏃が見られるばかりでなく、ノヴォチェルカッスク文化類型の両翼鏃と類似する例がある。有茎式は三翼鏃であり（図11-2）、類型はウイガラクやタギスケン、サカル・チャガなどで出土しており、中央アジア的要素を多く残していた。

(2) スキタイの西漸に関係する考古学資料 79

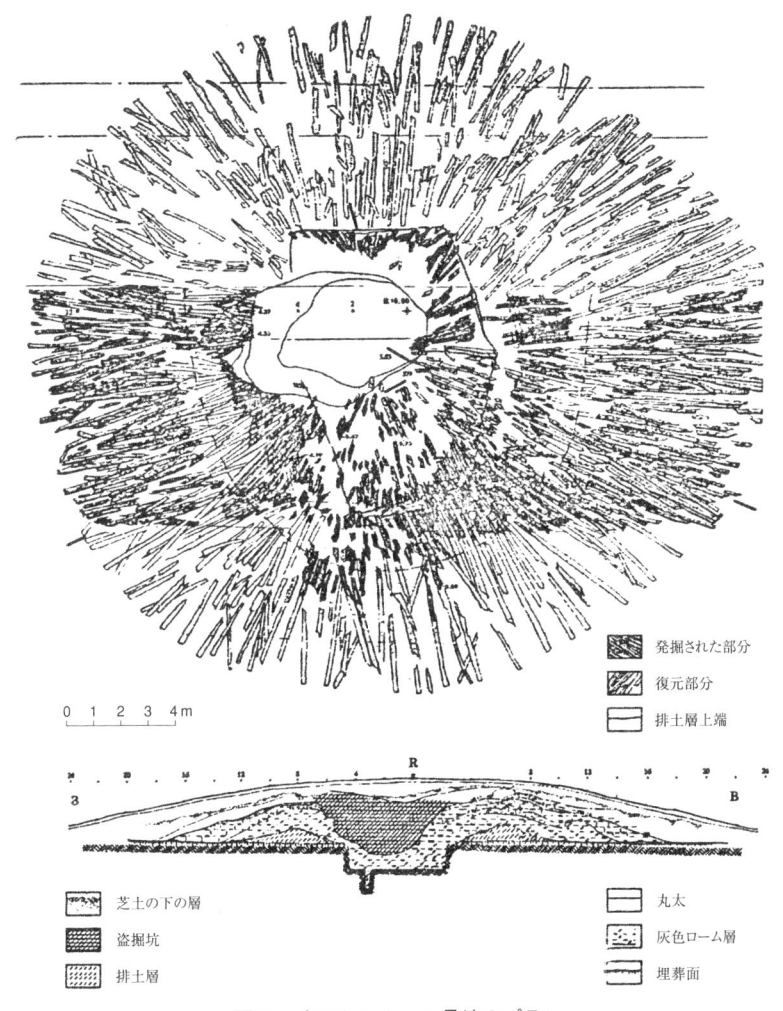

凡例:
発掘された部分
復元部分
排土層上端

芝土の下の層
盗掘坑
排土層
丸太
灰色ローム層
埋葬面

図12　ウアシヒトゥ1号墳のプラン

　また、古墳を覆う積石から発見された石が1954年に古墳近くで見つかった鹿石の上部とぴったりと接合したことから、かつてこの鹿石が古墳の墳丘上にあり、3号墓と同時期であったことが推測された（図11-2）。この墓はアルジャン1号墳をはじめとする北アジアの初期遊牧文化の西方への拡大を示し、同時に黒海北岸や北カフカスの先スキタイ時代の文化と明らかに接触していることから、前7世紀初頭までに編年されている（Ismagilov 1988：45）。

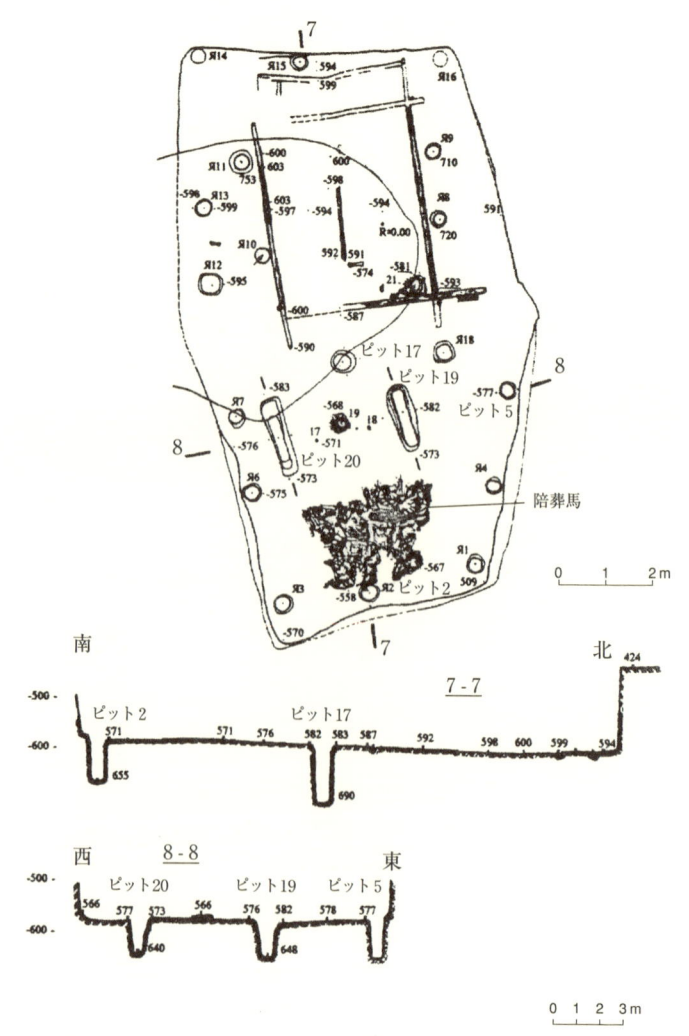

80　Ⅴ　第一スキタイ国家：北カフカス

図13　ウアシヒトゥ1号墳の埋葬施設のプランとセクション

　ウアシヒトゥ1号墳は高さ4.7m、直径70mの墳丘で全体が天幕状に木材で覆われていた。墓壙は旧地表面を掘り込んで造られており、南北方向に長い12×7mの方形であった（図12-13）。墓壙北側の床面には4.8×3.2mの木材による方形の柵の痕跡が見られ、その中には板が敷かれており、被葬者がここに安置された埋葬区画であったとみなされた。墓は激しく攪乱されてい

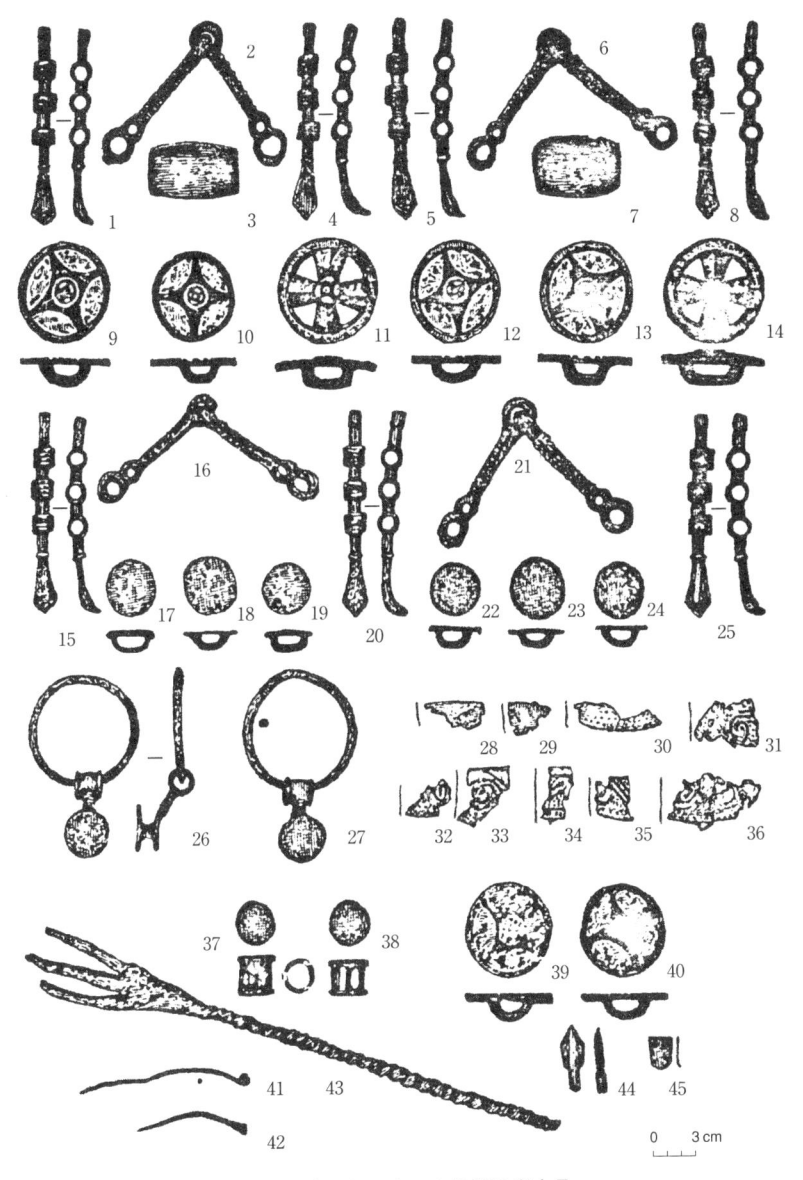

(2) スキタイの西漸に関係する考古学資料 81

図14 ウアシヒトゥ1号墳の出土品

たため、金製薄片（図14, 28〜36）、青銅製壺型容器（シトゥーラ）破片、青銅製小札（図14, 45）、鉄製刀子などわずかな副葬品が検出されただけである。墓壙壁沿いと方形の埋葬区画の周囲の床面には深さ1〜1.5mで直径30cmの柱穴が見出された。墓壙南側には馬具が装着された4頭のウマが陪葬されていた。埋葬区画と陪葬馬との間の場所で馬車の2つの車輪の痕跡が検出された（ピット19, 20）。車輪の直径は130〜135cmと推定され、両輪の間隔は2.1mであった。しかし車軸の痕跡などは検出されなかったことから車輪だけを埋納したとも考えられている（図13）。両輪の間の空間では裏面に鈕がある青銅製円形飾板3点が発見された（図14, 17〜19）。陪葬馬に装着されていた銜は先端に2環が直列する青銅製の典型的なノヴォチェルカッスク型であるが（図14, 2, 6, 16, 21）、伴出した鑣はアレクセエフスキー（Alekseevskiy）村古墳やジャボチン村524号墓などで知られているスキタイ文化への移行期に見られる3孔式であった（図14, 1, 4, 5, 8, 15, 20, 25）。また、馬具としてマルタ十字のような透かし文様がある青銅製円形飾板が発見された（図14, 11 14）。また、ロシア考古学で「太陽の象徴」と呼ばれる文様の円形飾板は先スキタイ時代に見られる特徴的な資料である（図14, 9, 10, 12, 13）。さらに、一対の青銅製環が発見された（図14, 26, 27）。環には可動式の青銅製留具が取り付けられたもので、先スキタイ時代によく知られたものであり、銜と手綱を結ぶ騎馬用の馬具としてのみ解釈されていたが、報告者のエルリヒは車馬具の一部であると判断した（Erlikh 1994）。

　このように天幕形の覆いが墓壙にかけられていた墳墓は同時代ではその他にクヴィトキ（Kvitki）古墳やコンスタンチノフカ（Konstantinovka）15号墳で知られており、いずれもノヴォチェルカッスク型の轡を伴いながら最初期のスキタイ文化の遺跡で発見される資料を伴っており、スキタイ文化との接触が感じられる。また、先スキタイ時代には墓室内への馬車の埋納は知られていないため、この馬車はノヴォチェルカッスク型の馬具と共に出土したユニークな例である。ウアシヒトゥ1号墳は前8世紀末から7世紀前半に編年され、北カフカスでもっとも早いスキタイ文化の影響が看取される遺跡ということができよう。

　ドニェプル川中流域の黒海北岸森林草原地帯では前7世紀前半にチェルノ

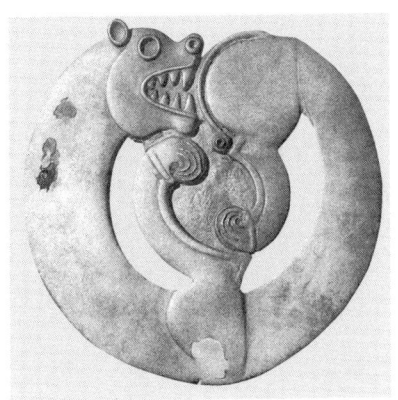

(2) スキタイの西漸に関係する考古学資料　83

図15　アルジャン1号墳出土の
　　　青銅製環状動物文飾板

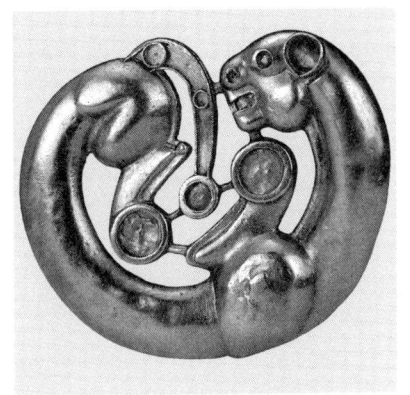

図17　ピョートル1世シベリア・コレク
　　　ションの金製環状動物文飾板

図16　マイエミール草原発見の金製環状動物文飾板

レス文化の最終末を迎えており、ノヴォチェルカッスク型の末端が2環式の
銜が検出されている。前述のジャボチン村2号墳ではこの型式の銜（図4,1）
とともに先スキタイ時代チェルノゴロフカ文化類型から前期スキタイ時代に

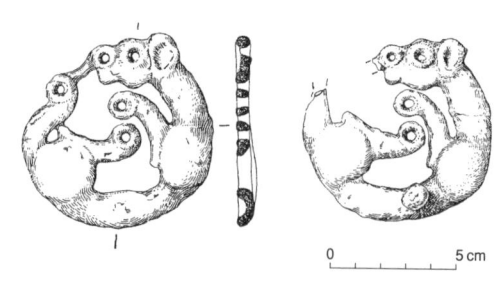

図18　サカル＝チャガ第6墓群23号墳出土の
　　　青銅製環状動物文飾板

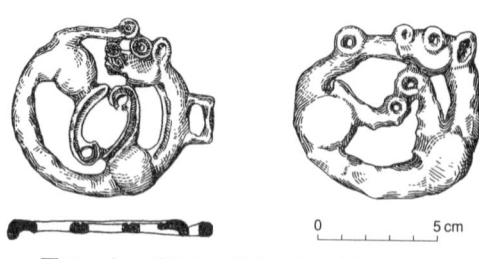

図19　ウイガラク33号墳出土の青銅製環状
　　　動物文飾板

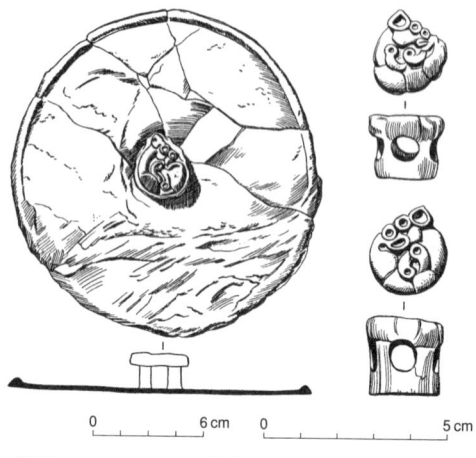

図20　ケレルメス31号墳（ヴェセロフスキー2号墳）
　　　出土の環状動物文

見られる末端が鐙形となる青銅製銜が伴出した（図4，2）。そして、スキタイに特徴的な動物文様が施された骨製品が伴っていた。ワシ頭部とウマの蹄を末端にかたどった3孔式の骨製鑣各1点（図4，10，11）。一端に3孔が穿たれた細長い骨製板3点には異なる図像が線刻で表現されていた。1点目は鳥の嘴と疾駆するヘラジカを表現する図像（図4，7）、2点目後方を振り返る2頭のヘラジカあるいはダマシカが並んで表現され（図4，8）、3点目には鳥の嘴が表現されていた（図4，9）。後2者は断片である。また、後方を振り返る2頭のヘラジカあるいはダマシカをかたどった一対の骨製飾板も発見された（図4，5，6）。これらの副葬品は先スキタイ時代の銜にスキタイの鑣を組み合わせ、さらに動物文様の装飾を加えた一連の馬具であり、スキタイがこの地に登場してまもなくの文化的様相を示しており大変興味深い（Il'inskaya 1975：Tabl. 6）。

　スキタイ文化を特徴付ける動物文様の中でも最初期にトゥバから北カフカ

スに至る広い地域に見られるモチーフが、ネコ科の猛獣を環状に表現した動物である。このモチーフの特徴は、猛獣の体全体が腹を内側にして環状に表現され、頭部と臀部とが接触あるいは接近していることである。多くの場合には猛獣は口を開いて鋭い歯をむき出しにしている。現時点でのその最古の例はアルジャン1号墳出土の青銅製飾板であり、ウマの胸繋の飾りと考えられている (Gryaznov 1980：26)（図15)。ヒョウとみなされる猛獣は背を丸めて頭部が臀部にくっつき、前後肢はそれぞれ腹側で丸められている。南シベリアで発達したタガール文化でも初期からこのような環状動物を表現した青銅製飾板が多数知られている (Chlenova 1967：Tabl. 27)。アルタイのマイエミール草原では金製の環状動物文が発見されている (Gryaznov 1947：11, Ris. 4)（図16)。東部カザフスタンのチリクタ古墳でも同様な金製環状動物文が出土した (Chernikov 1965：Tabl. XV)。同様な環状動物を表現した金製装飾板がピョートル1世シベリア・コレクションにあるが (Rudenko 1962：Tabl. VI, 1)（図17)、出土地も年代も不明である。さらに、中央アジアでは前8～7世紀に編年されるサカル＝チャガ第6墓群23号墳から青銅製2点（図18)、前7世紀に編年されるウイガラク33号墳でも青銅製2点が発見された（図19)。北カフカスでは、ケレルメス古墳群シュリツ1号墳出土の盾の金製豹形飾板では肢先と尾にこのような環状動物文が連続して表現され (Galanina 1997：Tabl. 3)、また同31号墳（ヴェセロフスキー2号墳）で発見された青銅製鏡の背面中央の鈕上面に表現されており、また同墓出土の骨製馬具辻金具の上面にも見られる (Galanina 1997：Tabl. 31, 223；Tabl. 22, 258-259)（図20)。鏡の鈕上面に表現された環状動物文はタガール文化でも知られている (Chlenova 1967：Tabl. 27, 12-14)。

　こうして、ウラル川流域、北カフカス、ウクライナで前8世紀末あるいは7世紀前半までさかのぼる可能性があるスキタイ文化の遺跡が検出されたことになり、スキタイが草原東部から西方に移動してきた足跡が明らかになってきた。

（3）スキタイの西アジアにおける活動

　アッシリア史料ではイシュクザーヤへの言及はギミッラーヤと比べるとか

86　V　第一スキタイ国家：北カフカス

図21　カルミル＝ブルール出土のスキタイ関係資料

なり少ない。イシュクザーヤは西アジアでマンナイと同盟してアッシリアに対抗したが、前672年にエサルハッドンと同盟を結んで以降は記録が乏しい。実際、彼らに関する記録は前677年から669年頃までの間に限定されている。前述のように、アッシリア軍が前679〜676年頃にキリキア地方のフブシュナでギミッラの王テウシュパを打ち破ったと記録された碑文の中で、マンナイ

のグテイがアシュクザ国のイシュパカーの軍団とともに戦った事件が知られており、イシュクザーヤがイシュパカーという首長に率いられていたことを明らかにしている。イシュパカーがイシュクザーヤの王として西アジアの諸国から認識されていたかどうかは不明である。

この碑文建立からまもなくの前672年頃に、エサルハッドンはおそらくイシュクザーヤを味方につけるために「イシュクザ（国）の王バルタトゥア（Bartatua）」に皇女を降嫁させた（表2, 24）。アッシリア王家とイシュクザーヤの王が姻戚となったのである。バルタトゥアはヘロドトスが記録するプロトテュエス（Prototyes）（ヘロドトス1巻103節）と同一視されている。この結婚についての歴史的な背景は明らかでないが、婚姻関係の樹立によってイシュクザーヤをアッシリア側に引き入れる意図があったと思われる。実際、それ以降アッシリア史料ではイシュクザーヤに関する言及が減少している。また、この婚姻関係はスキタイ首長のバルタトゥアが西アジアを支配したアッシリア帝国から一国の王として認識されていたことを明らかにしている。

一方、ギリシア史料では西アジアにおけるスキタイの活動はより多く知られている。上述のように、スキタイはカフカスを南下してイラン北西部のメディアに侵入しメディアを破って全アジアを支配したという。その場合、スキタイはカフカス南部の現在のアルメニアあるいはアゼルバイジャンからアラクス川を渡ってトルコ東部からイラン北西部に侵入したとみなされる。当時ウラルトゥがヴァン（Van）湖を中心にして西はアナトリア中部のフリュギアに至り東はイラン・アゼルバイジャン東部に至るまで勢力を拡大していた。スキタイとウラルトゥとの戦いは同時代の史料では確認できないが、イェレヴァン郊外のウラルトゥの城塞址カルミル＝ブルール（Karmir-blur）ではスキタイの剣や鏃、馬具などが発掘され、スキタイとの戦闘があったとみなされている（Piotrovskiy 1959：232-256；ピオトロフスキー 1981：77-81）（図21）。また、ヴァン湖東岸の城塞址アヤニス（Ayanis）では城壁から多数のスキタイ式青銅製鏃が発見され、戦闘があったことが確認される（Çilingiroğlu and Salvini 2001：202）。発掘者の一人マスカレッラはこれらの鏃の所持者をメディア人とみなし、スキタイではないと推定しているが（Muscarella 2006）、スキタイではないという積極的な証拠はない。また、ウラルトゥ城塞址チャヴ

シュテペ（Çavuştepe）でもスキタイの青銅製鏃や動物文様が施された馬具が発見され、イラン北西部のウラルトゥ城塞址バスタム（Bastam）でもスキタイの青銅製両翼鏃が発見されており、スキタイとの接触があったとみなすことができよう（後述）。

さらに、ウラルトゥとメディアの間のウルミア（オルーミーエ）湖南部地方にはマンナイがいた。アッシリア史料ではイシュクザーヤは当初このマンナイと同盟を結んでアッシリアに対抗しようとしていたから、スキタイがその地方に滞在したことは間違いなかろう。実際、ウルミア湖西部のギョイ・テペ（Geoy Tepe）やコルデスターン北部のジヴィエ（Ziviye）でスキタイの青銅製鏃が発見されている。そして、マンナイのさらに南にメディアの領域があった。メディアはエクバターナ（Ecbatana）（現在のハマダーン）を中心に王国を建設してアッシリアに対峙していた。アッシリアが再三メディアを攻撃していたことは知られている。そして、前述のギミッラーヤもイシュクザーヤもメディア周辺で言及されていた。イシュクザーヤがメディアを直接攻撃した事件についてアッシリア史料は言及していないが、彼らがアッシリアと姻戚関係を結ぶ以前にメディア周辺にいたことは確認できよう。

　ここにおいてメディア人はスキュタイ人と交戦したが、戦いに敗れて支配権を奪われ、スキュタイ人は全アジアを席捲したのである（ヘロドトス1巻104節）。

　スキュタイ人は前にも記したように、二十八年間にわたって上アジアを支配したのである。スキュタイ人はキンメリア人を追ってアジアに侵入し、メディアの支配権を奪ったのである（ヘロドトス4巻12節）。

このように、ヘロドトスはメディアを支配したことでスキタイのアジア支配が始まったと考えていたが、実際には隣国のアッシリアを差し置いてアジア支配はありえないので、その認識は不十分ではなかろうか。むしろ、スキタイがメディアを攻略したことがアッシリアにとっては歓迎材料であったとみなされよう。しかし、この事件とバルタトゥアとアッシリア皇女の婚姻と

が関係あるのか、あるいは婚姻以降にイシュクザーヤがメディアを攻撃したのかは定かでない。

　その後、スキタイは小アジアからアッシリアの領域、そしてパレスティナ、エジプトの境界にまで進出し、西アジア諸国から恐れられたという。

　　スキュタイ人はそれからエジプトを目指して進んだ。彼らがパレスティナ・シリアまできたとき、エジプト王プサンメティコスが出向いていって、贈物と泣き落とし戦術で、それより先へ進むことをおもいとどまらせたのである。スキュタイ人は後戻りしてシリアの町アスカロンへ来たとき（中略）少数のものが後へ残って「アプロディテ・ウラニア」の神殿を荒らしたのである（ヘロドトス1巻105節）。

　スキタイのパレスティナ掠奪については旧約聖書『エレミヤ書』に記録された北の敵の襲来に関する恐怖と関係付けられている。

　　(15)「見よ、わたしはお前たちの上の連れ来る、／一つの国を多くから、／イスラエルの家よ。――ヤハウェの御告げ――／それは古くからある国、／それは昔からある国、／その言葉をお前は知らず、／何を話しているのか聞き取れない国。／(16) 彼らの矢筒は、開いた墓のよう。／彼らは皆、勇士。／(17) 彼らは食らう、お前の収穫とお前のパンを。／彼らは食らう、お前の息子たちと娘たちを。／彼らは食らう、お前の羊の群れと牛の群れを。／彼らは食らう、お前の葡萄と無花果を。／彼らは打ち破る、／お前の拠り頼む城壁のある町々を、／剣でもって」(『エレミヤ書』5章15～17節)。

　　(22) ヤハウェが、こう言われる、／「見よ、一つの民が、北の地から来る。／一つの大国が、地の果てから奮い立つ。／(23) 弓と投げ槍を、彼らは堅く握る。／残忍なのは彼、彼らは容赦がない。／彼らの声は、海のように轟く。／馬に彼らは跨り、／戦いに隊を整えて、まるで一人の人のようである。お前に向かっているのだ、シオンの娘よ」。／

(24) われわれは、その噂を聞き、／われわれの両手は垂れ下がり、／苦しみがわれわれを捕らえる、／産婦のような苦痛が。／(25) 野に出ないように、／また道を歩かないように。／まことに、敵には剣があり、／恐ろしいことが、周りから［迫っている］。／(26) わが民の娘よ、粗布を纏い、／灰の中を転げ回れ。／独り子のために喪に服し、／苦しみの嘆き声を［挙げよ］。／まことに、突然、襲ってくるからだ、／荒らす者が、われわれの上に（『エレミヤ書』6章22～26節）。

　この北の国から来た民の話す言葉はイスラエルの人々には理解できなかった。北の民は矢筒をもち、イスラエルの人々に襲い掛かり、掠奪した。彼らは、弓と投げ槍の使い手で、騎馬の戦士であったことから、彼らはキンメリオイやスキタイであるとみなされている。そして、この恐怖が記録された時期は前627～622年と考えられている（『エレミヤ書』：331）。この時期にパレスティナを侵略したとすれば、それはパレスティナ侵略が伝えられていないキンメリオイよりも、ヘロドトスやエウセビオス（Eusebius 1956：96b）によってパレスティナ掠奪が記録されたスキタイである可能性が高い。また、この時期は後述するようにスキタイの西アジア支配が行われたと考えられることから、キンメリオイよりもスキタイによってこのような恐怖がもたらされたとみなすべきであろう。
　さらに、スキタイの西アジア支配については次のように説明されている。

　　スキュタイ人のアジア支配は二十八年にわたって続いたが、アジア全土は彼らの乱暴でなげやりな統治のために、荒廃に帰してしまった。住民の一人一人に課税してとり立て、貢税のほかに各地を廻って、個人の資材を掠奪したのである（ヘロドトス1巻106節）。

　スキタイの支配は組織的であり、住民から税のとり立てを過酷に行っていたことがわかる。そのため、彼らの支配はアジアを疲弊させたと伝えられた。西アジアにおけるスキタイの活動はこのような強引な徴税によって住民を掠奪する収奪的性格を帯びていたということができる。ところが、定住民から

一定の目的をもって収奪行為をはたらくことは遊牧民とっては重要な経済活動の一環であったと考えることができる。

匈奴が中国北辺にたびたび侵入した原因を究明した内田吟風はその原因を次の8点にまとめた。

　而して其各侵寇原因は（一）放牧地の奪回獲得。（二）中国内における傀儡政権の樹立。（三）貪利すなわち物資及び人間の略奪。（四）中国からの征討に対する軍事的対策。（五）交易・歳幣の不足に対する報復・威嚇。（六）被支配種族を中国が中国の支配下に収めんとしたことに対する報復。（七）匈奴の内政を攪乱せんとする中国の陰謀に対する報復。（八）単于に対する中国の礼遇の低下に対する報復と云う八目的の中のいずれかを匈奴が実現せんとしたことにあった（内田1975：22）。

つまり、内田は匈奴の中国侵寇の原因は政治的軍事的な原因であり、経済的な困窮によるものではなかったと考えた。しかし、沢田は経済的な原因は否定できないとして、内田の仮説を「遊牧民の農耕国家掠奪侵入の真因を把握するに至らなかった」と批判して、

　モンゴル草原の遊牧民が中国に侵入し、掠奪を行う際、その対象となったのは家畜、人民、穀物の類であった。特に家畜と人民はつねに掠奪の主要な目標であった。

と述べ、経済的な原因が主要な要因であったことを確認した(沢田1996：142)。そうであるならば、スキタイによる収奪行為も同様な経済活動であったとみなすことができるのではなかろうか。西アジアで行ったスキタイの徴税はどのような根拠によって行われたものかは文献資料でははっきりしないが、征服した地域に対する支配権の行使であれば、それは国家的な施策であったと考えられよう。

次に、西アジア侵入時代のイシュクザ（国）あるいはスキタイ国家の所在地について考えてみよう。当時スキタイがどこに根拠地を置いていたのかと

いう問題には様々な意見がある。前述のようにスキタイがメディア周辺にいたことは史料から判断できるが、スキタイがメディアの領域にある程度の期間滞在したということは考古学資料からは確認できない。これまで考古学資料に基づいて西アジアにおけるスキタイの住地が推測されてきた。例えば、ジヴィエ村でスキタイ風の動物文様が施された金製品などが発見され、それらがスキタイ王子の副葬品であったとみなされた（Ghirshman 1963：309）。つまり、スキタイの中心がその近辺にあったと考えられた（後述）。また、かつてサカセーネ（Sakasene サカの土地）と呼ばれたアゼルバイジャン南部ではマールイ（Malyi）古墳からスキタイの馬具などが発見され、スキタイの根拠地があったとみなされた（参照：Diakonoff 1981：120-121）。しかしながら、スキタイの存在を特徴付ける青銅製鏃の分布では各地で個々ばらばらで散発的に発見されている程度で、スキタイの中心地の存在を裏付けるような関係遺物が集中した地点は認められていない（Esayan and Pogrebova 1985：39）。そのため、筆者は同時代に多くの墳墓が造営された北カフカスの草原こそ当時のスキタイ国家の中心地ではなかったかと考えている。スキタイは北カフカスから西アジアに出撃してはまた北カフカスに帰還する軍事遠征を繰り返していたのではないだろうか。西アジアにおける散発的な考古学資料から判断してスキタイの大集団が西アジアに長期間にわたって滞在していたということは考えられない。また、スキタイは当時西アジアの諸国で傭兵として雇われていたとも考えられており（林 2007：96）、資料の散発的な分布に関する説明を容易にしている。しかし、アッシリア・ギリシア両史料において言及されたスキタイの西アジア侵略事件は西アジア列強のスキタイ傭兵採用の反映であっただけであろうか。筆者はこれらの言及についてはスキタイ軍の西アジア侵攻の証言であると考えている。そして、当時の彼らの中心は考古学資料から判断して北カフカスにあり、そこから西アジアとの政治的軍事的関係をもっていたとみなしている。

　すなわち、黒海北岸に達したばかりのスキタイは西南方のバルカン半島と南方のカフカスに勢力を伸張していく経緯で彼らの中心が北カフカスにおかれ、西アジア侵略の拠点となっていったと考えられる。そして、前7世紀前半にキンメリオイとは別に西アジアに進出してアッシリアと敵対したが、ま

もなく婚姻関係を結ぶことによってアッシリアと同盟を結んで西アジアに拠点を確保した。そして、それを足がかりにアッシリア帝国末期に西アジア各地で掠奪的な収奪を行って諸国を支配するようになった。

やがて、アッシリアの衰退とともにスキタイの西アジアにおける勢力も衰退し、メディアの勢力回復でスキタイは西アジアから撤退することになる。ヘロドトスはスキタイの西アジアからの退却につながるエピソードを伝えている。

> しかし、キュアクサレスの指揮の下にメディア人は、宴会に招き酒に酔わせて殺すという作戦で、彼ら［スキタイ］の大部分を倒し、かくしてメディアはその主権を取り戻し、以前の領地を回復した（ヘロドトス 1 巻106節）。

つまり、スキタイはメディアの計略によって撃退されてメディアの地から駆逐され、メディアは主権と領土を回復したということである。また、メディアがアッシリア最後の首都ニノス（ニネヴェ）を攻囲している時にスキタイの大軍が現れたという。

> そしてアッシリア軍を破りニノスを攻囲している時、スキュタイ人の大軍の攻撃を受けたのである。スキュタイ軍を指揮していたのは、プロトテュエスの子でマデュエスというスキュティアの王であった（ヘロドトス 1 巻103節）。

スキタイがメディアの地を追われたのはいつか、それは後述のスキタイのアジア支配とどのような関係にあるのか、彼らはメディアを後にしてどこにいたのか史料は明らかにしてくれない。ところが、アッシリア側についたスキタイ王マデュエスが大軍を引き連れて参戦したのである。ランフランキはマデュエスがバルタトゥアとアッシリアの皇女との間に生まれた子とみなして「ある意味でアッシュルバニパルの甥」と呼んでいる（Lanfranchi 1990：185）ことから、マデュエスとアッシュルバニパルとの間にもなんらかの軍事同盟

の関係があったと考えざるをえない。戦いはメディア側が勝利してアッシリアはついに前609年に滅亡し、メディアが西アジア北部を支配し、新バビロニアが南部を領有するようになった。アッシリア側についたスキタイは足場を失い、西アジアから駆逐されたと考えられる。

　ちなみに、インターネットの百科事典Wikipedia英語版にマデュエスに関するとんでもない記述があることを見つけた。「Medes」という項目の中で、マデュエスが何と前652～625年にメディア王であったというのである。その根拠は一切説明されていない。上記のようにアッシリア王家を背景としたマデュエスとメディアは明らかに敵対関係にあるため、マデュエスが王位にあったということは考えられないことである (http://en.wikipedia.org/wiki/Medes, accessed on June 12, 2007)。Wikipediaは間違いや不足があれば発見した人が修正できる信頼性にかける百科事典であるためこの項目は今後書き換えられてしかるべきであるが、この時点での記述を信用して引用したとしたら歴史はゆがめられてしまう危険性がある。この項目を執筆した人物には大きな責任がある。

　次に、スキタイのアジア支配の期間について考えてみよう。ヘロドトスはスキタイが28年間アジアを支配したと繰り返し述べて、スキタイのアジア支配が当時の人々に相当に記憶に残っていたことを証言している。

　　スキュタイ人のアジア支配は二十八年間にわたって続いたが… (ヘロドトス1巻106節)

　　スキュタイ人は前にも記したように、二十八年間にわたって上アジアを支配したのである (ヘロドトス4巻1節)。

　ヘロドトス以外にスキタイの西アジア支配が28年に及んだことに言及した古代の著述家はいない。そのため、この年数が事実であったかどうかを証明することは難しいが、スキタイの西アジア支配の時期についてはどのように考えられているのであろうか。これまでにさまざまな見解が表明されてきた。

　例えば、メディア史をまとめたヂヤコノフはメディア王キュアクサレスの

治世以前の前652〜625年と考えた（参照：Dovatur, Kallistov and Shishova 1982：179-180, primech. 31）。アレクセエフはヘロドトスとエウセビオスの年代記を比較検討して前640〜613/2年とした（Alekseev 1992：64）。また、藤縄謙三はヘロドトス1巻106節に従ってスキタイ支配をキュアクサレスの治世（前624〜585年）の間の28年間としたが、その間のどの時期かは明確にしなかった（藤縄 1989：94）。ベリャエフスキーは支配の開始をキュアクサレスの治世の初めの前623/22年以降とみなしたが（参照：Dovatur, Kallistov and Shishova 1982：179-180）、アルタモーノフはニネヴェ陥落以後の前612〜585年と考えた（Artamonov 1972：57）。

　一方、イヴァンチクはローマの歴史家ポンペイウス・トログス（Pompeius Trogus）が伝えた歴史（ユスティヌスによる抄録）によってまったく異なる説を提起した（Ivanchik 1999）。それによれば、スキタイはアジアを3回支配した。初回はエジプトへ軍事遠征を行うが果たせず帰路でアジアを制圧し貢納義務を負わせて15年間滞在した。2回目は王族の若者プリュノス（Prynus）とスコロピトス（Scolopitus）がスキティアを追放されて仲間たちとカッパドキアのテルモドン川辺に居住して隣国を掠奪した。3回目は8年間アジアに遠征している間に妻が奴隷と通じて故郷への帰還に苦労したというものである（ポンペイウス・トログス2巻3〜5節）。イヴァンチクはこれらの遠征を、中央カフカスのイラン系民族オセット人のナルト叙事詩で語られる新婚の男たちの通過儀礼としての掠奪（オセット語でbalcバルツ）の反映であると考えて、このアジア支配の時期を28年間という年数にこだわらずに、スキタイがパレスティナを劫略した前626〜616年の間とみなした。この時期に『エレミヤ書』に北の蛮族が記録されたと考えた。実際この年代はエウセビオスが示した年代より10年遅い。また、一部族の通過儀礼のための遠征で西アジアを支配したとみなすのはこの問題をあまりに矮小化した考えではなかろうか。

　もし、ヘロドトスが語るようにスキタイが一時的に西アジアを支配したとするなら、それはアッシリアの勢力が衰えた時期であり、しかもアッシリアを倒したメディアとバビロニアもまだ勢力を拡大していない頃のことであろう。ニネヴェ攻囲の際にアッシリア側についたスキタイがメディアやバビロニアを差し置いてアジア支配に乗り出すことは不可能である。とすれば、ス

キタイ支配はニネヴェ陥落以前でなければならない。つまり、スキタイの西アジア支配の下限は前612年ということになる。

ここでヘロドトスの言葉を再度引用してみよう。ヘロドトスはキュアクサレスについて次のように順序だって一連の事件を記録した。

　しかし、キュアクサレスの指揮の下にメディア人は、宴会に招き酒に酔わせて殺すという作戦で、彼ら［スキタイ］の大部分を倒し、かくてしてメディアはその主権を取り戻し、以前の領地を回復したが、さらにニノスを占領（中略）、バビロニア地区を除いて、アッシリア人をことごとく征服した。その後キュアクサレスは、スキュティア支配の期間を含め在位40年で死んだ（ヘロドトス1巻106節）。

ヘロドトスが事件を経過通りに語っているとすれば、スキタイ支配はメディアが主権を回復しニネヴェを陥落させるまでに終焉していたことになる。ニネヴェ包囲の際にはアッシリア側のマデュエスがメディアを攻撃したというのでその時点ではスキタイ軍はまだ勢力を保っていたが、結局それも効を奏さず前612年にバビロニアとメディアの連合軍によってニネヴェが陥落した。ヘロドトスはこの説明に続いて一見矛盾するかのようにスキタイ支配をキュアクサレス在位期間に含まれると述べたが、その意図はキュアクサレスが40年間統治した後に亡くなったことを言うためで、その間にスキタイ支配の時期があったことを補足しただけで、28年という期間をここでは明記していない。実際、アッシリアの同盟者スキタイがアッシリア崩壊後にバビロニアやメディアに対抗してアジアを支配したとみなすのは困難であり、アレクセエフの見解同様にキンメリオイのドゥグダッメ没後の前640年頃から612年のニネヴェ陥落までの間の可能性が高いと考えられよう。

こうしてスキタイの西アジア支配は終わり、彼らは北カフカスへ撤退していった。ところが、ヘロドトスはさらにスキタイに関してユニークなエピソードを記録している。

　遊牧民のスキュタイ人の一隊が、本国で謀反を起し、メディア国内に

逃れてきた。当時メディアの王であったのは、デイオケスの孫でプラオルテスの子キュアクサレスであったが、彼は始めこれらのスキュタイ人を保護嘆願者（ヒケテス〔ἱκέτης〕）であるというので、親切に面倒を見てやった。キュアクサレスは彼らを高く評価していたので、子供たちを彼らにあずけ、その言葉や弓術を学ばせたりした。（中略）スキュタイ人たちは、自分たちの受けるべきでない無礼な仕打ちであると憤り、集まって相談した結果、自分たちの許にあずかって教えている子供の一人を殺し、これをいつも獣を料理しているとおりに料理し、狩の獲物だといってキュアクサレスの許へ届け、届いたら直ぐにサルディスにいるサデュアッテスの子アリュアッテスの許へ逃げることにしたのである（ヘロドトス1巻73節）。

スキタイはキンメリオイの移動後にカフカスを越えてメディアに侵入して撃破したと伝えられたが、この記述ではスキタイの本国がメディア以外の地にあったことがわかる。それがどこであったのかはここでは判明しないが、この事件がスキタイの西アジアからの撤退以後であればスキタイの本国は北カフカス草原ということになろう。その時期にスキタイの一団がかつて支配していたメディアに逃げ込みキュアクサレスが逆に庇護するという事件があったというのである。当然この事件はキュアクサレスの治世（前624〜585年）の間であり、しかも、スキタイがメディアからリュディアに逃れてアリュアッテスの庇護のもとに入ったのであるから、アリュアッテスの治世でもあることから前617年以降でなければならない。アリュアッテスはスキタイの一団をメディアに渡さなかったためにメディアとリュディアとの戦争が勃発したという。この戦争が5年に及んだ時の出来事である。

　ある時などは一種の夜戦を戦ったこともあった。戦争は互角に進んで6年目に入った時のことである。合戦の折、戦いさなかに突然真昼から夜になってしまった（ヘロドトス1巻74節）。

この現象は日蝕であると考えられている。小アジアでこの当時日蝕が観測

されたとすると前610年9月30日か前585年5月28日のどちらかになり、皆既日蝕は後者であるという（How and Wells 1928：vol. 1, 93-94；ヘロドトス〔松平千秋訳〕『歴史』上巻：397）。話の経緯としては、メディアがリュディアに迫っていた時期であるから後者の前585年の蓋然性が高い。前585年であるとすればすでにスキタイは西アジアから撤退していた時期であることから、スキタイの一団がメディアに逃げ込んだ事件は前585年より5年以上前の590年以前に生じたことになる。つまり、スキタイがニネヴェ陥落で西アジアから撤退した前612年頃から590年頃までの約20年間にこの事件は生じたことになり、当時まだスキタイの影響力が残存していた可能性がある。

それにしても、以前にスキタイの過酷な支配を受けたはずのメディアとリュディアが、スキタイが原因でわざわざ戦わなければならないとはきわめて不自然な話であり、歴史的な事実かどうかは疑問である。しかしながら、メディアが庇護を求めてきたスキタイの一団に弓術を学んだというエピソードはきわめて興味深く、次節で述べるスキタイ式の青銅製鏃が西アジアに広範に分布する事実となんらかのつながりを推定したくなる（雪嶋 1992；Muscarella 2006）。このエピソードは、ヘロドトスが小アジアを旅した前5世紀当時に西アジア諸国ではまだスキタイの存在が記憶にしっかりと残っていたことを証言する貴重な記録であろう。

（4）西アジアにおけるスキタイ文化の遺物

カフカス南部、イラン北西部、アナトリア、さらにパレスティナにいたる西アジア各地で青銅製袋穂式鏃などの中央ユーラシア草原文化に関係する資料が多数知られており、キンメリオイやスキタイの西アジア侵入との関連が指摘されてきた。前述のように、ピオトロフスキーはアルメニアの首都イェレヴァン郊外にあるウラルトゥの城塞址カルミル＝ブルールの調査でスキタイ文化に関係する鉄剣や青銅製鏃などの武器や動物文様が施された骨製品などを発見して（図21）、ウラルトゥとスキタイとの関係を論じ、カルミル＝ブルールはスキタイの攻撃によって滅亡したと考えた。また、彼は「ギミッラ」については遊牧民を広く意味していたと考えた（Piotrovskii 1954：158）。スリミルスキ（Sulimirski, T.）はこれらの青銅製袋穂式鏃を検討して、西はア

(4）西アジアにおけるスキタイ文化の遺物 99

図22　バスタム城塞全景（上）と城門付近（下）（2007年8月筆者撮影）

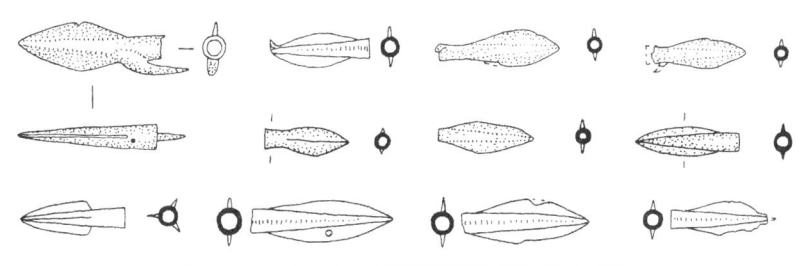

図23　バスタム出土の青銅製袋穂式鏃（縮尺不同）

ナトリアのエーゲ海沿岸から東はイラン北西部、カフカス南部から南はパレスティナまで広がったそれらの分布をスキタイの活動と関係付けた (Sulimirski 1954)。

カフカス南部からイラン北西部ではスキタイ文化に関係する青銅製袋穂式鏃などの武器や馬具が多数発見されている (Esayan and Pogrebova 1985)。前7世紀にイラン北西部に築かれたウラルトゥの城塞バスタム (図22) ではスキタイに関係する青銅製袋穂鏃が検出されている (Kleiss 1979：178, 30-32；Tafel 51, 1, 2, 4) (図23)。報告者のクライスはそれらを慎重に「メディア＝スキタイ (medisch-skythisch)」と呼んでいる。同様な鏃は後述のようにアナトリアで多数発見されている。

a. ジヴィエ

イランではスキタイとの関連性が指摘されてきたいわゆるジヴィエ遺宝がよく知られている。イラン北西部のサッケーズ市東方40kmのジヴィエ村には頂上に城塞が築かれた丘がある (図24)。その麓 (？) で1947年にジヴィエ遺宝が発見された。遺宝にはアッシリアやウラルトゥ美術に典型的な金製品、青銅製品、象牙製品のほかに、スキタイ動物文様に類似する動物が表現された金銀製品などが含まれていた (Godard 1950)。スキタイに関係する資料としては、うずくまる猛獣 (眼、耳はトルコ石で象嵌されていた) が一列に配置され、上下の縁がグリフィン頭部のモチーフで装飾された金製ディアデム (Ghirshman 1963：112, Fig. 147) (図25, 上)、同様な動物文が表現された金製帯 (Godard 1950：39, Fig. 29；Ghirshman 1963：317, Fig. 386) (図25, 下左)、また動物文が同心円上に型押しされ上から金張りされた銀製皿にはスキタイのグリフィン頭部文が見られるものである (Ghirshman 1963：109, Fig. 142) (図25, 下右)。さらに、ウラルトゥの青銅製帯に特徴的なネットワークモチーフの中にスキタイの鹿文様が打ち出された金製装飾板 (Godard 1950：57, Fig. 48；Ghirshman 1963：110, Fig. 143；Jettmar 1967：178, Pl. 46) (図26, 上)、末端に動物頭部が象られた青銅製鑣 (Godard 1950: 55, Fig. 46)、やはり末端に動物頭部が表現された前期スキタイ時代に典型的な骨製鑣 (Porada 1962：125, Fig. 70)、青銅製袋穂式両翼鏃 (Ghirshman 1979：Pl. XVI, 6) などである (図26, 下左)。

ところで、上述の環状動物モチーフがジヴィエ由来の剣の金製柄頭上部に

図24　ジヴィエ城塞全景（上）と頂上の建築址（上）（2007年8月筆者撮影）

見られる（Ghirshman 1963：117, Fig. 158）（図26, 下右）。しかし、そこに表現された動物は、胴部に比べて大きな頭部、閉じた口、渦巻状に表現された鼻、眉毛状の細い突帯をともなう目じりのある丸い目、ハート形の耳、頸部に表現された同心円文、背中の横畝状の表現など、草原で発達した環状動物モチーフとは異なる点があり、スキタイに帰するにはちょっと無理がある。同様な目の表現は金製装飾板に打ち出された鹿にも共通している。このような目

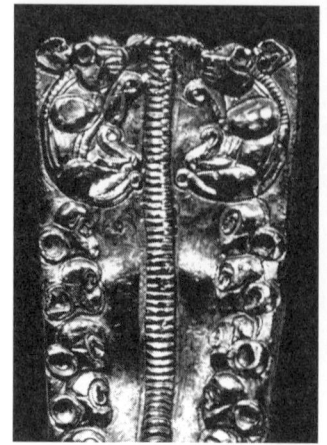

図25 ジヴィエ遺宝(1)
上:金製ディアデム 下左:金製帯 下右:銀製皿

の表現は、ケレルメス古墳出土の儀式用の金装剣の鞘の上部突出部に表現されたスキタイの鹿と猛禽の目と同様であり、林俊雄がそれらをウラルトゥ工人の作であると看破したように(林 1999：58)、ウラルトゥ美術に特徴的な表現方法である。同様な目の表現は後述のケレルメス古墳出土の金装斧の柄に表現された動物と斧に表現されたスキタイの鹿と後ろを振り返る山岳ヤギにも共通している。

　ケレルメス出土のこれらの金製品はスキタイの注文に応じてウラルトゥ工人によって製作された製品ということになるが、それではジヴィエ由来の環

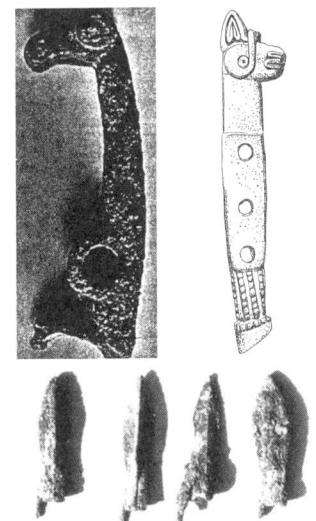

(4)西アジアにおけるスキタイ文化の遺物 103

図26 ジヴィエ遺宝（2）
上：金製装飾板　下左：馬具と青銅製袋穂式両翼鏃　下右：金製柄頭

状動物文が表現された剣はどうであろうか。ここで問題となるのが、この剣およびの柄がどのような形状かはまったく説明されず、図示されたこともないことである。つまり、この剣がどの文化に帰属するかを検討することができないのである。ちなみに、スキタイの剣では柄頭上部が円形となる型式は知られていないことから、これがスキタイの剣の型式ではないことは確実であ

図27　サルディス出土の環状動物文様

ろう。一方、ハート型の耳はジヴィエ出土の他の動物にも見られる（Godard 1950：43, Fig. 33）。同様なハート形の耳と円形の眼をもつ環状動物文が表現された骨製あるいは象牙製製品がアナトリア西部リュディアの首都サルディスからも発見されている（Ghirshman 1983：Pl. Ⅵ, 7 ）（図27）。すなわち、この柄頭の図像は何らかのスキタイの環状動物モチーフを見本にしてウラルトゥあるいはイラン北西部で独自に製作された動物文様ということができよう。それは同時に現地にスキタイの見本があり、その文様を好んだ人々がいたということを示唆している。彼等は何者か？

　ジヴィエ遺宝の由来については不明な点が実に多い。これらはおそらくジヴィエ村周辺の複数箇所から盗掘によって発見されたものであろう。また、ジヴィエ村から離れた場所で発見されたが、類似点があるために「ジヴィエ」とされたものもあろう。そのため、通常の考古学資料と同様に扱うことはできない。ましてや、ギルシュマン（Ghirshman, R.）のように西アジアに侵攻したスキタイ王子の墓がここに造営されたと解釈することは困難である（Ghirshman 1963：110-111；雪嶋 2001）。

　筆者は2007年 8 月に現地を訪れ、城塞址を観察したが、それとジヴィエ遺宝との関連がつかめなかった。城塞址は前 1 千年紀前半のマンナイのものと推定されている。ゴダール（Godard, A.）はこの城塞址がアッシリアの文書に言及されたZibieあるいはIzibieであろうとみなした（Godard 1950：5 ）。一方、最初のジヴィエ遺宝が青銅製の箱から発見されたとすれば、それは副葬品ではなく一括埋納遺物であろう。このような青銅製の箱に入った青銅製品の一括遺物はウラルトゥでも知られているため（アンカラのアナトリア文明博物館展示）、ウラルトゥからの影響も考えられる。このような点から、スキタイが西アジアに侵入した時代にこの地域を支配していたマンナイが近隣諸地域から収集した高価な品物の一括埋納遺物か、あるいマンナイの墓の副葬品と

考えるほうが自然であろう。

　しかし、この地方にもスキタイの影響が及んでいたことは事実であり、スキタイの西アジア侵入と関連付けることができる。ヘロドトスが伝えるようにスキタイがカフカスを経てメディアに侵入したとすれば、ジヴィエはカフカスとメディアの間に位置しているため、メディアに向かったスキタイがこの地を通過したことは十分にありえよう。また、前述のようにイシュクザーヤは初めマンナイと同盟してアッシリアと敵対していたため、ジヴィエ丘の城塞はアッシリアやウラルトゥに対する軍事戦略上の拠点であったはずであり、この地にスキタイがいたとしても不思議はない。

b. アナトリア

　アナトリアでは、ボアズキョイ (Boğazköy) のビュユックカレ (Büyükkale) (フリュギア時代の層) から青銅製袋穂式鏃が多数検出され (Boehmer 1972)、ノルシュンテペ (Norşuntepe) ではウマの陪葬墓から特徴的な馬具が発見された (Hauptmann 1983)。アナトリア北部のイミルレル (Imirler) 村と、タショヴァ (Taşova) 村とラディック (Ladik) 村の間でスキタイ文化に特徴的な剣や鏃をともなった埋葬址が発見されスキタイ戦士の墓とみなされた (Ünal 1983)。また、アナトリア東部のウラルトゥ城塞址チャヴシュテペやアヤニス、フリュギアのゴルディオンや中央アナトリアのカマン・カレホユックでは袋穂式青銅製両翼鏃あるいは三翼鏃が発見されており、スキタイとの関係を考えざるを得ない。

① 青銅製袋穂式鏃

　アナトリアからイラン北西部、カフカス南部からパレスティナにかけてスキタイ文化に関連する青銅製鏃が多数発見されている。これらの青銅製鏃は両翼鏃と三翼鏃に大別される。かつて筆者が調査したアナトリア中央部のカマン・カレホユック出土のスキタイ式青銅製鏃を中心にして述べてみよう。カマン・カレホユックではこのような両翼鏃と三翼鏃が多数発見されている。カマン・カレホユック出土のスキタイ式の両翼鏃は一応4型式に、三翼鏃は2型式に分類される (雪嶋 1998：184-187)。

　両翼鏃第1型式は大型で袋穂が長く末端に向かってやや広がっており、翼部はひし形で幅が広いことが特徴である (図28, 1) (雪嶋 1998：図4-2)。類

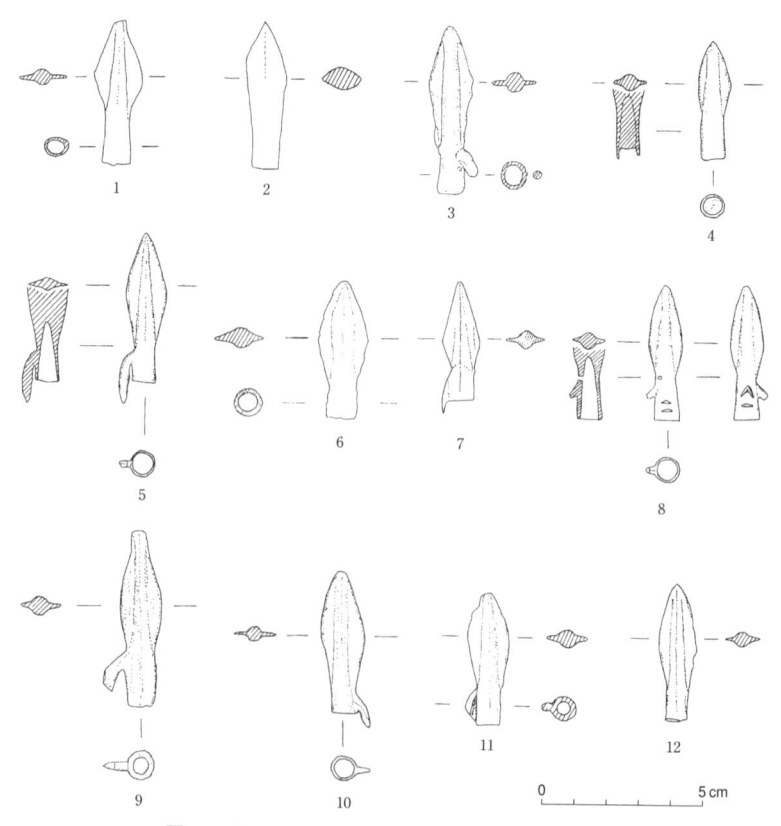

図28　カマン・カレホユック出土の青銅製両翼鏃
1：第1型式　2：第2型式　3〜7：第3型式　8〜12：第4型式

例は上述のグマロヴォ1号墳3号墓から出土した鏃である（図11, 37）(Ismagilov 1988：37)。この埋葬は前7世紀初頭に編年されている（Ismagilov 1988：45)。

　両翼鏃第2型式は全体の輪郭がやや左右非対称で、断面がひし形を呈している（図28, 2）(雪嶋 1998：図4-3)。このような型式は中央ユーラシア草原の最初期のスキタイ文化に特徴的であり、トゥバからブルガリアにいたる広い地域に分布する。トゥバのアルジャン1号墳、中央アジアのウイガラク(Vishnevskaya 1973：145, Tab.XⅢ, 10) やサカル＝チャガ第6墓群20号墳(Yablonskiy 1991：78)、グマロヴォ1号墳3号墓（図11, 34）、ブルガリアのエ

ンジャ (Endzha) 2 号墳 (Terenozhkin 1976：43, Ris. 16, 2) などから類例が出土しており、前9世紀末から7世紀に編年されている。

両翼鏃第3型式は翼の輪郭がひし形を呈し袋穂が比較的長い両翼鏃である。長さが4cm以上の大型と4cmに満たない小型がある (図28, 3～7) (雪嶋 1998：図4-4～8)。類例はアナトリアに広く分布し、ゴルディオン、ボアズキョイのビュユックカレⅠ層 (ポスト・フリュギア時代) (Boehmer 1972, Taf. XXX-XXXI)、イミルレル (Ünal 1983：67)、タショヴァ＝ラディック (タイプG, H) (Ünal 1983：72-76)、デミルジヒュユック＝サルケト (Demircihüyük-Sarıket) (Seeher 1998：138-139)、ヴァン湖岸のウラルトゥ遺跡アヤニス (Derin and Muscarella 2001：Fig. 6, 71-73, 77-80) などで検出されている。グルジアのサムタヴロ (Samtavro) 墓群 (Il'inskaya and Terenozhkin 1983：29)、北カフカスのケレルメス24号墳 (Galanina and Alekseev 1990：39) やクラースノエ・ズナーミャ1号墳南墓 (Ivanchik 2001, 32；Petrenko 2006：Tabl. 55, 262, 264, 265)、黒海北岸のジャボチン村近郊524号墳 (Illins'ka 1973：14)、ブルガリアのエンジャ2号墳 (Terenozhkin 1976：43, Ris. 16, 4-5) から出土している。大型のものはジャボチン出土例からジャボチン型と称されている。これらは概ね前7世紀に編年されている (Illins'ka 1973：16)。

両翼鏃第4型式は輪郭が葉形を呈しており、翼の幅が狭いものと広いものとがある。幅の狭いものは袋穂が長く高い位置にかえりが付く。幅広のものには翼が左右非対称の例がある (図28, 8～12) (雪嶋 1998：図5-1～5)。類例はサルディス、ボアズキョイ、イミルレル、タショヴァ＝ラディク (タイプE, F)、アヤニス (Derin, Muscarella 2001：Fig. 6, 76, 81)、カルミル＝ブルール (Piotrovskiy 1959: 240；Il'inskaya and Terenozhkin 1983：37)、ケレルメス24号墳 (Galanina and Alekseev 1990：39)、黒海北岸のスタールシャヤ・モギーラ (Starshaya Mogila) (Il'inskaya 1968：Tabl.Ⅱ, 29-39) やレピャタホヴァヤ・モギーラ (Repyakhovataya Mogila) 2号墓 (Il'inskaya, Mozolevskiy and Terenozhkin 1980：45) から出土しており、前7世紀中葉～6世紀に編年される。カマン・カレホユック両翼鏃第4型式の一例に袋穂に刻み目が見られる (図28, 8)。このような刻み目はボアズキョイ (Boehmer 1972：Taf. XXX, 895) やタショヴァ＝ラディク (参照：Ünal 1983：Abb.3, 20, 21, 24, 32-35) などでも見られ (雪嶋

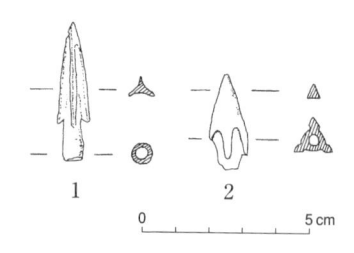

図29 カマン・カレホユック出土の
青銅製三翼鏃
1：第1型式　2：第2型式

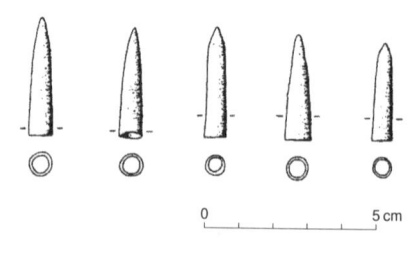

図30 タショヴァ＝ラディク埋葬址
発見の弾丸形鏃

1998：図9-1～8）、同時代性を示すものであろう。

イヴァンチクはこの型式を黒海北岸のステブレフ（Steblev）15号墳出土の青銅製鏃に類似するとして前8世紀に編年しているが（Ivanchik 2001：115-118）、ステブレフの鏃の袋穂は非常に短いかほとんど突出していないので別な型式といえよう。前述のようにステブレフ15号墳は発掘者クロシコらによって青銅製鏃の型式が中央アジアで前8世紀に編年されている鏃の型式と類似することから同時代の前8世紀に編年され、黒海北岸最古のスキタイ遺跡と言われている（Klochko and Skoryi 1993）。しかし、北カフカスのスキタイ古墳を調査しているスカコフ（Skakov, A. Yu.）とエルリヒ（Erlikh, V. R.）はステブレフ15号墓を前8世紀に編年する根拠はなく、前7世紀前半が妥当であろうと述べて、黒海北岸のスキタイ遺跡を前8世紀まで引き上げる傾向を批判している（Skakov and Erlikh 2005：203-204）。また、ステブレフ出土の鏃に類似して袋穂がほとんど突出しない葉形の青銅製鏃がウラルトゥのアヤニスからも出土している（Derin and Muscarella 2001：Fig. 7, 101-103）。

三翼鏃第1型式は翼部が細長く、翼の末端は鋭角あるいは直角である（図29, 1）（雪嶋 1998：図6-4）。類例はグマロヴォ1号墳3号墓（図11, 84～88）、エンジャ2号墳などで見られる。第2型式は小型で全体の輪郭が三角形を呈し、先端部の断面が三角形、翼末端では三翼となるもので（図29, 2）（雪嶋 1998：図6-6）、類例がケレルメス24号墳やリトイ古墳（Melyukova 1964：Pl. 6, E-5）などにあり、前7世紀後半～末に編年されている。

カマン・カレホユックでは検出されていないが、タショヴァ＝ラディク

埋葬址では5点の弾丸形鏃が発見されている（図30）(Ünal 1983：72, Abb. 1-5)。この型式の鏃はアナトリアではボアズキョイ (Boehmer, 1972：Taf. XXX-885)、イスタンブー

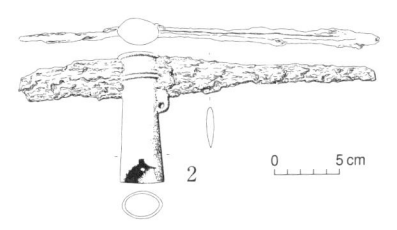

図31 イミルレル出土の鉄製剣（1）と鶴嘴型斧（2）

ル考古学博物館所蔵の1点が知られている。その他ではクラースノエ・ズナーミャ1号墳南墓 (Petrenko 2006：Tabl. 55, 164)、ケレルメス24号墳、スタールシャヤ・モギーラ、レピャホヴァタヤ・モギーラ2号墓で第3～4型式の両翼鏃と伴出している。中央アジアのサカル＝チャガやウイガラクでも出土しており、初期スキタイ＝サカの鏃のセットにしばしば見られるもので大変興味深い。

ところで、サカル＝チャガ、ウイガラク、グマロヴォなどでは鏃のセットには青銅製有茎三翼鏃が含まれているが、黒海北岸・北カフカス、アナトリアではこれまでこのような型式は発見されていない。その点でアナトリア出土の鏃の構成は北カフカス・黒海北岸に近い関係にあるといえよう。

② その他の武器

アナトリア北部のイミルレルでは青銅製鐓を伴う鶴嘴型斧と鉄製剣が出土している。鶴嘴型斧は刃部が鉄製で袋穂部が青銅製であり、刃部と袋穂部の交点に鳥頭形が1つ付き、さらに袋穂部の上部に2本の突帯がめぐり、下部には柄を固定するための孔が1つある特徴的なものである（図31,2）。高浜によれば類例は北カフカス、ヴォルガ川中流域のアナニノ (Ananino) (Kuz'minykh 1983：Tabl. LVI, 7)、ウイガラク (Vishnevskaya 1973：Tabl. XX, 1)、東カザフスタンのウスチ＝カーメンノゴルスク (Ust'-Kamennogorsk) に至る広い地域に分布しているという（高浜 1994：33）。しかし、この型式の鶴嘴型斧は黒海北岸では出土例がない。

一方、鉄製剣は長さ78.8cmの長剣で、いわゆる「腎臓形」の鍔と短い棒状

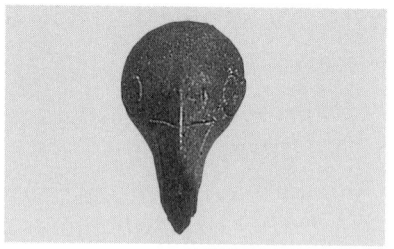

図32　カマン・カレホユック出土の鳥頭形骨製品

の柄頭をもつ（図31,1）。この型式の剣は前期スキタイ時代（前7～6世紀）や同時代のヴォルガ川流域のサウロマタイ文化に特徴的であり（Melyukova 1964：47-49；Smirnov 1961：10)、前述の鶴嘴型斧とは分布域が異なる。このような鉄製剣はカフカス南部ではカルミル＝ブルールで出土している（長さ88cm）（図21）（Kossak 1987：68)。このようなイミルレルの武器の構成は被葬者が初期のスキタイ文化の担い手であることを示している。

③ 動物文様・馬具

カマン・カレホユックでは同心円状の目と大きな嘴で表現された猛禽類の頭部の文様が彫刻されたいわゆる動物文様のボタン状骨製品が検出された（図34)。極めてよく似た例がサルディスで知られている（高浜1999：写真2）。

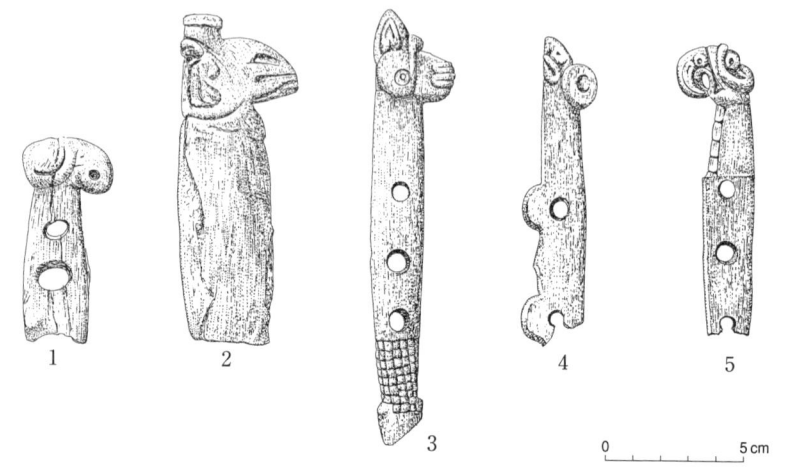

図33　西アジアで発見されたグリフィンや牡ヒツジの頭部を象った骨製鏃
　　　1・2：ハサンル　3：カプラントゥ　4・5：チャヴシュテペ

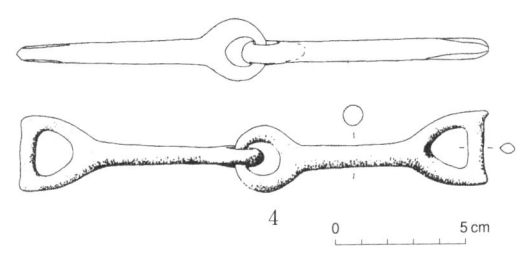

図34 カマン・カレホユック出土のボタン状骨製品
図35 イミルレル出土の青銅製銜

　これらは、北カフカス・黒海北岸地方には知られておらず、上述のようにスキタイの影響を受けて西アジアの工人が製作した動物文様であるといえよう。ところが、この文様に関連があるグリフィン頭部や羊頭部を象った同様な骨製辻金具は前期スキタイ時代に特徴的な遺物であり、ケレルメスなどで多数出土し（Galanina 1997：Tabl. 16)、アナトリアではノルシュンテペで2点発見された（Hauptmann 1983：Abb. 4, 8)。また、同様なグリフィン頭部や羊頭部が骨製鑣の末端に象られた例がウクライナの森林草原地帯の前期スキタイ時代の古墳で多数発見されているが（Il'inskaya 1968：Tabl. Ⅳ)、西アジアではジヴィエ、ハサンル（Hasanlu)、チャヴシュテペで知られており（Erzen 1978：Pl.47；Kossak 1987：45)、スキタイの馬具とみなされ大変興味深い（図33)。

　また、馬具の辻金具として使用されたと推定される鳥頭をかたどった骨製品がカマン・カレホユックで出土している（図32)。類例は青銅製品がサルディスで発見されている（高浜 1999：写真4)。カルミル＝ブルールでは同様な形の骨製端末飾りが出土し（図21)、スキタイに関係付けられている（Piotrovskiy 1954：142)。

　イミルレル出土の青銅製銜は外側の環の形がいわゆる鐙形をしたもので（図35）（Ünal 1983：Abb. 1, 4)、類例は北カフカスや黒海北岸でよく知られ、前期スキタイ時代に特徴的な資料である。一方、ノルシュンテペ出土の2点の銜のうち1点（Hauptmann 1983：Abb. 4, 5）は鐙形で軸の断面が蒲鉾形である。類例はケレルメスや（Galanina 1997：Taf. 17-25）黒海北岸のレピャホヴァタヤ・モギーラ2号墓などで出土している(Il'inskaya, Mozolevskii and Terenozhkin 1980：47)。これらはいずれも銜軸部に突起が作られているが、ノルシュンテペの例には突起がない。おそらく、スキタイの銜を模倣して現地で作成され

たものであろう。他の1点（Hauptmann 1983：Abb.4, 6）は青銅製の針金を捩って作られたもので、類例はハサンル、アゼルバイジャンのマールイ古墳やミンゲチャウル（Mingechaur）などで知られ、前8～7世紀に編年されているが、中央ユーラシア草原では特徴的ではない（Terenozhkin 1971；Muscarella 1988：64）。

高浜はカマン・カレホユックで発見されたスキタイ関係資料として様々な用途に使用された真ん中がくびれた形の棒状留具1点を疑問ありとしながら取上げている（高浜 1994：28）。このような形状の骨製留具がカマン・カレホユックでその後も2点出土している（遺物番号KL94-47, 97001937）。青銅製の棒状の留具はノルシュンテペで発見されているが（Hauptmann 1983：Abb.4, 7）、黒海北岸から中国北辺に至る広い範囲に分布しているため、これらも中央ユーラシア草原と関係していると思われる（高浜 1994：28-31）。

カマン・カレホユックでは牙形の小さな青銅製辻金具が2点出土している（遺物番号KL88-531；KL90-1042）。これらの類例もカルミル＝ブルール（Hauptmann 1983：Abb.5, 7）、クラスノエ・ズナーミャ（銀製）（Petrenko 2006：Tabl.49, 46 & 50, Tabl.104, 2）、ケレルメス（Galanina and Alekseev 1990：40, Fig.6-19, 21）などで知られており、関係資料としてあげることができよう。

④ ウマの陪葬など

アナトリアではこの時期にウマの陪葬が知られている。前述のノルシュンテペでは3頭のウマが埋葬された陪葬墓が発掘された。方形の墓壙で、壁には石積みが丁寧に施されていた。陪葬馬は2頭の牡ウマが頭を右に向けて置かれ、これらの下に1頭の雌ウマが頭を左に向けて置かれていた。牡ウマの傍らにはイヌの骨があった（Hauptmann 1983：Abb.2-3）。前述のようにイヴァンチクはこの陪葬墓の出土資料の類例をアゼルバイジャンのマールイ古墳に求め、さらに中央カフカスのコバン文化との関連を指摘している（Ivanchik 2001：42, 283）。ところが、上述のようにこれらのウマは中央ユーラシア草原の銜の模倣と北西イランからカフカス南部に由来する銜を伴い、そしてスキタイ文化に関係する辻金具や青銅製留具を含んでいるため、草原文化の影響を受けた現地の文化であろう。

ゴルディオンのトゥムルスKYでは墓壙中央に設置された木槨の北東側の

墓壙との空隙に2頭のウマが陪葬されていた。報告者は墓にフリュギアの副葬品として一般的なフィブラや青銅製帯がなく、ピンセットや奇妙な帯や衣服の飾板がある点で被葬者は遊牧民（キンメリオイ）の客人か傭兵ではないかと推測した（Kohler 1995：234）。しかし、ウマの陪葬は前2千年紀末以降アゼルバイジャンや北西イランでも知られていることから（Pogrebova 1977）、このウマの陪葬を伴うからといって直ちにキンメリオイのものとする根拠は乏しい。

c. レヴァント南部

青銅製三翼鏃はパレスティナとヨルダンを含んだレヴァント南部地域でも多数発見されている。特に、スキタイに由来すると考えられる青銅製の両翼鏃・三翼鏃がパレスティナのテル・ジェンメ（Tel Jemme）とサマリア（Samaria）で出土しており、興味深い（柳生 2005）。前述のようにパレスティナは北からスキタイによって攻撃されたことが旧約聖書の『エレミヤ書』から読み取れ、またヘロドトスはスキタイがパレスティナ南部のアスカロン（Askaron）で掠奪を働いたことを記録していることから、これらの鏃の一部は彼等によってもたらされた資料と考えることができよう。

(5) 北カフカス草原のスキタイの遺跡

筆者は先に西アジア侵攻時代のスキタイの根拠地は北カフカスにあったと述べた。その理由は、クバン川中流左岸支流のケレルメス古墳群が前7世紀末にスキタイが西アジアから帰還して造営した墳墓であると従来考えられていたが、近年、同古墳群の再調査の結果、編年が前7世紀中葉（660～640年）にまで引き上げられたためである（Galanina 1994；1997：192）。前7世紀中葉は上述のようにスキタイが西アジアで影響力をもってアジアを支配しようとしていた頃であり、その時代にこれらの古墳が北カフカスで造営されていたことになるからである。本節では北カフカス草原でこの時代に編年されるもっとも注目すべき古墳であるケレルメス古墳群とクラースノエ・ズナーミャ1号墳について言及しておこう。

北カフカスのスキタイの遺跡で最も重要なのはケレルメス古墳群である。古墳群はクバン川中流左岸支流ベラヤ（Belaya）川とファルス（Fars）川との

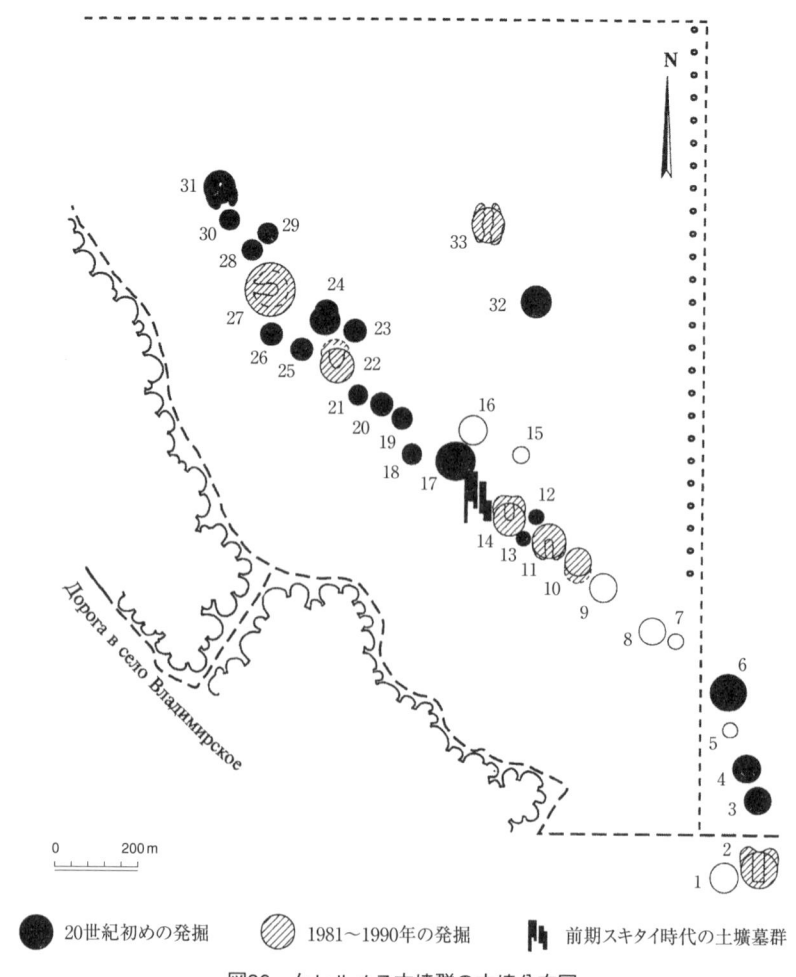

図36 ケレルメス古墳群の古墳分布図

● 20世紀初めの発掘　　◎ 1981〜1990年の発掘　　▮ 前期スキタイ時代の土壙墓群

間にある台地に位置し、北西－南東方向に2 kmにわたって31基の墳丘が列をなしていた。古墳と古墳の間には土着のマイオタイの土壙墓が点在する（図36）。また、やや離れた地点にも古墳が連なり、都合44基の古墳が確認されている。ケレルメス古墳群は、20世紀初頭にシュリツが4基（シュリツ1〜4号墳）、ヴェセロフスキーが2基（現在の古墳番号では27、31号墳）を発掘したが、記録が十分に残されなかったために個々の古墳の詳細については不明

であった。そのため、1980〜90年にエルミタージュ博物館のガラニナ (Galanina, L.K.) とアレクセエフが予備調査を含めて24, 23, 29, 27, 31号墳等の調査を行い、ようやく古墳群の全貌が明らかにされた (Galanina 1997)。

　最大規模の古墳は2号墳と37号墳で墳丘高6.7〜7.75mであるが、直径は不明である。続いてシュリツ1号墳が高さ6.4m、墳丘直径64m、シュリツ4号墳が高さ7.1m、直径53.2m (シュリツ3号墳あるいは4号墳とみなされる24号墳は高さが2.4〜3.7mで墳丘直径は52m)、27号墳は高さが2.25mであるが直径は70mあり、31号墳は高さ3〜5.5m、直径が60〜70mであったと推定されている (Galanina 1997：16-58)。

　埋葬儀礼は、地上に各辺が四方位に面する正方形の埋葬区画あるいは浅い正方形の墓壙を造り、その中央に被葬者を安置した。埋葬区画の西側と南側に馬具を装着し頭を埋葬施設側に向けたウマを並べて置いて陪葬し、埋葬区画あるいは墓壙には柱穴が多数掘り込まれていた。

　シュリツ1号墳の墓壙は正方形 (6.4×6.4m) で、楯を飾っていたヒョウを象る金製装飾板、柄と鞘が金製装飾板で覆われた剣、柄が金製装飾板で覆われた戦斧、青銅製兜に伴っていたと考えられる花文、ロゼッタ文、鳥文で装飾されたリボン状ディアデムなどの金製品が出土した。その他、馬頭骨、青銅製鏃、青銅製銜が発見された。

　31号墳は青銅器時代の墳墓の上に墳丘が造営されたもので、主体部は、墓壙の大きさが6×5.7m、旧地表面から深さ2.2〜2.4mのところに埋葬が営まれていた。墳丘下の墓壙の周囲には直径6〜10.5mで高さ1.5mの排土層が環状にめぐり、排土の内外面には「蒲」と思われる広葉樹の痕跡があった。排土層の北側の斜面の2箇所で鉄製銜と鑣のセットが発見され、ここにもウマの陪葬が行われていたことを示唆していた。墓壙には西壁と南壁にそって8頭ずつ合計16頭のウマが陪葬され、16頭分の轡セットが発見された。それらのうち9点はガラニナによってケレルメス古墳群出土轡セットの第3グループに分類された。

　ガラニナは27号墳と31号墳とを比較して31号墳のほうが年代的に古いと考えた。その根拠は、31号墳で発見された鉄製銜のうち末端が2環式となるノヴォチェルカッスク型銜を模した銜や青銅製のノヴォチェルカッスク型の飾

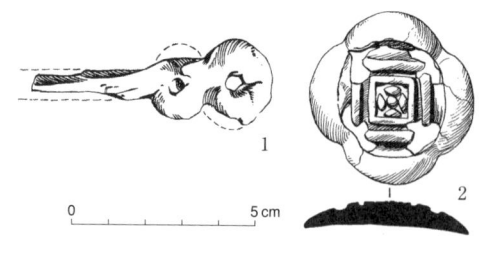

図37 ケレルメス31号墳（ヴェセロフスキー2号墳）出土のノヴォチェルカッスク型鉄製銜（1）と青銅製馬具飾板（2）

板が見られ（図37）、前7世紀中葉から後半に編年したことによる（Galanina 1997：182-184）。この編年を根拠にケレルメス古墳群造営の年代が前7世紀中葉にさかのぼることが確認されたのである。

古墳群からの出土資料は以下のように大まかに分類される。

① スキタイ固有の資料（馬具、武器、青銅製ヘルメット、動物文を伴う青銅製鑣、青銅製鏡、竿装飾などの青銅および鉄製品、金製鹿文馬具装飾などの動物文様製品）で、それらの多くにスキタイ動物文様が施されている。

② スキタイの好みに応じたアッシリア＝ウラルトゥ美術の影響が顕著な資料（儀式用の金装剣と斧、金製豹形楯飾板、金製鹿文箙装飾板、中央にグリフィン頭部が付く金製ディアデムなど）。

③ 西アジア将来品（内側に動物文が打出された金製杯、両端がライオン頭部に作られた家具の部品など）

④ イオニア美術の影響が看取される資料（グリフィンが線刻された銀製角形リュトン、大地母神と動物が表現された銀製金張り鏡）

これらの特徴はケレルメス古墳群の被葬者が相当の権力と財力をもったスキタイ騎馬戦士たちであり、動物文様を特徴としたスキタイ文化の担い手であり、一方で西アジアおよびイオニアと密接な国際的な関係をもっていた人々であることを明らかにしている。

これまでケレルメス古墳群は前7世紀末から6世紀初頭に編年され、西アジアから帰還したスキタイによって造営されたと考えられてきた。しかし、上述のようにガラニナはケレルメス古墳群の最古の埋葬址を前7世紀第2四半紀から第3四半紀に編年した。そのことは、もはや西アジアから帰還したスキタイの墓ではなく、西アジア侵攻時代に造営された墓ということになる。ケレルメス古墳の被葬者の中にはスキタイ王とみなすことができる人物が含まれていてもおかしくないが、発掘記録が不十分なため墓の形式、被葬者の

埋葬状況、副葬品の出土位置など不明な点が多く、十分な根拠をもって被葬者について論じることはできない。

ケレルメス古墳群と並んで注目すべき古墳群であるスタヴローポリ州のクラースノエ・ズナーミャ古墳群はその規模と古墳の構造が特に注目される。古墳群を発掘したペトレンコはその中で最大の墳丘をもつ1号墳を調査して、その年代を先ケレルメス期であると結論付けて議論を呼んだ（Petrenko 1983）。

最近この古墳群の詳しい報告書が刊行されて全貌がようやく明らかになったのでこの機会にクラースノエ・ズナーミャ古墳群の概要を記述しておこう（Petrenko 2006）。北カフカス中央部のアレクセエフスキー（Alekseevskiy）村から西へ10kmに位置するクラースノエ・ズナーミャ村近郊には9基からなる古墳群があり、最も東側に古墳群中の最大の1号墳がある。1号墳の墳丘は高さが推定14～15m、直径70m。墳丘の周囲には幅約25m、深さ3.5mの壕がめぐり、さらにその外側から幅1.2m、直径が140mに達する砂岩の板石積みの塀が取り巻いていた（図38）。墳丘は壕から掘り出された土砂と近隣の川原から採取された板石、葦の層からなり、元は表面が葺石で覆われていた。墳丘からはスキタイの石人破片が発見され、元来墳頂部に立てられていたと推定されている（Petrenko 2006：105）。1号墳以外の8基の古墳は直径が17～45m、高さが1.5～5m程度であることから、1号墳がひときわ巨大であり、明らかに社会的な階層の違いが反映していると考えざるをえない。同様な規模の差はトゥバのアルジャン古墳群でも見られている。

1号墳の墳丘下には砂岩の板石を積み重ねて造られた外壁がぐるりと周囲をめぐって埋葬施設全体を取り囲んでいた。外壁は直径41.5～42mの円形であった。外壁の幅は2.25mに達し、高さは1.5mほど残存していた。壁は厚さ約10cmの砂岩の板石を粘土で充填しながら水平に10～12段積み重ね、その上にさらに3～5cmの薄い板石を3～5段積み重ねた構造で、表面は粘土で塗布されていた。そして、壁の上には長さ0.8～1m、幅0.5～0.6mの板石が外側に突出する庇のように置かれていた。庇は、2.5～3m間隔に立てられた直径15～20cmの丸太の柱で支えられた10～20cm幅の枕木の上に乗せられていた。この壁の内側には直径10cmで30～40cm地中に打ち込まれた支柱が35～

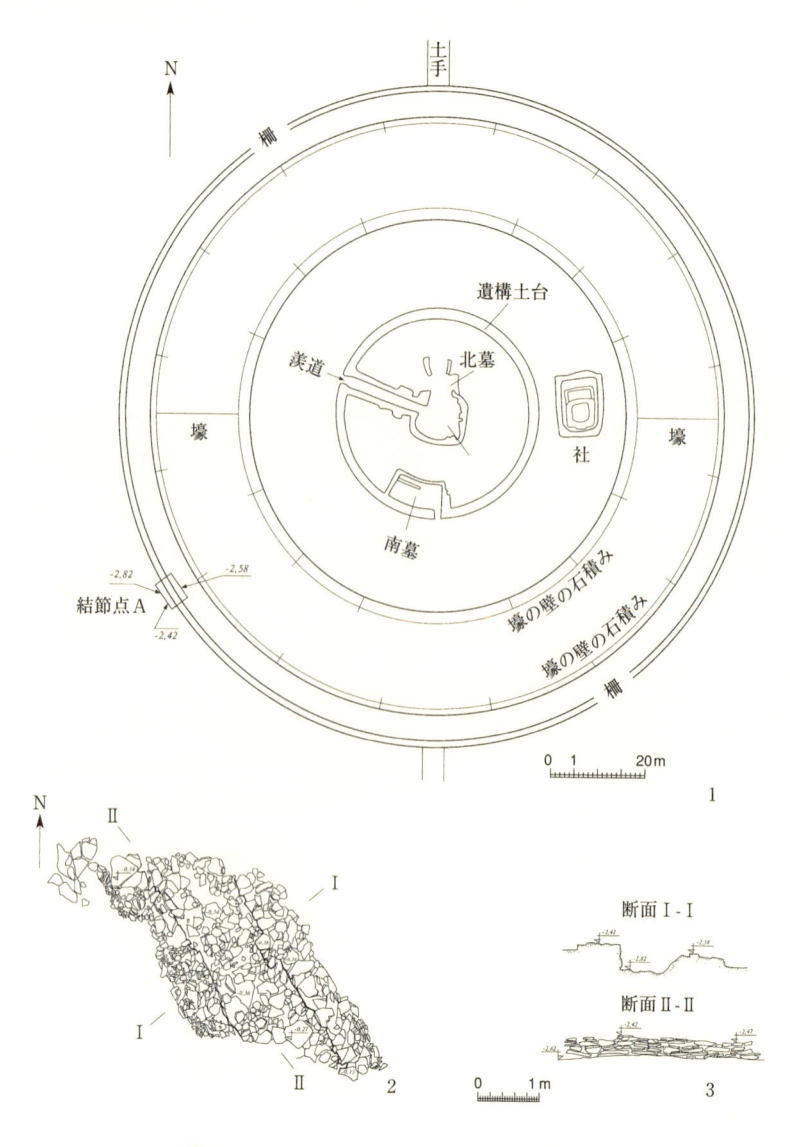

118 V 第一スキタイ国家：北カフカス

図38 クラースノエ・ズナーミャ1号墳のプラン
1：古墳建造構造の模式図　2：「柵」の壁の遺構（結節点A）　3：「柵」の石積みの断面

40cm間隔で垂直に立てられて垣根が造られており、石壁との間隙が土砂で充填されていた（図39）。壁の西側には主体部へ通じる羨道の入口があり、さらに南部と東北部では外壁が途切れており、壁の内側に通じる入口があったと推定されている。主体部へ通じる羨道は長さ18m、通路幅は1.5m、羨道の壁は厚さ1～1.5mであり、表面にはやはり粘土が塗布されていた。

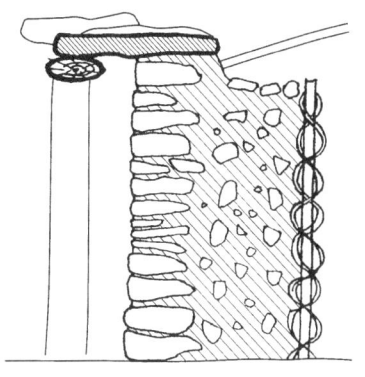

図39　クラースノエ・ズナーミャ1号墳の石積壁の復元図

外壁の内側の区域（内区）が埋葬施設となり、石積み造りの3基の墓室が造営され、また外壁の外の東側には石積みの社が建立されていた。内区には30～50cm間隔で立てられた支柱からなる垣根が3重に廻っていた（図40）。

古墳中央の主体部玄室は2～3列に並べられた砂岩の板石から造られ、平

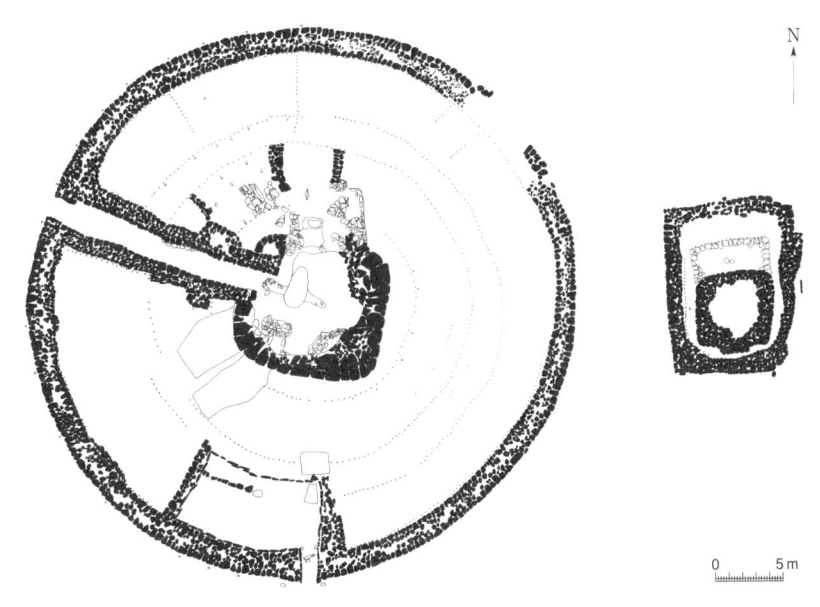

図40　クラースノエ・ズナーミャ1号墳主体部の石造の基礎

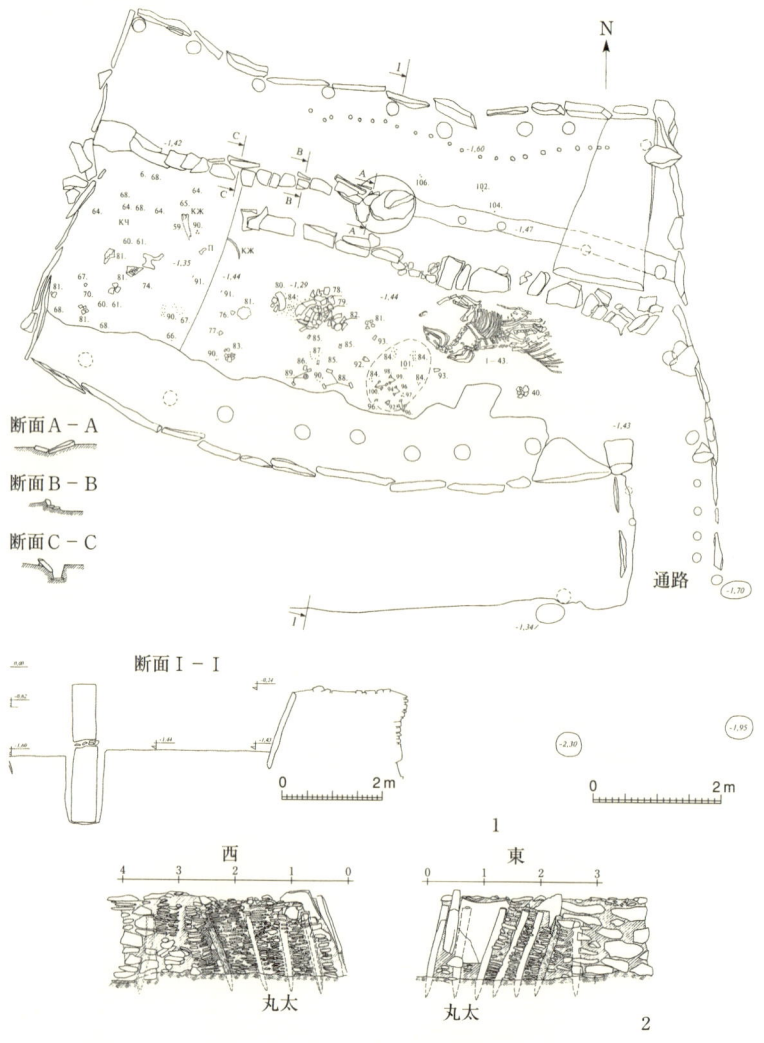

120　V　第一スキタイ国家：北カフカス

図41　クラースノエ・ズナーミャ1号墳南墓のプランと断面
1：南墓の平面図と断面図　2：通路路の壁の正面

面は隅丸方形で10.8×10.3m（内側は6×7m）であった。壁の厚さは1.5～1.7m、高さ80cmであり、壁の表面は粘土溶液で丁寧に塗られていた。北側の壁には半楕円形をなす通路が造られ、方形の部屋へ通じていた。この部屋は崩壊が激しく形状を確認することはできなかった。主体部と北側の部屋は

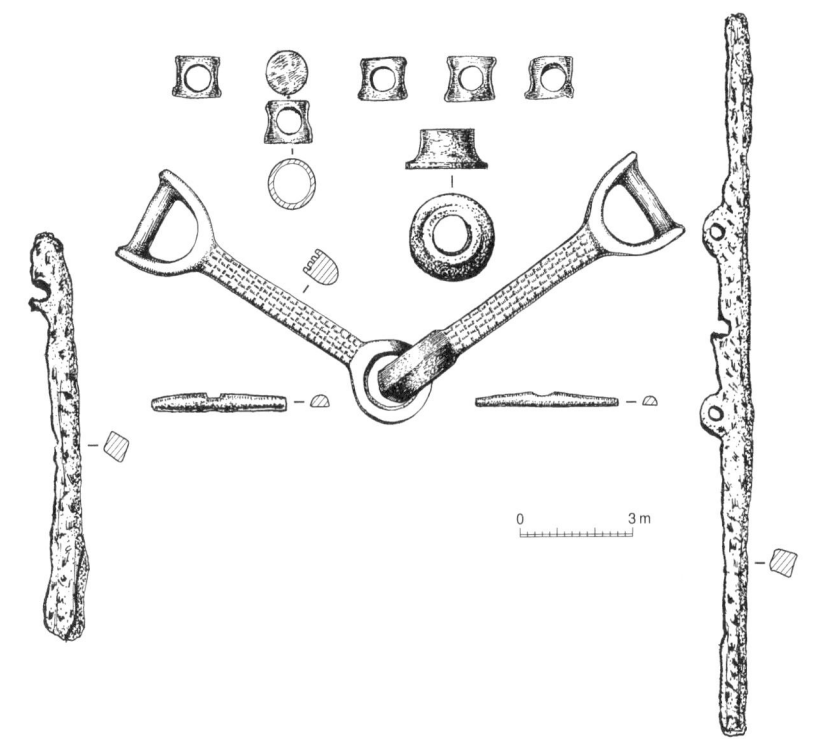

図42　クラースノエ・ズナーミャ１号墳南墓出土の馬具セット

撹乱がはげしく埋葬址を確認することはできなかった。羨道では黒色磨研土器片と骨製品が発見されたが、玄室では副葬品は皆無であった。

　また、内区の南側の壁に沿って墓室が造られていた。この墓室（南墓）は外壁南側に幅１m、長さ2.5mの入口があった。墓室は外壁の円弧をなす南壁が10.7m、南壁に平行する北壁が８m、東西の壁が５mであり、部屋は南北にさらに２分されていた（図41）。壁の内側に沿って柱穴が見られることから上記したものと同様な垣根を伴っていたと判断されている。壁に高さ2.6m程の板石が立てられていた。墓室は木材で覆われその上に板石が置かれていた。部屋の埋土から土器片と動物骨が発見された。南墓には馬具を装着した２頭の陪葬馬と６セットの轡が納められていた。ウマは強く焼かれており、床面に焼けた痕跡が残されていた。発見された銜は青銅製で外側の環

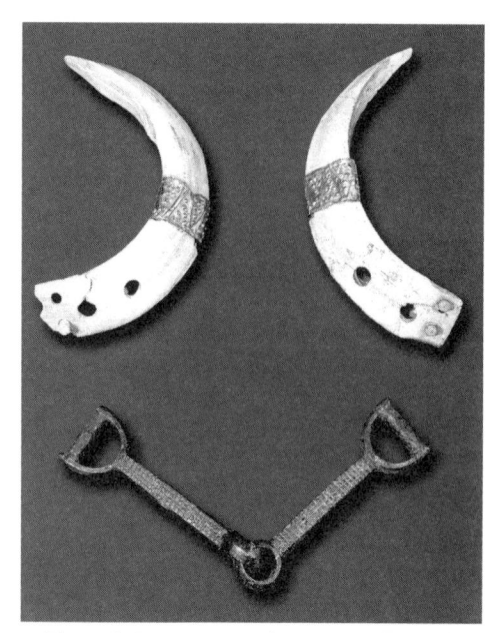

122 Ⅴ 第一スキタイ国家：北カフカス

図43 クラースノエ・ズナーミャ１号墳南墓出土の１号陪葬馬のイノシシの牙製鑣（上）と青銅製銜（下）

が鑣形であり、軸部には細かい方形の突起があるもので、前述のケレルメス古墳群でも多数発見された初期のスキタイ時代に特徴的なものである。銜はケレルメスでも見られる鉄製三環型である（図42）。ウマとウマの間には青銅製の鎹が見られた。これらの遺物からここには馬車が納められていたと判断されている。1号墳以外にも3号墳と6号墳にも馬車が納められていたと推測されている。

その他青銅製辻金具（図42）、算盤玉形の銀製金具、青銅製鐸などが発見された。

また、青銅製両翼鏃、三翼鏃、三角鏃、矢柄、弓の骨製破片、剣の断片、金製飾板、多数の片手土器、壺、木器を飾った金製縁飾り、琥珀ビーズなども発見された。西側の壁の近くで45〜50歳くらいの男性の人骨が発見された。入口を入って南壁に沿った場所に殉葬された第1のウマに装着された鑣はイノシシの牙から作られたもので、金製飾板を伴うユニークなものである（図43）。第2のウマの鑣もイノシシの牙製であるが小型で金製飾板を伴わなかった。ウマの頭絡はタカラ貝で装飾されていたようで貝殻が多数見られた。ウマの近くでは青銅製薄板から作られた轅の円筒形装飾板が2点発見された。1点目は長さ35cm、直径2.7〜3.2cm、2点目は長さ11cmで直径6cmであり、一定間隔で数本からなる横畝状の突帯文がめぐり、内部には木片が残存していた。前者の中央には円形のメダイヨンが作られ、そこにアッシリア由来のイシュタル女神像が型押しで表現されており、西アジアとの関係を明示している（図44）。轅のカバーに表現されたこのようなイシュタル女神像は

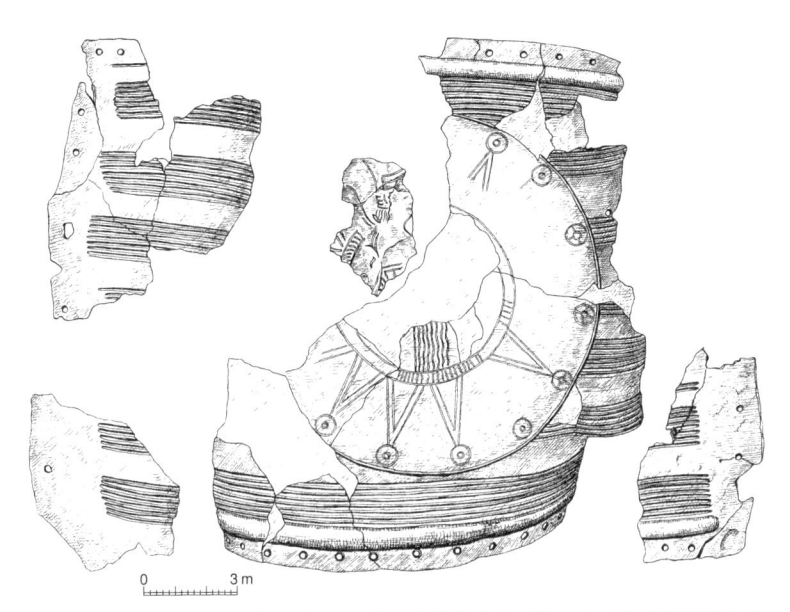

図44　クラースノエ・ズナーミャ1号墳南墓出土のイシュタル神が表現された青銅製轡の装飾版

アッシュルバニパル時代に特有なもので前7世紀中葉から第3四半期に編年できるという（Petrenko 2006：79）。

　外壁の東外側7mの位置に社が発見された（図38）。全体は隅丸方形で12.5×10m、壁の厚さは1.3～1.5mあり、高さは最大で1.8mであった。壁は日乾煉瓦と板石を積み重ね、表面が粘土溶液で塗布されていた。壁には内部に通じる入口はなかった。壁の内部にはさらに6.3×5.7mの隅丸方形の部屋が造られていた。壁の厚さは1.04～1.6m、高さ1.6mであった。外側の壁と部屋の北壁との間に空間が設けられ、そこに板石を2段に積み重ね粘土で充填した6×2.5mの段が造られていた。ここで火がたかれたことが炭化物の堆積によって証明される。壁に沿って柱穴が見つかっており、壁の内側に垣根が廻っていたことが判明する。そこには土器片とともに100×58～62cmで高さ6cmの方形の石皿が置かれていた。内側の部屋の壁には明黄色で赤の斑点のある彩色が施されていた。部屋の中へ通じる入口はなく、施設へは壁の上から出入りしたと思われる。

　1号墳の埋葬施設全体は太陽を象徴したような円形のプランを示し、火を

祭る宗教的儀礼との関係が指摘されている。板石を水平に積み上げ粘土で充填して建設された大規模な建築物は北カフカスでは大変ユニークであり、この地方の先行する時期に見られるものではなく、中央アジアの後期青銅器時代の北タギスケンで見られる日乾煉瓦を積み重ねて建設された廟型施設や、内部は丸太を積み重ねたログハウスのように建設されたが、墳丘は板石を積み上げて巨大な円形プラットフォーム形を示したアルジャン1号墳などの遺跡との関係が想起される。また、積み石壁に粘土を塗布して表面を仕上げる方法や柱を立てて枕木を支えて庇を造る方法は草原では知られていない建築技術である。ペトレンコは西アジア出身の建築職人が古墳の造営に参加していたとみなした (Petrenko 2006：60)。

クラースノエ・ズナーミャ古墳群の埋葬はすべて攪乱され破壊されていたため、埋葬儀礼の細部は不明である。1号墳と8号墳では地表面に埋葬が行われたが、それ以外では墓壙をともなっていた。墓壙は正方形あるいは方形で、深さ1.1〜3.25m、床面の面積は6.8㎡（5号墳）から63㎡（6号墳）であり、深いほど面積が大きい。墓の長軸は東西向き。墓には石が使用されており、1号墳以外でも板石積みが見られる。6号墳以外では墓壙の東側に被葬者が安置され、西側にウマが陪葬されていた。

1号墳南墓の被葬者についてペトレンコは西アジアで活躍したスキタイ王マデュエスではないかと推測している (Petrenko 2006：61)。その根拠は、まず、古墳に付属した社が王と王族に直接関係する火にかかわる儀式を執行する宮廷の形式をもっていたことである。次に、「マデュエスMadues」の名前の意味である。ペトレンコはこの王名を酒やハウマ＝ソーマ（古代インド＝イラン世界で宗教的儀式に使用された御神酒）と関係付けて、その名前は権力を意味するばかりでなく、古代の神々との関係をも有するとみなした。実際、スキタイ語 madu- は「蜂蜜酒」と解釈されている (Abaev 1979：294)。そして、この南墓では多数の土器が発見されていることからハオマ儀礼の痕跡とみなされた。しかしながら、このような考えは推測以上のものではなく、この墓にマデュエスが埋葬されていたという積極的な根拠を提供するものではない。

南墓から出土した武器・馬具の大半はケレルメス出土のものに非常に類似

しており、両者の墓群がほぼ同時期に造営されていたとみなすことができよう。もし、被葬者がマデュエスであれば墓の造営は彼がアッシリアから北カフカスへ帰還したと思われる前7世紀末以降でなければならないが、ケレルメスとの比較では前7世紀後半までに編年されるがそれより遅くはなかろう。なお、クラー

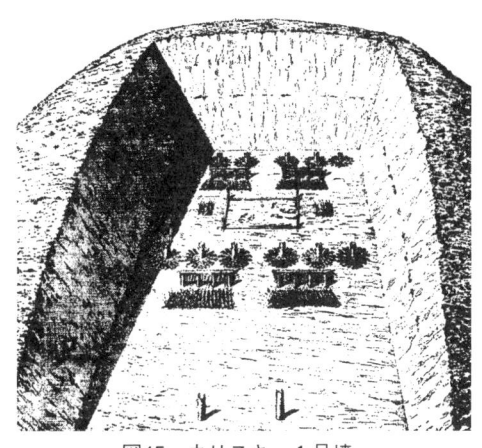

図45 ウリスキー1号墳

スノエ・ズナーミャ9号墳からはノヴォチェルカッスク型の青銅製銜が出土しており、前7世紀中葉に編年されよう（Petrenko 2006：73-74）。

また、南墓の問題以上に攪乱されていた主体部の被葬者がどのような人物であったかを考えるほうが困難ではあるがより重要であるはずである。この人物のほうがより地位が高く、南墓よりも早く亡くなって埋葬された人物であることは確実である。その人物は当時のスキタイ国家権力の中枢にあった人物であることは疑いない。この古墳がスキタイ王族の墓所であり火を崇拝する社であったとすれば主体部の被葬者は当然マデュエスの父バルタトゥア（プロトテュエス）でなければならない。また、主体部に接続して造営された墓には彼の后であるアッシリア王エアサルハッドンの娘である可能性がでてくる。墓の構築には西アジアの建築技術が見られると判断とすればアッシリア王の娘が葬られるに値するものである。しかし、攪乱によって副葬品が一切残っていないため、主体部の造営の年代が判明しない。したがって、このような仮説は論証不能であり、たんなる推測にすぎない。

北カフカスではこれらの古墳群以外にも多数のスキタイの埋葬遺跡が知られている。中でも前7世紀末から6世紀に編年されるクバン川中流域のコストロムスカヤ（Kostromskaya）村やウリスキー（Ul'skiy）村などの古墳群、スタヴローポリ州のスタヴローポリ市周辺の古墳やノヴォザヴェジョンノエ（Novozavezhennoe）村、中央カフカスのナルタン（Nartan）村の古墳群などが

図46　リトイ古墳出土資料

知られている。

　これらの中でもウリスキー1号墳は規模の点で十分に王墓とみなすことができる遺跡である。1898年に発掘された墓は墳丘の高さが15m以上、直径は不明であるが、地表面に木造の埋葬施設が造られ、400頭以上のウマが陪葬されていた（図45）。副葬品としては鍑2点（破片）、青銅製札甲、テラコッタ製の尖帽を被るスキタイ人物像、グリフィンがヤギを襲う動物闘争を表現した箙の金製飾板（Chernenko 1981：32, Ris. 18)、ヒョウや山岳ヤギを象った金製アップリケ、上端にグリフィン頭部が象られた青銅製竿頭飾などが発見された。動物闘争文は現在ではスキタイで最古の例であり、文様の起源を考える場合に重要である。この古墳の大きな特徴はウマが410頭以上陪葬されていたことである。北カフカスから黒海北岸のスキタイの墓では最多の数であ

る。ウマには両端が鐙形になる青銅あるいは鉄銜が装着されていた。出土した黒色陶器断片は前6世紀中葉に編年されるが、墓は前6世紀初頭に編年された（Il'inskaya and Terenozhkin 1983：68）。墓の規模と陪葬馬の多さの点でまさに王墓と称するにふさわしい（林 2007：155）。

　一方、スキタイは確実に西方に勢力を拡大しており、クバン川河口のタマン半島では前7世紀末〜6世紀初頭のギリシア製キュリクスとオイノコエをともなったツクル・リマン（Tskur liman）古墳、前7世紀第3四半期に編年されるロドスやミレトス製の陶器を出土したケルチ半島のテミル・ゴラ（Temir gora）が知られている。

　ドニェプル川中流右岸では、前述のステブレフやジャボチン古墳では前8世紀あるいは7世紀はじめに編年される埋葬址が発掘されており、スキタイの勢力が早くからこの地域にまで達していたことが判明している。さらに、ケレルメス・シュリツ1号墳で出土した金装剣柄と鞘に極めて類似する剣がドニェプル川中流左岸のリトイ（メリグノフ）古墳から発見されていた。リトイ古墳の墓壙は床面に火がかけられていた。中央から西側の深さ2mの地点から石棺が発見され、その中にこの剣と鞘、金製ディアデム、ワシ頭部を象った青銅鍍金製辻金具17点、アッシリアの椅子を装飾する銀製品の一部などがあった（図46）。ケレルメス古墳群出土の資料との類似から前7世紀後半から末に編年することができよう（Il'inskaya and Terenozhkin 1983：104；Murzin 1984：19-20）。リトイ古墳は、ケレルメス同様に首長墓であるとみなされている（Piotrovsky 1986：20）。

　こうして、スキタイは北カフカスに根拠地を置きながら、黒海北岸地方で最初のスキタイ文化の萌芽があったドニェプル川中流右岸地方までを勢力圏内に収めていたとみなすことができよう。

VI　第二スキタイ国家：黒海北岸草原の支配

（1）スキタイ王の系譜

　スキタイはすでに前7世紀から黒海北岸に進出してドニェプル川中流右岸森林草原地帯に影響を及ぼしていたと考えられる。そのことは前述のステブレフ古墳、ジャボチン古墳、リトイ古墳の例からも早期の進出は明らかであり、さらにドニェプル川中流域で発掘されている前6世紀前半のジュロフカ（Zhurovka）村古墳群からも確認できる（Il'inskaya 1968：174）。スキタイの支配層が北カフカスから黒海北岸地方にいつごろ中心地を移していったのかについては、前述のウリスキー1号墳が前6世紀初めに編年される王墓とすれば、ドニェプル川中流域に多数の古墳が出現した前6世紀中葉までと考えることができよう。

　しかしながら、ドニェプル川中流域では多数のスキタイ戦士の墓が発掘されているが、北カフカスの諸古墳の規模と副葬品の豪華さの点で比肩できるようなものはいまだ確認されていない。一方、黒海北岸草原地帯へのスキタイの進出についてはドニェプル川中流域のような早期の遺跡が発見されていないため不明な点が多い。さらには、前6世紀に関係付けられる文献資料としてはヘロドトスが伝えるいくつかのエピソードがほとんどすべてである。そのため、前述のようにアレクセエフはこの時代を「暗黒時代」と呼んだのである。

　文献資料が伝える最初はスキタイ歴代の王名である。ヘロドトスはスキタイが外国の風習を好まない例として、アナカルシス（Anakarsis）を殺害したエピソードを伝えている。アナカルシスは、ギリシアに旅してギリシアの風習に染まったために帰国後に兄弟によって殺害されたという（ヘロドトス4巻76節）。また、ストラボンは前4世紀の歴史家エフォロス（Ephorus）を引用してアナカルシスの事績を伝えながら批判している。

表3　スキタイ王の系譜

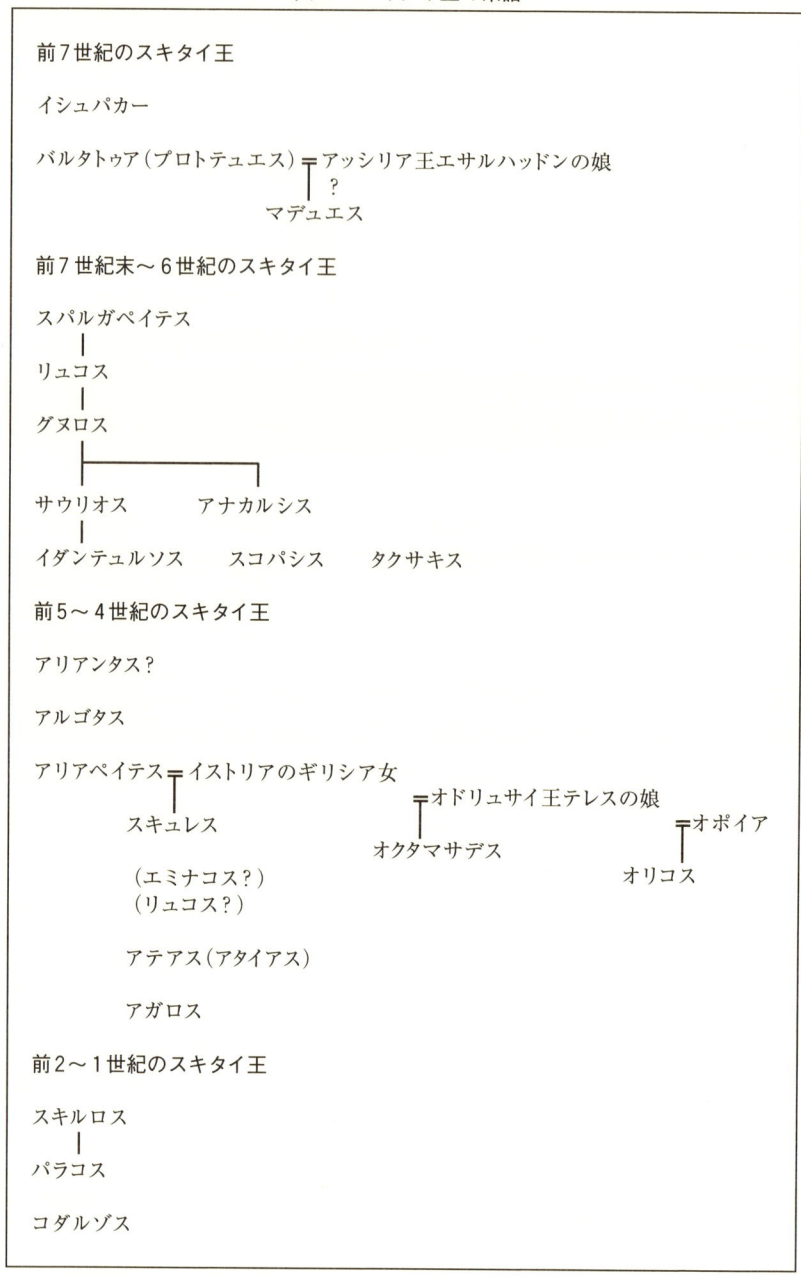

前7世紀のスキタイ王

イシュパカー

バルタトゥア（プロトテュエス）━アッシリア王エサルハッドンの娘
　　　　　　　　　　　　　　　｜？
　　　　　　　　　　　　　マデュエス

前7世紀末〜6世紀のスキタイ王

スパルガペイテス
｜
リュコス
｜
グヌロス
｜────────┐
サウリオス　　　アナカルシス
｜
イダンテュルソス　　スコパシス　　タクサキス

前5〜4世紀のスキタイ王

アリアンタス？

アルゴタス

アリアペイテス━イストリアのギリシア女　　　　　　オドリュサイ王テレスの娘
　　　　　｜　　　　　　　　　　　　　　　━━━━━━━━━━━━━━━　　　　オポイア
　　　スキュレス　　　　　　　　　　　　　　　｜　　　　　　　　　　　　　━━━━━
　　　　　　　　　　　　　　　　　　　　オクタマサデス　　　　　　　　　　　　　｜
　　　（エミナコス？）　　　　　　　　　　　　　　　　　　　　　　　　　　オリコス
　　　（リュコス？）

　　　アテアス（アタイアス）

　　　アガロス

前2〜1世紀のスキタイ王

スキルロス
｜
パラコス

コダルゾス

エポロス［＝エフォロス］はアナカルシスをも賢者と呼び、この賢者がこの部族［スキタイ］の出で、その完璧な自制心と分別から七賢人のひとりにも数えられた、という。また、ふいご、両端に爪のある碇、陶工のろくろはこの賢者の発明品だ、と語っている。しかし、その当のエポロスも自分が述べたすべてについてこの上ない真実を語っているわけではない、まして特にアナカルシスの件についてはなおさらそうである。（中略）すなわち、ろくろについてはこの賢者より時代が古いホメロスが知っているからにはこの賢者の発明あるはずがない（ストラボン7巻3章9）。

ヘロドトスはアナカルシスの悲劇に続いてスキタイ王の系譜に言及している。

　アナカルシスはスキュティア王イダンテュルソスの父方の叔父で、スパルガペイテスの子リュコスの子グヌロスの一子であったという。（中略）イダンテュルソスはサウリオスの子であり、サウリオスこそアナカルシスを殺した当人だからである（ヘロドトス4巻76節）。

　つまり、王の系譜としては、スパルガペイテス（Spargapeites）－リュコス（Lykos）－グヌロス（Gnuros）－サウリオス（Saurios）－イダンテュルソス（Idanthyrsos）である（表3）。イダンテュルソスについてはペルシア軍のスキティア遠征の時にスキタイ連合軍を率いたことから、その治世は前6世紀の後半から末であることは明らかである（後述）。イダンテュルソス以前の王の事績についてはまったく不明であるが、アナカルシスについては、彼がアテーナイでソロン（Solon）の許を訪ね、滞在したと伝えられている点（ルキアヌス「アナカルシス」）を考慮すると、ソロンと同時代人である。ソロンは前6世紀前半の立法家であることからアナカルシスも前6世紀前半の人であり、さらに彼を殺害したと伝えられるサウリオスも前6世紀前半から中葉のスキタイ王となる。すると、グヌロス以前のスキタイ王は前6世紀前半以前ということになる。スパルガペイテスとリュコスの治世はあるいは前7世紀

にさかのぼる可能性もあり、前述のマデュエスとの王統の問題やウリスキー1号墳の被葬者との関係が問題となる。アレクセエフはスパルガペイテスの治世を前7世紀、リュコスの治世を前7〜6世紀と考え、マデュエスとスパルガペイテスの間には王朝の断絶があるとみなしたが（Alekseev 1992：165；Alekseyev 2005：39-40）、王の系譜の連続性が断片的な史料からは証明できないということではなかろうか。

イダンテュルソス以外の王が実際どこに根拠地をもち、どの地域を実効支配していたのかは判明していない。ところが、前6世紀のスキタイの古墳群がドニェプル川中流域に濃密に分布していることから（Il'inskaya 1968；1975）、その時代にはすでにスキタイの中心地が黒海北岸地方にあったと判断できよう。スキタイが実際に黒海北岸地方を支配していた状況が文献資料から判明するのは前6世紀後半以降である。つまり、ヘロドトスが伝えるアケメネス朝ペルシアのダレイオス王のスキティア遠征の記述から、その時すでにスキタイが黒海北岸草原地方を勢力下に置いていたことを知ることができる。

ヘロドトスは『歴史』を執筆する動機となったペルシア戦争に至る経緯の中で、ペルシアのダレイオス王によるスキティア遠征について特に関心をもった。それは、ペルシアの大軍がスキタイの軍団の術中にはまって退却したという屈辱を味わったからである。

ダレイオス王のスキタイ遠征の年代については、ストルーヴェ（Struve, V. V.）は前514年（Struve 1968：102）、グラーコフは前515/14年（Grakov 1971：7）、ヘロドトスが語るスキティアの地理を研究した歴史学者ルイバコフ（Rybakov, B.A.）は前512年とした（Rybakov 1979：169）。一方、ペルシア軍のスキティア遠征を研究したチェルネンコ（Chernenko, E.V.）はより幅広く前515〜512年の間のある年の夏あるいは秋とし（Chernenko 1984：11）、アケメネス朝ペルシアの歴史に関する大著をまとめたブリアン（Briant, Pierre）は前513年頃であると考えている（Briant 2002：142）。

ヘロドトスによれば、ペルシア軍はまずボスポロス海峡を渡ってトラキアに入ったが、トラキアは戦わずして降伏したためトラキアを難なく通過し、イストロス（Istros）（ドナウ）川の手前でゲタイ（Getae）の反抗があったが、即座に鎮圧した（ヘロドトス4巻93節）。そして、イオニア軍に建造させた船

橋を渡ってスキティアに侵攻した。ダレイオス王は橋を破壊してイオニア軍を故郷に帰還させようとしたが、イオニア軍は橋を破壊することに反対してペルシア軍が戻ってくるまで橋の守備につくと具申した。そこでダレイオスは60日以内に戻ってこなければ橋を破壊して帰郷してよいと約束した（ヘロドトス4巻98節）。すなわち、ダレイオスはスキティア遠征を当初60日以内で終結させるつもりであった。

　その当時のスキティアの領域は、西はイストロス川から東はタナイス（Tanais）（ドン）川に至り、南はタウロイ（Tauroi）の地タウリケ（Taurike）（クリミア半島）、北はメランクライノイ（Melankhlainoi）の領域（森林地帯）に接していた（ヘロドトス4巻99～101節）。そして、特にイストロス川からカルキニティス（Karkinitis）（クリミア半島付け根）までのスキティアの西半分は「本来（いにしえ）のスキティア（ἀρχαίη Σκυθίη）」と呼ばれていた（ヘロドトス4巻99節）。その意味は明らかではないが、推測するにスキタイがこの地域に早くから進出していたことを反映しているのであろうか。

　前6世紀後半のスキタイ国家はイダンテュルソス、スコパシス（Skopasis）、タクサキス（Taxakis）という3人の王によって3つの区分（μοῖρα）に分割統治されていた。そのうちイダンテュルソスが治める区分が強大な領土であった（ヘロドトス4巻120節）。この3区分はヘロドトスが伝える第一のスキタイ建国神話（後述）で言及された3王国（τριφασίαι ἅι βασιληίαι）に由来をもつものと考えられる。

　　コラクサイスはこの広大な国土を三つの王国に分け、自分の息子たちに所領として与えたが、その内の一つを特に他よりも大きくし、金器はこの国に保管させることにした（ヘロドトス4巻7節）。

すなわち、イダンテュルソスは金器を保管する王国に由来する大きな区分を治め、他の2人の王を従える（大）王（βασιλεύς）の地位にあったといえよう（ヘロドトス4巻126～127節）。イダンテュルソスとスコパシス、タクサキスとの親縁関係については明らかではない。彼等が3兄弟であったのか、あるいは何等かの血縁関係にあったのかは不明である。少なくとも彼等は後述

するスキタイ起源神話に由来する王族であるパララタイ氏族に属していたとみなすことは可能であろう。

一方、ペルシア軍の捕虜となり王アルタクルクセス (Artaxerxes) 2世の宮廷に滞在しペルシア史を書き上げた前5世紀末のクニドス出身のクテシアス (Ctesias of Cnidus) は、ダレイオス王はスキティア遠征にカッパドキアの領主アリアラムネス (Ariaramnes) を派遣してスキタイの捕虜を捕らえたが、その中にスキタイ王の兄弟のマルサゲテス (Marsagetes) がいたという (Ctesia, Persica, 16：Scythica et Caucasica, t. 1, 354)。そして、スキタイと弓の交換を行ったところ、ペルシアの弓と比べてスキタイの弓のほうが強力であることが判明し、ダレイオスはスキティアから急いで退却することにした。その際、全軍が渡りきる前に橋を破壊したため、エウロパ側に80,000人の軍隊が残され、彼らはスキタイ王スキュタルベウス (Scytharbeus) によって殺されたと伝えた (Ctesia, Persica, 17：Scythica et Caucasica, t. 1, 354)。文脈からスキュタルベウスは前述のマルサゲテスの兄弟とみなされよう。クテシアスの記述は断片的に伝えられたものではあるがペルシア側の伝承をもとにしていると考えられる。しかし、ヘロドトスの記述とかなり相違しているため、ヘロドトスのようには信頼されておらず、スキュタルベウス王の位置付けについてもこれまで検討されてはいない (Rybakov 1979：170-171)。

イダンテュルソス以降のスキタイ王について、ヘロドトスは別なエピソードの中で語っている。ギリシア植民市オルビア (Olbia) でスキタイ王アリアペイテス (Ariapeithes) とその子スキュレス (Skyles) のエピソードが記録された (ヘロドトス4巻78～80節)。アリアペイテスはオルビアにテュムネス (Tymnes) という代官 (ἐπίτροπος) を置いていたが、ヘロドトスが訪問した時もテュムネスは健在で、ヘロドトスは彼からスキタイに関する多くの話を取材することができた。

スキティア王アリアペイテスには、他にも子はあったがスキュレスもその一子であった。彼の生母はイストリアの町の出身で、スキタイ人の血は全く受けていない女であったが、この母がスキュレスにギリシア語とその文字を教えたのである。その後アリアペイテスは、アガテュ

(1) スキタイ王の系譜　135

ルソイの王スパルガペイテスによって謀殺され、スキュレスは王位とともに、オポイアという父の妃をも受け継いだ。このオポイアはスキュティアの女で、アリアペイテスに設けたオリコスという一子があった（ヘロドトス 4 巻78節）。

この一説は前 5 世紀前半のスキタイ王の系譜を伝える重要な史料である。スキュレスはオルビアに邸宅を構えてギリシア文化に心酔した（ヘロドトス 4 巻79節）。ドニエストル川河口のギリシア植民市ニコニオン（Nikonion）の遺跡ロクソラヌィ（Roksolany）城塞集落址で「ΣΚ」「ΣΚΥ」「ΣΚΥΛ」という銘が入った銅貨が発見され、スキュレスがニコニオンで発行したものとみなされ

図47　「ΣΚΥΛ」（上）「ΣΚΥ」（下）銘のある銅貨

図48　スキュレスの銘がある金製指輪

ている（図47）（Karyshkovskiy 1987；Vinogradov 1989：106-107）。また、黒海西岸のギリシア植民市イストリアの近郊で指輪の楯にスキュレスの銘「ΣΚΥΛΕΩ」がある金製指輪発見された（図48）。イストリアはスキュレスの母の出身地であり、後に彼がオクタマサデス（Oktamasades）から逃れて逃げ込む都市であり、スキュレスと縁の深い土地である（ヘロドトス 4 巻80節）。環の部分には前 6 世紀末から 5 世紀初頭に比定される銘文「アルゴタスとともにあれと呼びかけよ（Κέλεοε Αργοταν πάρ | έναι）」があり、アルゴタス（Argotas）という人物に由来する指輪であり、後にスキュレスのもとで楯に銘が刻まれたものであった。イラン系民族では環は王権のシンボルであり、その授受は王権の委譲を意味する。イラン系であるスキタイにも同様なイデオロギーがあったとすれば、アルゴタスは王権のシンボルである金製指輪を次

図49 「EMINAKO」銘のある銀貨

代の王に渡し、それがスキュレスに渡ったということになる。スキュレスはアリアペイテスの子であるため、アルゴタスはスキュレスの祖父であろうと考えられている（Vinogradov 1980)。これらの史料からアルゴタス－アリアペイテス－スキュレスという系譜が判明する。しかし、アルゴタスと前代のイダンテュルソスの関係は不明である。

スキュレスはギリシア文化に心酔してオルビアでバッコスの祭祀に参加するなどしていた。前述のようにスキタイは外国文化を嫌う習慣があったため、スキュレスの異母兄弟であったトラキアのオドリュサイ王（Odrysai）テレス（Teres）の娘を母とするオクタマサデスがスキュレスに反旗を翻した。スキュレスはトラキア王のシタルケスのもとに逃げ込んだが、シタルケス（Sitalkes）とオクタマサデスとの交渉でスキュレスがオクタマサデスのもとに引き渡され殺害されたという（ヘロドトス4巻80節)。こうしてオクタマサデスはスキタイ王を継承した。

なお、ヘロドトスはスキティアの人口調査を試みたというアリアンタス（Ariantas）王についても伝えているが（ヘロドトス4巻81節)、その系譜を確定することは困難である。ヘロドトスがオルビアを訪問した時期がオクタマサデスあるいは次世代の王（オリコス Orikos？）の治世であるとすれば、アリアンタスはアルゴタス以前の王でなければならないが、イダンテュルソスとアルゴタスとの間の時期の王とみなす証拠もない。また、そのいずれかの王の時代の1区分を治める王であったとみなす可能性もないわけではないが、はっきりとしたことはわからない。こうして、前6世紀末頃から5世紀中葉の王の系譜はアルゴタス－アリアペイテス－スキュレス－オクタマサデスであることが判明した（表3)。

ヘロドトス以後のスキタイ王に関する史料は極めて断片的である。前5世紀後半には弓の弦を番えるヘラクレスの図像と「EMINAKO」という非ギリシア系の名前の銘が入った銀貨がオルビアから発行されている（図49)。これは史料に知られていないスキタイ王と推測されたが（Karyshkovskiy 1960；1988：49-50)、スキタイ王のオルビア駐在代官の名前であり、彼が発行

したものとみなす意見もある（Vinogradov 1989：106-107）。オルビア駐在の代官がスキタイ王をさしおいて自らの名前で貨幣を発行することができたのであろうかという疑問もあるが、スキタイ王の系譜に連なる人物であるという証拠もない。

図50　アテアス王の貨幣

　前5世紀後半から末（今日的には前400年頃とみなされる）の王墓とみなされるソローハ古墳から出土した銀製キュリクスに「ΛΥΚΟ」という銘文が見られ（Mantsevich 1987：35）、リュコスという王の存在が推定されている。同名の王が前述のイダンテュルソスの系図にもあるが、アレクセエフはリュコスという名前にスキュレスの異母兄弟オリコスとのアナロジーを想起しているが（Alekseev 1996：107）、推測の域を出ない。

　スキタイ文化の絶頂期である前4世紀には2人の王名が知られるのみである。1人はアテアス（Ateas）であり、もう1人はアガロス（Agaros）である。アテアスは植民市イストリアとの戦争に苦しんだため、マケドニア王フィリッポス（Philippus）2世に援助を依頼し、自分の養子にして自分の後継者にしようと約束したが、イストリア王が没して援軍が不要になったため、フィリッポスとの約束を反故にして逆に追い返そうとした。そのため、前339年にマケドニアと戦争になった。アテアスはこの戦争中に90歳以上で戦死したと伝えられた（ストラボン7巻3章18節；ポンペイウス・トログス9巻2節；Lycianus, Macrobioi, 10：Scythica et Caucasica, t. 1．546；原 1974：194-195）。したがって、アテアス王は前430年頃に生まれたということになり、前4世紀の長い期間にわたって王位にあったと推測できる。

　アテアスは黒海西岸のギリシア植民市カルラティス（Kallatis）から2種類の貨幣を発行した。最初の貨幣は前345年までに発行され、2番目は前345～339年に発行されたと比定されている。アテアスの貨幣には馬上から弓を射るスキタイ戦士の図と「ΑΤΑΙΑΣ」という銘が刻印されている（図50）（Gerasimov 1972；Anokhin 1973）。アテアスという名前は前1世紀のストラボン

によって書き残されたものであり、aiをeと発音するようになっていたその当時の綴字が反映されている。つまり、「アテアス」の前4世紀のギリシア名は「アタイアス (Ataias)」であった。

　もう一人のアガロスは前4世紀末に知られたスキタイ王である。クリミアのケルチ半島で発展したギリシア系国家ボスポロス (Bosporus) 王国で前4世紀後半の王パリュサデス (Parysades) 1世 (在位前347/6～311/10年) が亡くなると、長子サテュロス (Saturus) が王位を一応継承した。しかし、弟エウメロス (Eumelus) が王位に着こうとしてサテュロスに対して権力闘争を始めた。この権力闘争の中でギリシア、トラキア、スキタイの傭兵がサテュロス側につき、サルマタイの一種族シラケス (Sirakes) の王アリファルネス (Aripharnes) の軍隊やその他近隣の異民族がエウメロス側に援軍を送り、黒海北東岸の勢力が二分される戦いとなった。サテュロスが戦死すると末弟プリュタニス (Prytanis) が後継したが、エウメロスに敗北して王国の安定を保てず失脚した。エウメロスが権力を握るとサテュロスとプリュタニスの縁者を粛清した。唯一生き残ったサテュロスの子パリュサデスはウマで逃亡してスキタイ王アガロスに救いを求めたため、アガロスはパリュサデスを匿った (Diodorus, 20, 22-24)。しかし、その後のパリュサデスおよびアガロス王の動向は伝えられていない。

　今日までに残されているスキタイの黒海北岸草原支配時代の王名は以上の通りである。

（2）スキタイ国家の構造

　スキタイ王の系譜がいくらか判明したので、次はスキタイ国家の構造について検討してみよう。ダレイオス王によるペルシア軍のスキティア遠征の時点ではスキティアは3人の王がそれぞれの区分（部分）（μοῖρα モイラ）を統治していた。ヘロドトスはこのモイラという言葉をしばしば使用しているが、スキティアのモイラと同様な用例は例えばヘロドトス2巻147節にある。

　　エジプト人は王を上に戴かなくては片時も過ごせぬ国民であったので、彼らは自分からエジプト全土を十二に区分［μοῖρα］し、十二人の

王を樹てたのである。この十二王は互いに婚を通じ、さらに相互に犯すことなく、他より多きを望まず、緊密な友好関係を保つ、という協定を結んで統治した。

エジプトの12の部分ではそれぞれ王を立てて相互協定を結んで独立性を保っていたということは、スキティアの3区分（モイラ）で3人の王が各区を統治していたことと通じており、ヘロドトスは両者に同じような構造を認めていたことになる。ところが、前述のようにスキティアではイダンテュルソスが最大の部分を治めており、ペルシア王ダレイオスのからの書簡にもスキタイ代表として返答していることから（ヘロドトス4巻127節）、やはりイダンテュルソスはスキティアの大王であり、他の2王は一段低い王の地位にあったと考えられよう。

前述のようにイダンテュルソス治下の地区が起源伝説に登場する3王国のうちの最大の王国である。つまり、ヘロドトスは起源伝説上の王国（βασιλεια　バシレイア）と実際に知られていた部分（モイラ）を同じ意味合いで使用していたと考えられることから、最大の王国は後述する王族スキタイが居住する王領にあたると思われる。

スキタイと近隣の民族とによって対ペルシア軍事同盟が結成されると、スコパシスの軍隊は東のサウロマタイと行動を共にし、イダテュルソスとタクサキスが治める他の2区分の軍隊は合流して北のゲロノス（Geronos）人とブディノイ（Budinoi）と共に北に進んだ（ヘロドトス4巻120節）。スコパシスの支配した地域は東のサウロマタイに境を接すると考えることは容易である。とすればそれは後述の遊牧スキタイの住地と重なる。彼らは遊牧民である強みを生かしてスキティア3区分の中でもっとも機動性のある動きをした。

一方、タクサキスの支配地域についてははっきりしない。タクサキスは常にイダンテュルソスの軍隊と行動を共にして独自の軍事行動を行っていないことから、少なくともスコパシスの軍隊とはかなり違った軍隊の編成であったことが推定される。もし、タクサキスの支配地域がスコパシスとイダンテュルソスの区分より西側にあったとすれば、ドニェプル川左岸の農民スキタイあるいは右岸の農耕スキタイの住地（後述）と重なることになろう。もし、

そうであるならば、スキティアの3区分とスキティアの4部族（集団）とは対応関係があることになるが、史料の制約で実証することはできない。しかしながら、このような3区分を支配する王名が判明しているのはヘロドトスのこの箇所だけであり（ヘロドトス4巻120節）、その他の史料においてスキティアの3区分についての言及はない。したがって、3区分がその後も存続した制度であったかどうかは不明である。この点はスキタイ国家構造を研究する上で解決できない難問である。

それでは、バシレイア＝モイラ以外にどのような言葉で何等かの区分を表現しているのだろうか。ヘロドトスは次のように述べている。

> スキュティアの諸王国内の各地区［κατὰ νομοὺς ἑκάστοισι τῶν ἀρχήων］には、それぞれ次のようなアレスの聖所が設けられている（ヘロドトス4巻62節）。

ここで「諸王国」と訳されたギリシア語 ἀρχήιον（ἀρχεῖον アルケイオンのイオニア方言、属格形 ἀρχήων の単数主格形）はモイラと同義と解釈してよいのであろうか。両者の意味の差はヘロドトスの文脈からは判別できない。もし、モイラとは意味合いが異なっていたとすれば、それはモイラより下位レベルの区分とみなさざるをえないが、明らかではない。一方、この文脈ではアルケイオンより下位レベルに「地区（νομός ノモス）」があったことが明記されている。ノモス単位でアレスを祭る聖所が造られ、犠牲がささげられた。ノモスについてヘロドトスはさらに次のように言及した。

> 年に一度各区の長官はその管轄区で［ὁ νομάρχης ἕκαστος ἐν τῷ ἑωυτοῦ νομῷ］、水を割った酒の甕を用意し、スキュタイ人のうち戦場で敵を打ちとった手柄のあるものだけがこの酒を飲む。そのような武功のないものはこの酒を飲むことが許されず、恥辱を忍んで離れた席に坐っている。スキュタイ人にはこれが最大の汚辱なのである（ヘロドトス4巻66節）。

ここで使用された「管轄区（νομός ノモス）」とは本来は牧地を意味する言葉である。そして、ノモスを治める長が νομάρχης（ノマルケース）である。ノモスはアケメネス朝ペルシアの行政組織であったサトラペース（σατράπης）と同義で用いられたこともあったが、スキティアのノモスがそのような広域な行政組織を意味していたとはとても考えられず、もっと限られた区域であったとみなされる。ノモスの長ノマルケースは支配下の戦士の武功を讃えて酒を振舞い、戦士の士気を挙げ、またアレスを祭る聖所を造り犠牲をささげて地域社会を統率していた。その点で古代エジプトのノモス（古谷野 2003）と共通点があるかもしれない。

こうして、スキティアにはバシレイア＝モイラ≧アルケイオン＞ノモスという統治区分と、大王、王、ノマルケース、一般の戦士という階層構造があったことが判明する。

さらに、スキタイ王を取り巻く親衛隊あるいは警護組織があったことについてヘロドトスの文脈から読み取ることができる。ヘロドトスはスキタイ王の埋葬儀礼について詳しく伝えている（ヘロドトス4巻71〜72節：後述）。その中で王の一周忌の儀礼として古墳周囲に50名の選りすぐりの「ἐπιτηδεοτάτοι エピテデオタトイ」を人身供養して配置したと述べた。エピテデオタトイとはおそらく王直属の親しい家臣であり、王の警護に当っていた親衛隊のようなものではなかろうか。前述のスキタイ王スキュレスのエピソードでは、王はオルビアの町では「親衛隊（δορυφόροι ドリュフォロイ）はおろか一人も従えずに」歩き回っていたという（ヘロドトス4巻78節）。「エピテデオタトイ」とこの「ドリュフォロイ」とが同様な役割を果たしていたと考えられないだろうか。ヘロドトスは「ドリュフォロイ」をペルシア王の親衛隊としてしばしば使用しており、王を警護する部隊を指していた（例えば、ヘロドトス1巻89〜90、98節）。すなわち、スキタイ王はスキティアの各地方を組織的に統治し、さらに王自身の安全を確保するための警護組織を備えていたとみなすことができよう。

（3）ギリシア植民市との関係

スキタイ王は黒海北岸にギリシア人によって建設された植民市にも支配を

及ぼすようになっていった。前述のように前5世紀の王アリアペイテスはギリシア植民市オルビアに代官を置いてオルビアを統治した。王位を継いだスキュレスはそこに邸宅を構えギリシア風の生活を送った。ヴィノグラードフはこのような統治を「スキタイのプロテクトラート（protectorat）」（保護統治）であるとして考えた（Vinogradov 1989：90-91）。一方、藤縄謙三はスキタイ王がオルビアに一種の宗主権を有していたとみなしている（藤縄 1989：217）。すなわち、スキタイ王はスキティア全体を支配する中で、オルビア統治にあたってはなんらかの自治権を認めた上での支配であった。ギリシア植民市支配によってスキタイ王は貨幣を発行して内外に権威を示した。このような統治体制は前3世紀以降の小スキティア時代まで存続したと考えられる。

　スキタイはオルビア以外にもケルチ半島のボスポロス王国やその他のギリシア植民市となんらかの利害関係をもっていたと考えられる。ボスポロス王国はオルビアとは異なって前4世紀後半には領土を拡大して周辺部族を併合して独自の王国を建設していたことが当時建立された碑文で繰り返し表現された「ボスポロスとテオドシアのアルコンにして、シンドイ・トレタイ・ダンダリオイ・プセッソイのバシレウスたるレウコン」という常套句によって判明している（清水 2003：74）。つまり、ボスポロス王国は北西カフカスのクバン川流域に発達したシンドイ（Sindoi）等も支配していた。その点は前述のパリュサデス1世死後のボスポロス王位をめぐる権力闘争の事件によってもクバン川流域地方との関係は明瞭であり、そこにはサルマタイのシラケス族との密接な関係があった。その一方でスキタイ王アガロスが粛清を逃れたサテュロスの子パリュサデスを匿ったことで、スキタイ王がボスポロス王国に対して厳然とした勢力を保っていたことを明らかにしている。しかし、具体的にどのような政治的な関係をもっていたのかははっきりしていない。

　以上のようにスキタイによる黒海北岸および周辺地域への支配権の拡大とスキティア内部の国家構造について幾分なりとも明らかにできたのではなかろうか。スキタイ国家の政治的社会的な構造とスキタイ王の警護組織、そしてギリシア植民市との関わりについて述べたが、スキタイ国家が単なる部族集団というよりさらに発展した国家組織をもっていたといえよう。

（4） スキタイ起源神話と王権神授の図像

a. スキタイ起源神話

古代ギリシア・ローマ時代を通じてスキタイ起源神話についてはおよそ5種類の記録が残されている（表4）(Raevskiy 1977：40-43)。

A　ヘロドトス第一説（ヘロドトス4巻5～7節）

B　ヘロドトス第二説（ヘロドトス4巻8～10節）

C　ウァレリウス・フラックス（Argonautica, VI, 48-68）

D　ディオドロス（ディオドロス2巻43節）

E　ローマに由来するギリシア語碑文（Inscriptiones Graecae, vol. XIV, No.1293, A, 94-97）

Aはヘロドトスによればスキタイが語ることろの説であり（ヘロドトス4巻5節）、これら5説の中では最もスキタイの原型に近いと考えられるものである。しかし、それはスキタイが黒海北岸草原地帯を征服して支配者となったことを正当化する説であることは明らかである（林 2007：70-71）。Bについては黒海に住むギリシア人が伝えているものであるため（ヘロドトス4巻8節）、登場人物がギリシア風に置き換えられている。しかし、本来のスキタイ神話の要素を強く残していたとみなされている（Raevskiy 1977：21；林 2007：73）。Cについては、金羊毛を求めてコルキスに航海したイアソンたちの英雄譚のローマ時代の詩文であり、ユピテルの子供あるいは子孫であるコラクセス（Kolaxes）に関する伝承として歌われた一説である。ここではラエフスキーの説に依拠することにしたい（Raevskiy 1977：41-42）。一方、Dでは英雄スキュテス（Skythes）の子孫の優れた2人の兄弟が王国を2分して統治し、そこから2部族が起源したというユニークな内容である。Eはヘラクレスの功業を顕彰した碑文の一部に記録されたもので、アラクセス川の娘のエキドナと交わり、アガテュルソス（Agathyrsos）とスキュテスが誕生したことを伝えている。Dと同様に2兄弟であるが、それらの名称はBに登場しており、全体としてはBから派生した説話であると考えられよう。

これらの神話では、民族の始祖をゼウス（スキタイのパパイオス Papaios）あるいはユピテルという大神に求め、それからタルギタオス（Targitaos）ある

表4　スキタイ起源神話

	A	B	C	D	E
I	ゼウス＝ボリュステネス川の娘	ゼウス	ユピテル＝下半身が獣身で2匹の蛇身を有するニンフ（ホラエ）	ゼウス＝大地の生んだ蛇身の娘	ゼウス
II	タルギタオス	ヘラクレス＝洞窟に住む足が蛇形の娘	?	スキュテス	ヘラクレス＝アラクセス川の娘エキドナ
IIIa	リポクサイス／アルポクサイス／コラクサイス	アガテュルソス／ゲロノス／スキュテス	（アプレス）アウクス／T アダブス／コラクセス	パロス／ナペス	アガテュルソス／スキュテス
IIIb	アウカタイ／カティアロイ／トラスピエス／パララタイ	アガテュルソイ／ゲロノイ／スキュタイ		パロイ／ナパイ	アガテュルソイ／スキュタイ
IV	スキタイ王国				

いはヘラクレスという英雄が登場する。ただし、Cでは英雄は言及されていないが、コラクセス自身が英雄であるという解釈もある。また、Dでは英雄はスキュテスであり、他の説と世代が異なる。

　そして、A・Bでは3人兄弟の末子が神あるいは英雄から課せられた試練を克服して賜物を得ることで王権を獲得してスキタイ最初の王となることが共通している。C～Eではこのような試練や賜物については言及されていないが、AとCがコラクサイス（コラクセス）らの兄弟が誕生する点が類似し、BとEがヘラクレスからスキュテスらの兄弟が誕生する点が類似している。

　さらに、Aでは3兄弟からスキタイの4族（アウカタイAukhatai、カティアロイKatiaroi、トラスピエスTraspies、パララタイ）が派生し、パララタイ族がスキタイ（スコロトイSkolotoi）の支配氏族となったことが説明された。バンヴェニスト（Benveniste, E.）は、これらスキタイの4氏族と後述の4部族を対応させようとして、アウカタイ＝農耕スキタイ、カティアロイ＝農民スキタイ、トラスピエス＝遊牧スキタイ、パララタイ＝王族スキタイとみなし、それぞれの語源を探ろうとした（吉田 1972：5-6）。

Bではヘロドトスが言及したスキティア周辺の民族であるアガテュルソイ、ゲロノイとスキタイの起源として説明している点が興味深い。後述のようにアガテュルソイはスキタイに敵意を抱いていた。一方、Dは独自であり、ナペス（Napes）からナパイ（Napai）族、パロス（Paros）からパロイ（Paroi）族という部族の起源を伝えている。後述の小スキティアでは王パラコスと城塞パラキオン（Parakion）という名称が伝えられており、なんらかの関係が想起される。ディオドロスはボスポロス王国の著述に際して他では知られていない史料を利用していたことから、クリミアの小スキティアで伝えられた神話についても独自の情報を得ていたものと考えられる。

　これらの神話はいずれもスキタイの祖先が大神であり、英雄を通じて正統な王権を末子が授かり最初の王となり、王から王族あるいはスキタイ自体が派生したことを語っている。それは王族あるいはスキタイだけが神から王権が認められたことの表明であり、他の諸部族や民族を奴隷とみなして支配する正統性の主張であったと考えられる。したがって、支配部族・氏族が交代すれば神話の内容も当然変化したはずである。上記の建国神話はその変化の一部が記録されたものであり、今日まで伝えられたエピソードが唯一絶対的な意味を持つものではないことは当然である。ラエフスキーは、上述の王権神授がスキティアで語られた神話の一部を成すものであったとみなしている（Raevskiy 1977: 174-177）。

b. スキタイの金器

　建国神話のAでは王権神授の証しである金器が言及されている。ゼウスによって天から「犂と軛、闘斧、盃（ἀροτρόν τε καὶ ζυγὸν καὶ σάγαριν καὶ φιάλην）という金製品（χρύσεα ποιήματα 複数形）」が落された（ヘロドトス4巻5節）。長子リポクサイスと次子アルポクサイスがそれらを取ろうとしてそれらは火が燃え盛りいずれも失敗するが、末子コラクサイスが行うと火は消えてそれらを入手することができた。このような試練を克服したことでコラクサイスが初代のスキタイ王となった。やがて、コラクサイスは国土を3分割して息子たちに分け与えた。そこからスキタイ王族であるパパラタイ族が派生したという（ヘロドトス4巻6節）。そして、最も大きな面積を占めた部分に「かの聖なる金を（τὸν δὲ χρυσὸν τοῦτον τὸν ἱρὸν 単数形）」保管さ

図51　ケレルメス1号墳（シュリッツ発掘）出土の金製碗

図52　ケレルメス1号墳（シュリッツ発掘）出土の金装鉄製斧

せた（ヘロドトス4巻7節）。この「金」は単数形であるが、前記の「犂と軛、闘斧、盃という金製品」を意味しているはずである。歴代の王はこの聖なる金器を大切に保管したという。

　印欧比較神話学では、これら三種の神器は「犂と軛」が農民、「闘斧」が戦士、「盃」が神官階級の職能を示すもので、それらの機能は神話上のスキタイ4部族との対応が見出せ、印欧語族神話の三機能論に合致すると評価されている（吉田 1972；デュメジル 2001：296-298）。それが正しければ、イラン系のスキタイはこのような三種の金器（神器）伝説を黒海北岸草原に登場する以前からもっていたことになるが、「犂と軛」は遊牧民であるスキタイには似つかわしくないとして疑問視されている（林 1996：42）。藤縄謙三もその一人であり、次のように述べ、このような金器がスキタイ本来のものではないと判断している。

その三種類の利器は、必ずしもスキタイ人の本質を正しく表現したものではないのである。(中略) 一部のスキタイ人が素朴な農耕に従事していたに過ぎないのに、王家は「三種の神器」の筆頭に農耕具 (犂と軛) を掲げていたのである。それはスキタイ人にとって決して本質的な象徴ではなく、むしろ珍奇な文明の利器であったために、王家の宝物として扱われたのだと考えざるを得ない (藤縄 1989：220)。

　これらの金器を文明の利器として受け入れたと思われる発見例は、前述のケレルメス 1 号墳 (シュリツ発掘) である。この墓では西アジアで製作された内側と外側が別々に金製で製作され接合された金製碗 (外側容器は菱形文が突出し、内側容器には鳥と動物の文様が表現されている、高さ7.8cm、口縁直径15.7cm) (図51) と動物文様が表現された金製装飾板で装飾された鉄製斧 (柄の全長72cm、斧の長さ22.5cm) が同時に副葬されていた (Galanina 1997: Tabl.2, Tabl.10-11) (図52)。これは両者が一緒に発見された最古の例であろう。両者は共に西アジア起源の動物文様で装飾されていた。斧にはスキタイに特徴的な鹿文様が表現されているが、その他の動物文様はジヴィエの金製品にも見られるものである (Ghirshman 1963：112, Fig. 147)。また、ケレルメス・シュリツ発掘 1 号墳出土の剣鞘の金製装飾板にも動物文様や装飾文様が見られるが (Galanina 1997：Tabl. 8 - 9 ; Piotrovsky 1986：33-35)、それらはウラルトゥ美術の影響を強く受けているものである (Chernenko 1980：22-24)。西アジアの工人によって製作された金器のセットがスキタイにとって権威を高めるのに重要であったと考えられよう。黄金の盃あるいは杯はその後も多数発見されているが、金製装飾板で荘厳された斧はスキタイ文化では類例を見ない。
　盃についてはまたヘロドトスはスキタイ王の副葬品を記述している中で金盃について言及している。

　　墓中に広く空いている部分には、(中略) 万般の品々から選びだした一部と黄金の盃 [φιάλας χρυσέας] も一緒に埋める。盃は銀製のものも青銅製のものも一切用いない (ヘロドトス 4 巻71節)。

実際、前 7 世紀以降のスキタイの大規模古墳からは金製、エレクトラム

（金銀合金）製、銀鍍金製のフィアラ盃や、両耳杯、アリュバッロス型杯、リュトンなどが多数出土している。例えば、上述のケレルメス・シュリツ1号墳の他にケレルメス・シュリツ3号墳出土の西アジアの動物モチーフが表現された銀製（一部金製）角杯形リュトン（Galanina 1997：228-229, Tabl. 35-39）、前5世紀のブラトリュボフスキー（Bratalyubovskiy）古墳出土の6個の馬頭部を放射状に配置した金製フィアラ盃（図53）（高浜, 林, 雪嶋 1992：64）、クバン川下流の前5世紀のセミ・ブラチエフ（Sem' brat'ev）古墳出土の下端が雄の山岳ヤギとなる銀製角杯形リュトン（Artamonov 1969：117, 119）と形がライオン頭部となる金製角杯形リュトン（Piotrovsky 1986：110-111）、ドニェプル川下流左岸の前4世紀初めのソローハ古墳から出土したスキタイ騎馬戦士のライオン狩りを表現した銀鍍金製両耳杯（Piotrovsky 1986：157-160）と動物闘争文を表現した金製フィアラ盃（Piotrovsky 1986：162-163）、ガイマノヴァ・モギーラ（Gaimanova Mogila）出土のスキタイ神話の一齣でスキタイ戦士の対話場面とみなされた銀鍍金製両耳杯（図69）（Piotrovsky 1986：166-170）、ボロネジ近郊のチャストィエ（Chastye）古墳群3号墳出土のスキタイ神話の場面を表現したとみなされる銀鍍金製アリュバッロス型杯（図68）（Piotrovsky 1986：166-170）、ケルチ半島のクリ=オバ古墳出土のスキタイ神話の場面を表現したとみなされるエレクトラム製アリュバッロス型杯（図67）（Piotrovsky 1986：184-187）、同古墳出土の動物闘争文を表現する銀鍍金製アリュバッロス型杯2点（Piotrovsky 1986：188-195）とメデューサなどが表現された金製フィアラ盃（Piotrovsky 1986：164-165）、前4世紀後半のチェルトムルィク古墳出土のウマの調教場面を表現した銀鍍金製アンフォラ型リュトン（Piotrovsky 1986：265-268）など枚挙に暇がない。

　建国神話のBでは王権神授のための試練として弓と帯が登場する。ヘラクレスは子種を授けた上半身が女で下半身が蛇の姿をしたエキドナに、やがて誕生する子供たちが成人した時に与える試練のために、二張もっていた弓のうちの一張と「弓と共に留具の先端に金盃の付いた帯」（ヘロドトス4巻10節）（抽訳）を残していった。成人した長子アガテュルソスと次子ゲロノスは弓を引き、帯を締める試練を果たせなかったために母親から国を追われた。しかし、末子スキュテスは試練を克服したため国に留まりスキタイ王権を授か

り、スキタイ王族の開祖となった。それ故スキタイは帯に盃をつける風習があるという（ヘロドトス4巻10節）。このような金盃の類例としては、ブラトリュボフスキー古墳から出土した金製盃の側面には小さな環が取付けられており、懸垂用であると判断されている（図53）（高浜，林，雪嶋 1992：64）。

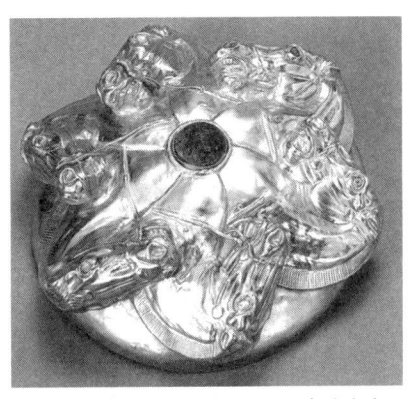

図53 ブラトリュボフスキー古墳出土の金製盃

もし、スキタイが初期遊牧文化を携えて東方から黒海地方へ移動してこのような金器についてももたらしたならば、同様な儀礼が中央ユーラシアの東部・中央部の草原でも古くから見出されるはずである。最近発掘され前7世紀末に編年されたトゥバのアルジャン2号墳5号墓（林 2007：118-120；Menghin, Parzinger, Nagler and Nawroth 2007：83-84）からは、底部に金製鎖が取り付けられた金製杯（鋬？）ミニアチュール（高さ3.6㎝）や金製柄が付いた木器（高さ5.7㎝）が出土している（Menghin, Parzinger, Nagler and Nawroth 2007：72, 80）（図54）。これらは中央ユーラシア東部でも早くから金製容器が使用されていたことを証明している。特に、金製容器に鎖がついていたことは、この容器が懸垂されていたことを物語っており、前述の盃を帯につけるスキタイの風習との関係を推測させる。また、木製容器の表面を金製板で装飾することはドニェプル川中流域で前6世紀から知られている。例えば、マトゥソフ（Matusov）村で発掘されたレピャホヴァタヤ・モギーラ（Repyakhovataya Mogila）2号墓で木製容器の口縁部に取り付けられていた無文の金製板が発見されている（Il'inskaya, Mozolevskiy and Terenozhkin 1980：53）。前5世紀以降はこのような木製容器の金製装飾板がしばしば発見されており、表面には鹿や動物の一部あるいは動物闘争文などが表現されるようになった（Murzin 1984：22-24；Piotrovsky 1986：Fig. 99-101, 106-108）（図55）。

筆者はアルジャン2号墳のような発見例がこれまで知られていなかったことを理由に、金盃の儀礼については中央ユーラシア草原東部からの伝播につ

図54　アルジャン2号墳出土の金製杯ミニアチュールと金製柄付き木器

図55　アク=メチェト（Ak-Mechet）古墳出土の木器の柄を覆うグリフィン頭部を象った金製装飾板

いて否定的であった（雪嶋 2003：40）。しかし、アルジャン2号墳が前7世紀末に編年されており、金盃に施された動物文様が草原地帯に特徴的なものであることから、この金器が西アジア文明圏からの搬入品でなく、草原文化の所産であることが確実であるため、金盃が東方から黒海北岸にもたらされた文化の一部であったことが明らかになった（Kisel' 2007）。したがって、金盃については藤縄が指摘する文明の新しい利器の一つとみなすことはできない。

　さらに、スキタイの古墳からは建国神話のBで語られるヘラクレスの弓の試練と関連するとみなされる貴金属製装飾板で飾られた箙あるいはゴリュトス（弓と矢をいっしょに収納するケース）が発見されている。ちなみに、スキタイで最も普及した武器は弓矢であり、矢を納める箙やゴリュトスはスキタイ戦士には欠かせない武具であった。

　例えば、前7世紀後半のケレルメス・シュリツ4号墳出土の鹿文様が一面に表現された箙の金製装飾板（40.5×22.2㎝）が知られている（図56）（Galanina 1997：Tabl. 5, 51）。飾板四辺の縁には孔が開けられており、箙に縫い付けられていたと判断できる。前5世紀に編年される森林草原地帯のアクシュティンツィ（Aksyutintsy, Aksyutyns'ki）村2号墳出土の蹲る鹿が表現された金製飾

（4）スキタイ起源神話と王権神授の図像 151

図58 ゾロトイ古墳出土のゴリュトスを装飾した青銅製ライオン像

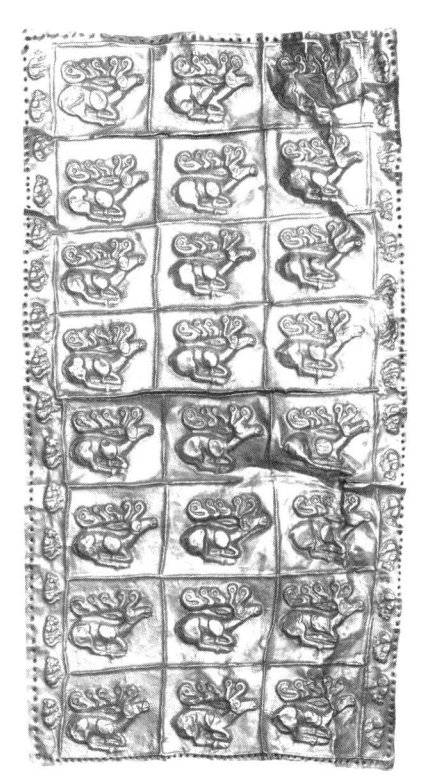

図56 ケレルメス4号墳（シュリツ発掘）出土の箙の金製装飾板

図59 イリイチェヴォ1号墳出土の箙の金製装飾板

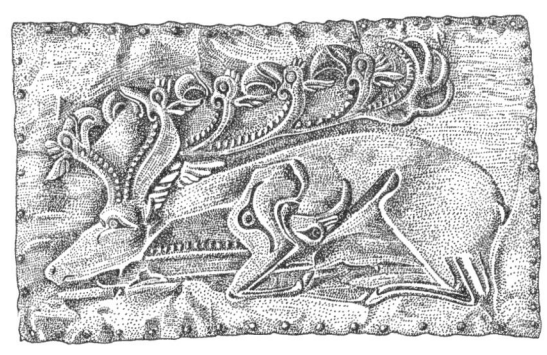

図57 アクシュティンツィ2号墳出土のゴリュトス金製装飾板

板(24×14cm)はゴリュトスの装飾であったとみなされている。四辺に一列の孔があり、いくつかの金製釘が残存していることから、ゴリュトスの台に釘で固定されていたことがわかる(図57)(Chernenko 1981：48-49)。同時代のクリミアのゾロトイ(Zolotoy)古墳からは、両端にワシとグリフィン頭部が表現された金製飾板がつく帯が出土しているが、同時に銀製飾板と青銅製で金製板が胴部に巻かれたライオン像で装飾された箙あるいはゴリュトスが発見された(図58)(Chernenko 1981：48-49)。さらに、ケルチ半島のイリイチェヴォ(Il'ichevo)村1号墳からはシカにヒョウ・猛禽・蛇が襲い掛かる動物闘争文が表現された箙あるいはゴリュトスの金製装飾板が出土している(図59)(Chernenko 1981：49-50)。前5世紀末に編年されたドニェプル川下流域のアルハンゲリスカヤ・スロボダ(Arkhangel'skaya sloboda)村5号墳では3点のゴリュトスが出土し、そのうち1点には動物文様の金製飾板が取りつけられていた(図60)(Chernenko 1981：55-56；高浜,林,雪嶋 1992：51)。

　前4世紀に至ると大規模な王族・貴族の古墳がドニェプル川下流域に造営され、多くの古墳には金製・銀製の装飾板で荘厳されたゴリュトスが副葬されていた。それらの中で特に興味深いゴリュトスは、前代のように方形や動物形の飾板をゴリュトスの一部に固定して装飾するものではなく、ゴリュトス全体をすっぽりと覆う一体型の貴金属製の装飾板である。それらの例とし

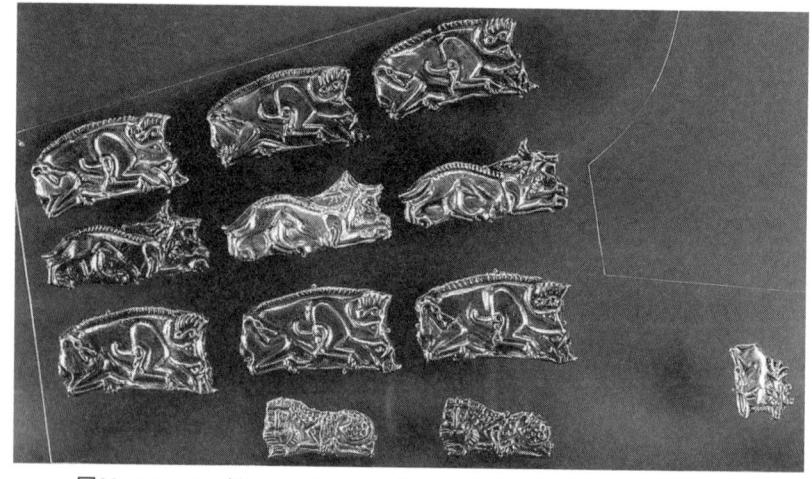

図60　アルハンゲリスカヤ・スロボダ5号墳出土のゴリュトス金製飾板

図61 ソローハ古墳出土のゴリュトス銀製装飾板

図62 チェルトムルィク古墳出土のゴリュトス金製装飾板

ては、ソローハ古墳出土の2組のスキタイ戦士が戦う図像が打ち出されたゴリュトスの銀製装飾板(一部が金製薄板で覆われていた)(図61)、チェルトムルィク古墳などで発見されたギリシア神話の英雄アキレスの生涯をフリーズ風に表現したゴリュトスの金製装飾板(いわゆる「チェルトムルィク・シリーズ」)(図62)、北カフカスのカラゴデウアシュフ(Karagodeuashkh)古墳出土の銀製飾板断片(図63)、クリミア半島シンフェローポリ近郊のミールノエ(Mirnoe)古墳(旧称パスタカ Pastakaあるいはドルト゠オバ Dort-obo)出土の猛禽やグリフィ

154　VI　第二スキタイ国家：黒海北岸草原の支配

図63　カラゴデウアシュフ発見のゴリュトス銀製装飾板断片

図64　ミールノエ古墳出土のゴリュトス金製装飾板

図65 メリトーポリ古墳2号墓の掘り込みの遺物出土状況

図66 メリトーポリ古墳2号墓出土のゴリュトス金製装飾板

ンが表現されたゴリュトスの金製装飾板（図64）などがある。前3者は写実的な人物表現から判断してギリシア工人の製作であるが、最後の例は猛禽とグリフィンが表現されたもので前者とは作風が明らかに異なるものである。チェルネンコはこのような前4世紀のゴリュトスを「儀式用ゴリュトス（парадные гориты）」と名付けている（Chernenko 1981：63）。

　これらのゴリュトスの装飾板の中で、「チェルトムルィク・シリーズ」は同じ母型（マトリックス）から打ち出されたものが4点発見されており以前

から注目されている資料である。それらは前4世紀後半に編年されるチェルトムルィク古墳、メリトーポリ古墳、イリインツィ（Il'intsy）村古墳、ドン川下流のエリザヴェトフスカヤ（Elizavetovskaya）村ピャチ・ブラーチエフ（Pyat' brat'ev）古墳から出土したものである。

　これらの中でとりわけ注目される出土状況はメリトーポリ古墳である。古墳には2基の墓壙が造られていた。1号墓は古墳主体部で7mの深さの竪穴底部から南東側に造られた横穴墓、2号墓は1号墓の南側に地下式横穴で造られた追葬墓で、深さ12mの竪坑底部から西側に横穴墓が1段掘り込まれて造られていた。墓では幼児の埋葬とウマ・牡ヒツジの陪葬が認められた。2号墓では床面を掘り込んで造られた隠し穴（掘り込み）が検出され、中からゴリュトス金製装飾板（47×25cm）、ゴリュトスに入っていた鏃約70点（矢柄が残存していた）、後述の王権神授の図が表現された方形の金製飾板（3.7×3.5cm）51点、青銅製帯（長さ92cm、幅5cm）が発見された（図65）。ゴリュトス本体は木製で、金製装飾板がそれをすっぽりと覆っていた。装飾板は木部に金製の釘で固定されていた。木質部は腐敗していたが、木部には彫刻されたアラバスターが付着しており、装飾板を支持していたものと考えられている（Terenozhkin and Mozolevskiy 1988：121-122）。図像はアキレスの生涯をフリーズ風に2段にわたって描いたもので、その上部の区画は動物闘争文、下部の区画2段は植物文が施され、下部から右側に方形に突出する先端部には1頭のヒョウを2頭のグリフィンが前後から襲う動物闘争が表現されている（図66）。これらの図像はまったくのギリシア風ではなく黒海北岸のバルバロイの好みが反映されたもので、特にアキレスの題材はこの地方で前4世紀に流行したアキレス儀礼との関係が指摘されている（Onayko 1970：28；Chernenko 1981：86）。

　メリトーポリ古墳の出土状況で強調しておきたいのはゴリュトスが青銅製帯とともに特別に造られた穴に納められていたことである。そのことは、上述のヘラクレスの弓と帯の儀礼となんらかの関係があると思われる。さらに、王権神授の場面を表現した金製飾板は、ここにはそれらが縫い付けられた衣服も納められていたことを示すものであり、ヘラクレスの儀礼と王権神授のイデオロギーが一連のものであることを明らかにしている。なお、チェルネ

（4）スキタイ起源神話と王権神授の図像　157

図67　クリ＝オバ出土のエレクトラム製アリュバッロス型杯

図68　チャストィエ3号墳出土の銀鍍金製アリュバッロス型杯

図67に打ち出された図像

図68に打ち出された図像

図69　ガイマノヴァ・モギーラ出土の銀鍍金製両耳杯

図69に打ち出された図像

ンコは金製飾板についてはベルトの一部と判断したが（Chernenko 1981：77）、同じ飾板が発見された他の古墳の例が示すようにこれらは衣服の飾板である（Alekseev, Murzin and Rolle 1991：114）。

　以上のように、建国神話中に登場した試練の神器の中で「犂と軛」以外はスキタイが元々中央ユーラシア草原東部からもたらしたものである。「犂と軛」がそこに含まれたことは、スキタイが定住農耕地帯を包含した黒海北岸を征服したことを示しており、まさに第二スキタイ国家の成立を象徴するものと考えることができよう。

　c. 王権神授の図像

　前5世紀中葉にヘロドトスによって記録されたスキタイの建国神話に描かれた王権神授のイデオロギーは具体的な図像として金製品に表現された。前5世紀末以降スキタイ古墳からスキタイ人物像を写実的に表現した貴金属製

品が多数出土している。中でも、上述のクリ＝オバ出土の金銀合金（エレクトラム）製アリュバッロス型杯（図67）、チャストィエ古墳群3号墳出土の銀鍍金製アリュバッロス型杯（図68）、ガイマノヴァ・モギーラ出土の銀鍍金製両耳杯に打ち出されたフリーズ風の図像（図69）には3人の息子たちが弓の試練を受け、末子が成功して王権の象徴たる弓を授けられるという上記Bの神話の場面が表現されているとラエフスキーによって解釈された（Raevskiy 1977：30-39）。とりわけ、チャストィエ古墳群3号墳のアリュバッロス型杯では弓を一張納めたゴリュトスを腰に着けた有髭の戦士が無髭の若者にもう一張の弓を差し出す場面が表現されている。また、アテアスの貨幣に刻印されたスキタイの騎馬戦士にも弓が見られる。彼は馬上で弓を引いているが、もう一張の弓をゴリュトスに納めているようであり（図50）、二張の弓をもっていた起源神話上のヘラクレスを想起させる。

　ラエフスキーはまたソローハ古墳出土の金製櫛に表現された騎馬人物とその従者と戦う徒歩のスキタイ戦士の図、そしてチェルトムルィク古墳出土の銀鍍金製アンフォラ型リュトンに表現されたウマの調教場面もスキタイ神話の一部であると考えた（Raevskiy 1977：116-117）。

　王権神授の場面とみなされる玉座に着く女神と対面するスキタイ戦士の図像がある。サフノフカ村古墳出土の金製ディアデム（図70）が最もよく示し

図70　サフノフカ古墳出土の金製ディアデム

図71　ノサキ古墳出土の王権神授の場面を表現する金製飾板

ている。サフノフカ村出土のディアデムの図像は、玉座に着き壺と鏡を持つ女神と跪いて王笏と角杯を持つスキタイ戦士が中央で対面し、女神の後ろには団扇を持つ若者と義兄弟の契りを結ぶ2人のスキタイがおり、跪くスキタイ戦士の後ろには竪琴を奏でる人物とアンフォラから酒を注ぐ2人の若者が表されている。

また、前4世紀のスキティアで最も流行した王権神授の場面の表現は、クリ゠オバ古墳、チェルトムルィク古墳、メリトーポリ古墳（上述）、ノサキ（Nosaki）古墳、オグーズ（Oguz）古墳の追葬墓、第1モルドヴィンスキー（Moldovinskiy）古墳、ヴェルフニイ・ロガチク（Verkhniy Rogachik）古墳などの大規模な墓から出土した衣服に縫い付けられた金製方形飾板である（図71）。金製方形飾板の図像では、玉座に着く女神は左手に持った柄鏡を前に出しており、女神の前のスキタイ戦士は右膝をやや曲げて角杯から酒を飲んでいる。サフノフカの中央の図像を簡略に表現したものとみなすことができる。ラエフスキーは、これらの図像をヘロドトスが記録したスキタイのパンテオン（ヘロドトス4巻59節）の中でスキタイが最も尊崇した女神タビティ（Tabiti）（ギリシアではヘスティア）と最初の王コラクサイスとの聖婚の場面と解釈し、聖婚を通じて王権を拝領するのだという（Raevskiy 1977：96-98）。一方、ベッソノヴァ（Bessonova, S.S.）はこのような図像のオリジンを前5～4世紀にギリシア世界で表現された鏡をもって坐るアフロディーテの図である

とみなし、女神タビティではなくアルギンパサ（Arginpasa）（ギリシアではウラニア・アフロディーテー）であろうと考えた（Bessonova 1983：98）。

　王権神授は王族スキタイにとっては重要な国家存立のためのイデオロギーであり、政治的支配原理であったと考えられる。それが他のスキタイを自分たちの奴隷とみなし（ヘロドトス4巻20節）、他の部族集団を支配する正統な理由であった。このような王権神授の図像が前5世紀末以降盛んに作られるようになった背景には、アテアスがスキタイ王権を簒奪したため、自らの王位を正統化する狙いがあったのではないかと考えられている（Grakov 1954：21）。しかし、前5世紀後半以降グレコ＝スキタイ美術による人物表現が確立して、スキタイ王族・貴族の間で当時の起源神話を表現した図像が流行したと考えれば、アテアスの政治的プロパガンダとだけ考えるわけにはいかないであろう。むしろ、スキタイ王国の繁栄を謳歌していると考えるほうが実際的ではなかろうか。

（5）スキティアの諸部族

　ヘロドトスはスキティアに居住する民族・部族を詳しく語っており、スキタイ国家の構造を知る上で貴重な資料である。これらの記述はヘロドトスがオルビアを訪問した前5世紀中葉の事情を反映しているが、スキタイが黒海北岸地方の支配を確立した前6世紀にもあてはまると考えられる。遅くともペルシア王ダレイオスによるスキタイ遠征後の時代にはスキティアでは以下のような住民がそれぞれの地域に居住していたとみなされよう。

　ここで確認しておかなければならないのが、ヘロドトスが伝えるスキティアを流れる河川（ヘロドトス4巻47〜57節）が現代のどの川を指しているかということである。ルイバコフがそれらについて論証しているので、彼の説をここでまとめてみよう（Rybakov 1979：26-62）（巻末付図3）。

　　イストロス（Istros）川（ヘロドトス4巻48節）＝ドナウ（Donau）川
　　ポラタ（Porata）あるいはピュレトス（Pyretos）川（ヘロドトス4巻48節）＝
　　　プルート（Prut）川
　　ティアラントス（Tiarantos）川（ヘロドトス4巻48節）＝ドナウ川支流シレート（Siret）川

オルデッソス（Ordessos）川（ヘロドトス4巻48節）＝ドナウ川支流アルディチ（Ard'ich）川

テュラス（Tyras, Tyres）川（ヘロドトス4巻51節）＝ドニェストル（Dnestr）川

ヒュパニス（Hypanis）川（ヘロドトス4巻52節）＝南ブグ（Yuzhnyi Bug）川

ボリュステネス（Borysthenes）川（ヘロドトス4巻53節）＝ドニェプル（Dnepr）川

パンティカペス（Pantikapes）川（ヘロドトス4巻54節）＝ドニェプル川支流ヴォルスクラ（Volskla）川

ヒュパキュリス（Hypakyris）川（ヘロドトス4巻55節）＝ドニェプル川支流コンカ（Konka）川

ゲッロス（Gerros）川（ヘロドトス4巻56節）＝モロチュナヤ（Molochnaya）川

タナイス（Tanais）川（ヘロドトス4巻57節）＝ドン（Don）川＋セヴェルスキー・ドニェツ（Severskiy Donets）川

リュコス（Lykos）川（ヘロドトス4巻123節）＝オビトチュナヤ（Obitochnaya）川

オアロス（Oaros）川（ヘロドトス4巻123節）＝コルサク（Korsak）川

シュルギス（Syrgis）川あるいはヒュルギス川（ヘロドトス4巻123・57節）＝ドン川支流チル（Chir）川

これらの河川の同定に基づいてスキティアの諸族の居住地を考えてみよう。ヘロドトスは先ずボリュステネス川までの諸族について言及している。

　ボリュステネス河畔の住民たちの通商地を起点とすれば（中略）まずカリピダイというギリシア系スキュタイ人が住んでおり、その向こうにはアリゾネスという名の民族が住む。このアリゾネス人もカリピダイ人も、大体においてスキュタイ人とその風俗習慣を同じくするが、ただ彼らは穀物を栽培し食用にしており、穀物のほかに玉葱、にら、扁豆、粟なども作る。アリゾネス人の向こうには、「農耕スキュタイ人」が住むが、彼らが穀物を栽培するのは、自分たちの食用のためではなく、他に

売却するのが目的なのである。その向こうにはネウロイ人が住む（以下略）（ヘロドトス4巻17節）。

つまり、ボリュステネス河畔の通商地とはギリシア植民市オルビアのことである。オルビアはドニェプル（ボリュステネス）川の西側を流れる南ブグ（ヒュパニス）川下流西岸に位置した。ヘロドトスも述べているように、南ブグ川はドニェプル川河口で合流し黒海に注ぐため、彼らはボリュステネイタイ（Borystheneitai）と呼ばれていた（ヘロドトス4巻53節）。その周辺にギリシア人とスキタイの混血（Hellenes Skythai）のカッリッピダイ（Kallippidai）というスキタイの風俗をもつ農耕民が居住し、その内陸には民族系統は示されていないがスキタイ風の習俗をもつ農耕民アリゾネス（Alizones）が住み、さらに内陸には販売目的で農耕を行う「農耕スキタイ（οἱ Σκύθαι ἀροτῆρες）」がいるというのである。農耕スキタイはさらに内陸でネウロイ（Neuroi）（後述）に接していた。これによってオルビアから南ブグ川・ドニェプル川中流域までの住民が判明する。

次に、スキティアの中央を流れるドニェプル川の流域の住民については次のように述べる。

　ボリュステネス河を渡って、海から北上すれば、まずヒュライアがあり、ここからさらに上れば「農民スキュタイ人」が住む。ヒュパニス河畔に住むギリシア人はこれをボリュステネイタイと呼ぶが、彼ら自身はオルビオポリタイと称している。この農民スキュタイ人は東方に向かって三日間の旅程を要する地域にわたって居住しており、パンティカペスという河に至る。また北方には、ボリュステネス河を遡行して十一日間を要する地域にわたっている（ヘロドトス4巻18節）。

つまり、農民スキタイ（οἱ γεωργοί Σκύθαι）は、東に向かって3日間の距離でドニェプル川中流左岸支流のヴォルスクラ川までの地域に居住し、ドニェプル川を遡上すること11日の間であったという。古代ギリシアの距離の単位スタディオンは時代によって変化しているが、ルイバコフはヘロドトス

の時代には1スタディオン＝177.6mとみなし、1日分の距離を200スタディオン＝35.5kmとしている（Rybakov 1979：21）。つまり、3日分の距離は106.5km、11日分の距離は390.5kmということになる。この距離はドニェプル川河口から川が大きく屈曲するドニェプロペトロフスクあたり、またヴォルスクラ川がドニェプル川に合流する地点にもそう遠くないドニェプル川下流域の距離に相当することになる。そうであるならば、農民スキタイはドニェプル川下流沿いの幅100km程の狭い地域に居住していたことになる。

　ギリシア人たちが農民スキタイをボリュステネイタイと呼び、彼ら自身がオルビオポリタイつまりオルビア市民と自称しているということは、彼等がオルビア出自のギリシア人と密接な関係をもっており、市民の意識も持っていたが、おそらくはスキタイ系とみなされる部族であったとみなされる。ちなみに、ドニェプル川下流域では前6世紀に遡ることが出来るスキタイの集落址は発見されていないので、彼等が本当に農業を行う農民であったかどうかは極めて疑しい。また、前述の「農耕スキタイ」との区別も明確でないため、以前からスキタイ史研究上の問題であった。アバーエフ（Abaev, V. I.）は農民スキタイ（οἱ γεωργοί Σκύθαι）という名称に疑問をもち、γεωργοί という言葉がスキタイ語gau-varga「家畜を繁殖させる者達」を音写したものではないかという仮設を提起した（Abaev 1980：130）。つまり、彼らが牧畜民あるいは遊牧民であった可能性を示唆した。こうして、農民スキタイは定住農耕民という可能性は低く、オルビアと強い結びつきをもって商業などに従事しながら牧畜を行うスキタイの部族であったと推測することができよう。

　農民スキタイの向こうには遊牧スキタイ（οἱ νομάδες Σκύθαι）が居住していた。

　　農民スキュタイ人の居住地から東に向かい、パンティカペスを渡河すれば、そこははや「遊牧スキュタイ人」の世界で、彼らは種も蒔かねば耕す術もしらない。そしてヒュライア地方以外は、全土に一本の樹木もないのである。この遊牧スキュタイ人は、東方に向かって十四日の旅程にわたる地域に住み、ゲロス河畔に至る（ヘロドトス4巻19節）。

遊牧スキタイがドニェプル川中流のヴォルスクラ川から東方ゲロス（ゲロス Gerros）川までの14日（497km）の距離にわたって居住しているとすれば、それはヴォルスクラ川とドニェプル川の合流点から測れば東方ではドン川下流域のロストフ・ナ・ドヌー市付近からウクライナ・ロシア国境であり、後述のドン川を境に隣接する遊牧民集団サウロマタイとの境界付近となる。ヘロドトスの説明ではこの付近にゲッロス川があることになるが、ヘロドトスはまたゲッロス川について次のように述べている。

　　七番目の河はゲロスで、この河はボリュステネス河の水路の判明している限度に当る地点で、ボリュステネスから分岐している。そして分岐点に当る土地と同じゲロスの名で呼ばれ、海に向かって流れつつ遊牧スキュタイ人と王族スキュタイ人の領土を区切り、ヒュパキュリス河に合流する（ヘロドトス4巻56節）。

　ヒュパキリス川はドニェプル川の屈曲部に東から合流しているコンカ川と同一視されている。コンカ川は、現在はドニェプル川下流のカホフ人造湖の一部になっているが、かつてはドニェプル川と並行して流れ合流しながら、現在のカホフカ市付近から南流してクリミア半島の西側の黒海に向かって分流していた（Rybakov 1979：46-48）。一方、ゲッロス川はアゾフ海に注ぐモロチュナヤ川ともみなされている（Rybakov 1979：48-49）。モロチュナヤ川はコンカ川と同じアゾフ海沿岸丘陵地から源を発して、コンカ川と並行して西に向かい、流路を南に変えてアゾフ海に注いでいる。しかし、コンカ川とは合流していないため、ヘロドトスの記述とは一致しない。ゲッロス川は遊牧スキタイと王族スキタイとの境界をなしていたとすれば、遊牧スキタイの住地はドニェプル川下流左岸からモロチュナヤ川までの幅150km程の狭い地域となる。ヘロドトスが伝えた14日分の距離とは明らかに矛盾する。
　ヘロドトスの説明に従えばゲッロス川は一度ドニェプル川に合流しながらまた分流してヒュパキリス川と合流するという複雑な流路である。このような説明に合致する川は見当たらないが、コンカ川こそゲッロス川によく似た流れであろう。一方、ヒュパキリス川は決して明瞭な流路を示しているわけ

ではない。このような点からヒュパキリス川がむしろモロチュナヤ川にあたるのではなかろうか。ゲッロス川が遊牧スキタイと王族スキタイとの境界であるとすれば、それは東西の境界でなく南北の境界ではなかろうか。つまり、遊牧スキタイはドニェプル川下流左岸およびヴォルスクラ川左岸の森林草原地帯からドン川下流域に至っていたのではないだろうか。

そのように考えれば王領のスキタイの住地も考えやすくなろう。

　ゲロス河以遠は、前にもふれた王領［のスキュティア］で、このスキュタイ人は最も勇敢で数も多く、他のスキュタイ人を自分の隷属民と見做している。彼らの領土は、南はタウロイ人の国に達し、東はかの盲目の奴隷の子らが開鑿した掘割に至り、マイオティス湖畔の通商地クレムノイに及んでいる。また、一部はタナイス河にも接している（ヘロドトス4巻20節）。

「前にもふれた王領（τὰ καλεύμενα βασιλήια）」とは前述のスキタイ起源神話に登場するコラクサイスが3王国に分割した中の特に大きくて金器が保管された国を指しているとみなすべきである。そこに居住するスキタイとは当然上述の王族スキタイとみなされる。彼らは他のスキタイを隷属させていた支配階級である。彼等の住地は、南はクリミア半島、東はかつて造成された「掘割」に至り、一部はドン川に達するという。この「掘割」とは以下のように説明されている。

　さてスキュタイ人の妻と奴隷との間に生まれた子供たちが成長し、やがて自分の素性を知ると、メディアから帰還してきたスキュタイ人たちに敵対した。彼らは先ず、タウリケの山地からマイオティス湖の最も広がった地点に達する幅の広い堀を穿ち、スキュティアの国土に入る道を遮断したのである（ヘロドトス4巻3節）。

スキタイ戦士が西アジアへ遠征しメディアを支配していた間、故郷を不在にしていたために戦士の妻たちは盲目の奴隷たちと交わり、子どもうけもう

けてしまった。子供が成長するに及んで西アジアからスキタイ戦士たちが帰還してくることになり、奴隷の子供たちはクリミア半島からアゾフ海が最も幅が広い地点に達する場所に堀を築いたという（ヘロドトス4巻1～3節）。その堀の実在については確認されていないが、これまでの見解にしたがってクリミア半島の付け根やケルチ半島の付け根付近とすると（Dovatur, Kallistov and Shishova 1982：204-205)、それが王領の東端とはどうも考えにくい。一方、マイオティス湖畔の通商地クレムノイ（Kremnoi）はルイバコフによればモロチュナヤ川の東に位置するドムズグラ（Domuzgla）川の河口付近のアゾフ海岸にあったとされる。そして、王族スキタイの一部がドン川に達していたとすれば、彼らはクリミア半島北部からアゾフ海沿岸に沿ってドン川河口に至るまでの地域に居住し、北ではコンカ（ゲッロス）川上流域で遊牧スキタイと接していたとみなさなければならないであろう。

こうして、スキティアにおけるスキタイ諸部族がどのような地理的位置関係にあったかがおおよそ理解されよう（巻末付図3）。

（6）スキティア周辺の諸民族

スキティア周辺の諸民族の居住地を明らかにすることで、逆にスキティアの範囲をおおよそ知ることができる。ここではスキティアの周辺に居住した諸民族の住地を考えてみたい。

ダレイオスがボスポロス海峡をアジアからヨーロッパへ渡ってきた時、イダンテュルソスはスキタイだけではペルシア軍に対抗できないと考え、周辺の諸民族に軍事同盟を呼びかけた。すると、タウロイ、アガテュルソイ、ネウロイ、アンドロファゴイ（Androphagoi）、メランクライノイ、ゲロノス人、ブディノイ、サウロマタイの諸王が評議のために参集した（ヘロドトス4巻102節）。そして、ゲロノス人とその近隣の遊牧民ブディノイ、タナイス川のかなたで遊牧を行っていたサウロマタイが呼びかけに応じて同盟が結成された。しかし、タウリケ（クリミア半島）のタウロイ、森林草原地帯のアガテュルソイ、ネウロイ、アンドロファゴイ、メランクライノイの諸族はこの同盟に加わらなかった。その理由は、ペルシア軍が侵攻する理由はスキタイが先にペルシアに侵入して支配したからであり、これらの民族はペルシア軍に

何ら不当なことをしたことはないし、これからもそのような行為に出るつもりはないと考えたからであった（ヘロドトス4巻119節）。

これらの諸民族のうち居住地がはっきりしているのはサウロマタイとタウロイである。サウロマタイはタナイス（ドン）川の東方の草原に居住していた（ヘロドトス4巻57節）。彼等はドン川以東ヴォルガ・ウラル川流域にかけての広大な草原地帯に居住した遊牧民集団であり、スキタイと類似した文化を所持していた。後にサルマタイとして知られる遊牧民がドン川を渡って黒海北岸草原を支配するが、彼らはサウロマタイを後継した民族である。彼らについては後述する。

タウロイはクリミア半島の山地に居住した民族で、掠奪と戦争を生活の手段にしていたという（ヘロドトス4巻100, 103節）。初期鉄器時代のクリミア半島ではキジル＝コバ（Kizil-koba）文化が知られている。キジル＝コバ文化では埋葬は板石から作られた石棺に行われ、地上には墳丘を造らなかった。タウロイはその文化の担い手であったと考えられている（Melyukova 1989：29-32）。彼らは前4世紀以降スキタイと同化してタウロスキタイと呼ばれるようになる。

これら以外の諸民族であるアガテュルソイ、ネウロイ、アンドロファゴイ、メランクライノイはイストロス（ドナウ）川以北の内陸に位置していたとみなされる（ヘロドトス4巻100節）。まず、アガテュルソイであるが、彼らはトラキア人によく似た風習をもつということから（ヘロドトス4巻104節）、イストロス川の北側でももっともトラキアに近い位置にいたと考えられよう（ヘロドトス4巻104節）。ヘロドトスは別な箇所でアガテュルソイの国からマリス（Maris）川が流れていることを証言している（ヘロドトス4巻48節）。このことから、彼らの住地は今日のルーマニア北部のムレシュ（Mureş）川流域と考えられている（Anokhin *et al.* 1986：46）。

ネウロイはスキタイ風の慣習をもっているが、ペルシア軍の遠征より1世紀も前に蛇の襲来にあったため、故郷を捨ててブディノイとともに居住するようになったという。また、彼らは特異な習俗を持っていたようで、年に一度だけ数日間狼に変身するという（ヘロドトス4巻105節）。このような狼変身譚はスラブ系、ケルト系、ゲルマン系の諸民族に古くから伝えられており、

ベラルーシやウクライナ北部では近年まで伝承されていたという。そのため、グラーコフはネウロイを原スラブ人とみなした (Grakov 1971：120)。ネウロイの生業については言及されていないが森林草原あるいは森林地帯の民族であるとすれば農耕牧畜を行っていたと考えられる。グラーコフは、彼らは先スキタイ時代にドニェプル川中流域で発展した定着的な農耕牧畜文化チェルノレス文化の担い手の子孫であったと考えた (Grakov 1971：120-129)。近年では、その住地はキエフより上流のドニェプル川支流であるプリピャチ (Pripyat') 川流域方面と考えられている (Melyukova 1989：46-47)。

　アンドロファゴイはギリシア語で食人族を意味するが、スキタイ風の服装を身につけながら、風習と言語はまったく独自の遊牧民であるという (ヘロドトス4巻106節)。彼等の住地は農民スキタイの北方にあり、広漠たる無人の荒地を越えたところである。そして。彼等より先は無人の地であるという (ヘロドトス4巻18節)。今日、彼らの住地はネウロイの北のドニェプル川上流域と考えられているが明確な住地は特定されていない (Anokhin et al. 1986：47)。

　メランクライノイはギリシア語で黒色の長上衣 (μέλαινα χλαῖνα) を身につけていた人々という意味であるが、それにもかかわらずスキタイ風の風習をもっていたという (ヘロドトス4巻107節)。スキタイの服装は騎馬に適した短上衣であったことがスキタイを表現した図像 (図67参照) から明らかであるため、長上衣はスキタイの風習には相応しくない。どのような点がスキタイ風であったのかという説明はされていない。彼らの住地は王族スキタイ以北であったという (ヘロドトス4巻20節)。ところが、スキティアの北側に居住し、海から20日の旅程であるともいう (ヘロドトス4巻101節)。ヘロドトスの1日の旅程は200スタディオンであることから、4,000スタディオン (710km) の距離である。オルビアから直線距離で東に710kmの距離にはセヴェルスキー・ドニェツ川とドン川の合流点が位置し、北ではクルスク市付近である。ルイバコフは彼等をドン川中流域に位置付けているが (Rybakov 1979：96 and 191)、ヘロドトスは彼等がアンドロファゴイに隣接して居住していたように記述していることから (ヘロドトス4巻125節)、むしろテレノシュキンらのようにドニェプル川上流域から東側のデスナ (Desna) 川上流域に置くほうが説

得力があろう（参照：Melyukova 1989：43, Karta 4）。彼らはおそらく農耕牧畜を生業として、民族的にもスキタイとは異なるがスキタイの風習に馴染んでいたのであろう。これらの同盟に参加しなかった諸民族の間でもスキタイ風が流行していたことから、前6世紀後半にはスキタイ文化がすでに森林草原地帯の住民にも浸透していたことが確認できよう。

一方、同盟に参加したブディノイは碧眼紅毛で多数の人口を抱えた土着の遊牧民であった。その国にゲロノス（Gelonos）という木造の町があった。城壁は各辺が30スタディオン（5,328m）もあったという。そこに住む人々はゲロノス人と呼ばれていた。彼らはここに移住したギリシア人であり、ギリシア風の神殿、祭壇、神像をもち、隔年でディオニュソスの祭りを執行し、スキタイ語とギリシア語を半々に使っていたという（ヘロドトス4巻108節）。ブディノイはえぞ松の実を常食とする遊牧の民であるが、ゲロノス人は農耕を行い、穀物を常食として菜園をもっており、肌の色も生活も言語も異なっていた（ヘロドトス4巻109節）。

ところで、ドニェプル川中流左岸支流のヴォルスクラ川流域には面積4,000haにも及ぶ三角形の土地を土塁で取り囲んだベリスク（ビルスク）（Bel'sk, Bil's'k）集落址が位置する（図72）。土塁は34kmにも達していた。ベリスクにはさらに周囲を城壁で取り囲まれた城塞が東壁側に2箇所（65ha、15ha）、西壁側に1箇所（72ha）構築されており、前8世紀〜3世紀に編年されている。シュラムコ（Shramko, B. A.）は東西の城塞址で出土した土器の特徴に大きな違いを見出した。西側ではドニェプル川中流右岸の特徴を示し、東側ではドニェプル川中流左岸のスラ川からドン川右岸支流のセヴェルスキー・ドニェツ川方面の文化の特徴を示していた。西側の集落址は東側より貧しいが、鉄製鎌・大鎌、鉈、石皿などの農耕具が発見され、動物骨では家畜としてウシ（去勢牛を含む）、ウマ、ヒツジ、ブタ、イヌ、家禽が見られたが、野生動物はきわめて少なかった。また、皮、骨、木、石を加工する手仕事の址も見られた。西側集落址は前6世紀末から5世紀初頭に土着的な特徴を失い、ドニェプル川右岸地方のスキタイ文化の様相を帯びた。

一方、東側の集落址では集落を取り囲む土塁にはかつて木製壁が構築されていたことが判明し、また土塁外側には壕がめぐっていた。壕の底部から土

塁頂上までの高さは24m
あり、かつてはそれ以上
あったことが推定されて
いる。城塞内で検出され
た土器には幾何学文で装
飾され白色ペーストが象
嵌された黒色磨研土器が
見られた。城塞内では地
下式住居とともに地上に
木造家屋が建てられてお
り、中には2階建てもあ
った。西側の城塞に比べ
て東側でははるかに多く
の住居が建築されてお
り、農業、手工業、商業
などが発達していた。シ
ュラムコはこのような東

図72　ベリスク城塞集落址の全体プラン
1：東城塞　2：西城塞　3：クゼミン城塞

西の集落址の経済的文化的な違いをヘロドトスが言及するゲロノス人とブディノイに結びつけた（Shramko 1975；Shramko 1987）。また、ベリスクの土塁には前6世紀末ころに木造の城壁が火災にあったことが判明している（Shramko 1987：34）。チェルネンコはこの火災の痕跡をヘロドトスが言及したペルシア軍によるゲロノスの放火によるものと判断している（ヘロドトス4巻123節；Chernenko 1984：95）。ここが「木造の町」ゲロノスであれば、かつてここに移住してきたギリシア人であるゲロノス人が東側城塞に居住していたことになるが、考古学資料ではドニェプル川中流左岸の文化的影響が見られることからブディノイも居住していたとみなされている（Shramko 1987：162）。一方、西側城塞ではドニェプル川以西の文化的影響が認められることから、その地の住民である「農耕スキタイ」あるいはブディノイの地に移住してきたネウロイが居住していたとみなされている（Shramko 1987：163）。一方、テレノシュキンらはブディノイの住地をドン川中流域としている

(Anokhin *et al.* 1986：44, Kartra 2 ；Melyukova 1989：43：Karta 4)。

　こうして、ゲロノス人、ブディノイ、移住したネウロイの位置がヴォルスクラ川流域であることがおおよそ明らかになった。

　ダレイオスのスキタイ遠征の際に結成された対ペルシア軍事同盟へ参加した民族はスキタイ、サウロマタイ、ブディノイ、ゲロノス人であり、スキティアの北から北東方面にいた諸族が参加するにとどまり、スキティアの西、北西、南の居住した諸族は参加しなかった。彼等の多くのところでスキタイの風俗が流行しており、スキタイ文化が波及していたことが推測されるが、軍事同盟へ参加しなかった理由は前述のようにペルシア軍の恨みをかってはいないというばかりでなく、当時のスキタイ国家との政治的経済的な関係を反映していると考えることができよう。つまり、スキタイは北カフカスから黒海北岸に政治的中心を移したことからスキタイ国家はスキティアの東・北東側に位置する諸民族との結びつきは強いが、北西・西側の諸民族との関係は発展途上であったのではなかろうか。なお、南側のタウロイについてはすでに前 6 世紀初頭にはケルチ半島にスキタイの墓が造営されているが、山がちな地形のクリミア半島南部の山岳民のタウロイとの結びつきは弱かったことになる。

　以上のように考えれば、前 6 世紀後半以降のスキティアの領域がおおよそ判明する。スキティアはドニェプル川を中心にして西ではドナウ川まで、東ではドン川に至る草原地帯を占めている。ドン川以東の草原にはサウロマタイが居住し、セヴェルスキー・ドニェツ川上流以北にはメランクライノイが居住し、ドニェプル川中流左岸の森林草原ではブディノイが遊牧を行い、さらにその北方にはアンドロファゴイ、キエフより上流のドニェプル川中流域右岸から南ブグ川上流域にはネウロイ、ルーマニアのムレシュ川流域にはアガテュルソイが位置していた。そして、クリミア半島南部の山岳地帯ではタウロイが居住していたことが明らかになる（巻末付図 3 ）。こうして、スキティアの輪郭が浮かび上がってきたのである。

（7）黒海北岸のスキタイ遺跡

　第二スキタイ国家時代に黒海北岸では森林草原から草原地帯にわたって数

千のスキタイ古墳が造営された。特に前4世紀には墳丘の規模も地下の埋葬施設も巨大で複雑になり、豪華な副葬品を伴った古墳がドニェプル川下流域に多数造営された。そしてこの時代後半には土塁を伴う城塞集落がドニェプル川下流域に建設され、スキタイ国家は新たな危機に直面するようになった。

まず、スキタイの主要な考古学遺跡である古墳について、ヘロドトスによる王の葬儀に関する詳細な記述を引用してみよう。

王陵は、ボリュステネス河の遡行可能な限界点に当るゲロイ人の国土内にある。スキュティアの王が死ぬと、この土地に四角形の大きい穴を掘り、穴の用意ができると遺骸をとり上げるのであるが、遺体は全身に蝋を塗り、腹腔を裂いて臓腑を出した後、搗きつぶしたかやつり草、香料、パセリの種子、アニスなどをいっぱいに詰めて再び縫い合わせてある。さてこの遺骸をとりあげ、車で別の民族の国へ運んでゆく。運ばれてきた遺骸を受け取った国の者たちは、王族スキュタイ人のするのと同じことをする。すなわち耳の一部を切りとり、頭髪を丸く剃り落し、両腕に切傷をつけ、額と鼻を掻きむしり、左手を矢で貫くのである。それからまた王の遺骸を車にのせて支配下の別の民族の国へ運んでゆく。一行が先に立ち寄った国の者たちもこれに随行するのである。遺体を運んで属国をことごとく一巡すると、属領の中の最末端にあり王陵の所在地であるゲロイ人の国に着く。それから遺骸を墓の中の畳の床［στιβάς］に安置すると、遺骸の両側に槍を突き立てて上に木をわたし、さらにむしろ［ῥίψ］を被せる。墓中に広く空いている部分には、故王の側妾の一人を絞殺して葬り、さらに酌小姓、料理番、馬丁、侍従、取次役、馬、それに万般の品々から選び出した一部と黄金の盃も一緒に埋める。盃は銀製のもの青銅製のものも一切用いない。右のことをし終えてから、全員で巨大な塚を盛り上げるのであるが、なるべく大きな塚にしようとわれがちに懸命になって築くのである（ヘロドトス4巻71節）。

一年が経つとまた次のような儀式を行なう。故王に仕えた残りの侍臣のうち王に最も親しく仕えたもの［エピテデオタトイ］──これらは生粋の

スキュタイ人である。王自ら命じたものが侍臣として仕えるのであり、スキュティアには金で買った使用人はいない——五十人と最も優良な馬五十頭を絞殺し、臓腑を抜いて掃除したのちもみがらを詰めて縫い合わせる。一方、車輪の輪縁を半分に切ったものを（輪縁を）下向きに二本の杭で留め、残りの半分の輪縁は別の二本の杭で留めるというふうにして、このようなものを多数地面に固定させる。それから馬の胴体に太い棒を頸のあたりまで縦に通し、これを輪縁にかける。前方の輪縁は馬の肩を受け、後方の輪縁は腿のあたりで馬の腹を支える。四肢はいずれも宙にぶらさがる。綱とくつばみを馬につけ、手綱は前方に引張って小杭に縛りつける。さて絞殺された五十人の青年の死骸をそれぞれこの馬に乗せるのであるが、あらかじめ一つ一つ遺骸の背骨に沿って真直ぐな棒を頸まで通しておいてから乗せる。そしてこの棒の下方に突き出した先端を、馬に通してある別の棒の穴にはめ込むのである。このような騎乗の人間を墓のまわりにたててから、一同は立ち去るのである（ヘロドトス 4 巻72節）。

つまり、スキタイ王に従属する国の中で一番遠くにある国が「ゲッロイ人（Gerroi）の国」である。そこは先述したようにボリュステネス川の遡行可能な地点であり、「ゲッロス（Gerros）」の地と同じである。しかし、ゲッロス川は上述のようにドニェプル川支流のコンカ川あるいはモロチュナヤ川とみなされていることから、遊牧スキタイと王族スキタイの領地となる地域であり、スキティアの中央部でありスキティア周辺の属国などではない。ヘロドトスがこれを属国の中でも一番遠くの国としたことは記述の矛盾といわざるを得ない。そのため、ゲッロスの位置をめぐる議論は古くから行われてきた（Terenozhkin and Mozolevskiy 1988：194-205）。

「ゲッロイ人の国」で、スキタイ王のために方形の墓穴を掘り、王の遺体をミイラ化して防腐処理をしてから霊柩車に載せて、支配下の国々をめぐった。各地の民が亡き王に哀悼の意を表した後に再びゲッロイ人の国に到着して、墓に埋葬するのである。墓の床には「畳の床」と翻訳された στιβάς（藁の寝床）が敷かれ、さらに槍が突き立てられ横に木の梁が渡され、「むしろ」

と翻訳された ῥιψ（柳を編んで作った編みがき）で覆ったという。実際、スキタイ古墳の墓壙床面にはしばしば死者を安置するために木材の床や葦が一面に敷かれていたことが判明している。例えば、前5世紀に編年されているドニェプル川下流右岸の第1ザヴァツカヤ・モギーラ（Zavadskaya Mogila）では墓壙床面中央に木製の床が敷かれており、そこに被葬者が安置されていたと考えられている（Murzin 1984：22）。また、槍を突き立てて柱とするような遺構は発見されていないが、墓壙四隅に柱を立て壁に板を張った木槨墓は多数知られている。そして、妾、召使などを殉葬したというが、殉葬についてはソローハやチェルトムルイクなどの大規模ないわゆる王墓で発見されている。ウマについては墓壙に陪葬した例と別途小さな穴を掘って陪葬した例が知られている。人びとはなるべく大きな塚にしようと一生懸命に盛り土をして古墳を造ったというが、前4世紀後半に編年されるチェルトムルイク古墳などは専門の「建築家」がいたのではないかと考えられるほど周到な計画に基づいて設計されていた（Alekseev, Murzin and Rolle 1991：35；藤川 1999：230-231；林 2003：61-62）。

一周忌の儀礼では、王の親しい家臣「エピテデオタトイ」のうち50人を絞殺してミイラ化し、さらに古墳の周囲に固定した車輪を半分に断ち切って作った台の上にウマのミイラを掛け渡し、それに臣下を騎乗させて故王の護衛に捧げたというが、古墳周囲に「エピテデオタトイ」を人身供養した痕跡は確認されていない。ヘロドトスより約120年後に造営されたチェルトムルイク古墳の墳丘内に馬骨、銜、人骨が発見されたことから、そのような例であると推定されている（Alekseev, Murzin and Rolle 1991：54；林 2003：61-62）。また、トルスタヤ・モギーラでは古墳の周囲からは大量の家畜骨とアンフォラなどの土器が発見されており、大規模な追善供養が行われた跡とみなされている（ブラシンスキー 1982：195-196；藤川 1999：225-230）。

さらに、ヘロドトスは王の埋葬だけでなく、王以外のスキタイの埋葬についても伝えている。

　　一般のスキュタイ人が死亡したときには、最も近い縁者が遺体を車に
　のせて知人の間を廻る。知人たちはそれぞれこれを迎えて遺体の附添人

たちを饗応し、遺体にも他の者たちに出すのと同じ馳走を出して供する。一般の人間はこのようにして四十日間引き廻されてから埋葬されるのである（ヘロドトス4巻73節）。

「一般のスキュタイ人（τοὺς δὲ ἄλλους Σκύθας）」という訳語は文脈から判断した結果であろうが、原語の意味は「その他のスキタイ」である。前述のようにスキタイ国家にはいくつかの階層が存在していたことが判明しているが、「その他のスキタイ」が王以外のどの階層を指しているのかはっきりしない。「一般のスキュタイ人」という邦語のもつ意味と同じではないことは明らかであろう。その他のスキタイの墓についての具体的な記述はないが、死者が知人の間を40日間引き廻されてから埋葬されるという儀礼は前述の王の埋葬儀礼と一致するもので、スキタイの伝統的なものであることは明らかであろう。

これらの言及でまず大きな問題となるのは「ゲッロイ人の国」がどこであったかということである。その理由は、スキタイ遺跡の分布の点で前7〜5世紀と前4世紀以降とで大きな違いがあるからである。前7〜5世紀ではクバン川流域そしてドニェプル川中流域に遺跡が多数分布するが、前4世紀以降になってドニェプル川下流域に巨大な古墳が多数造営されこの地域が遺跡分布の中心となっているからである。

ドニェプル川中流域の発掘調査を精力的に行ったイリインスカヤは「ゲッロイ人の国」をドニェプル川中流左岸支流のスラ川流域であると考えた。その理由は、前5世紀中葉までのスキタイ古墳の分布であり、また草原地帯よりも森林草原地帯のほうが古墳を造営しても目立たず敵に見つけられにくいからであり、またそこはスキティアの周辺にあたり、ゲッロイ人の国に地理的にも相応しいからであった（Il'inskaya 1968：178-180）。

一方、モゾレフスキー等は「ゲッロイ人の国」をドニェプル川下流左岸のカーメンカ村と対岸のニコポリ市を中心とした下流域にあったと考えた（Terenozhkin and Mozolevskiy 1988：187-188）。その理由は、前述のようにゲッロス川がコンカ川あるいはモロチュナヤ川とみなされている点である。さらに、黒海北岸草原の考古学調査の進展によってドニェプル川下流域で前7〜5世

紀のスキタイ古墳の分布が次第に明らかになり、ヘロドトスが言及した王陵に類する古墳の存在を確信するにいたったからである。モゾレフスキーは、この地域で前5世紀に編年される墓で、青銅器時代の古墳を再利用したものではなく、スキタイ時代に新たに造られた古墳で墳丘高が3m以上のものは、ヘロドトスが記述した王墓の特徴をもっているとみなした。それらの例は9基あり、そのうち、メデロヴォ（Mederovo）古墳、ポドゴロドノエ（Podgorodnoe）11号墳、オストラヤ・ノガイスカヤ・モギーラ（Ostraya Nogayskaya Mogila）の3基がその地域外に位置するが、バブィ（Baby）古墳、ラスコパナ・モギーラ（Raskopana Mogila）、第1ザヴァツカヤ・モギーラ、ノヴォグリゴリエフカ（Novogrigor'evka）5号墳、ヴェリカヤ・ズナメンカ（Velikaya Znamenka）1号墳、ヴェリカヤ・ズナメンカ13号墳の6基がカーメンカ＝ニコポリ（Kamenka-Nikopol'）地域にあり、うちノヴォグリゴリエフカ5号墳、ヴェリカヤ・ズナメンカ1号墳の2基は同時代としては最も規模が大きいものであるという（Terenozhkin and Mozolevskiy 1988：190-191）。こうして、前5世紀中葉にヘロドトスがスキティアを訪問した時代に、ドニェプル川下流域に王陵が造営されていたとみなされている。

（8）スキティアの遺跡の分布、編年、規模

前述のようにヘロドトスはスキティアの領土をイストロス川からタナイス川までと考えたが、スキタイ文化の遺跡が実際に分布しているのは、西ではドナウ川河口から右岸支流のプルート川（モルドヴァとルーマニアの境界）から、東ではドン川下流域までの草原地帯である。この分布範囲が「本来の草原スキタイ・グループ」と呼ばれている。中でもクリミア半島の北部の草原はクリミア・グループと呼ばれている。また、ドン川下流域で発見された前5〜4世紀に編年されているエリザヴェトフスコエ（Elizavetovskoe）城塞集落址とその墓地がスキタイに帰属するのか、サウロマタイ＝サルマタイに帰属するのか、あるいはクバン川流域に居住した定住民マイオタイに関係するのか見解が分かれていたが、近年ではスキタイ文化に属する意見が有力である（Melyukova 1989：46）。

これらの草原地帯の遺跡群を北側からぐるりと取り囲むようにスキタイ型

文化の遺跡群が区別されている。西から、ハンガリーのティサ川流域グループ、ルーマニアのトランシルヴァニア・グループ、ゲタイ＝トラキア・グループ、ウクライナ西部の西ポドリエ・グループ、南ブグ川上流域グループ、ドニェプル川中流右岸グループ、スラ川流域グループ、ヴォルスクラ川流域グループ、セヴェルスキー・ドニェツ川流域グループ、ドン川中流域グループ、セイマ川流域グループである（巻末付図3）(Melyukova 1989：50, Karta 5)。とりわけ、南ブグ川上流域グループからドニェプル川中流右岸グループでは前7世紀後半以降リトイ古墳などのスキタイ古墳が造営され、スラ川流域グループ、ヴォルスクラ川流域グループでは前6世紀にはアクシュティンツィ村やジュロフカ村などで多数の古墳群が形成されていた。

一方、草原グループの遺跡の編年では古墳約20基が前7世紀末〜6世紀に属し、100基が前5世紀に編年され、約2,500基以上が前4世紀に属している。前7〜6世紀に編年される古墳は草原では古墳群を形成せず単独で造営された。ケルチ半島のテミル・ゴラ、草原地帯を流れるモロチュナヤ川沿いのコンスタンチノフカ（Konstantinovka）村古墳などがその例である。前6世紀末以降に編年される古墳はドニェプル下流域とクリミア半島北部の草原に集中し、また南ブグ川、ドニェストル川からドナウ川の間、アゾフ海沿岸地方でも発見されている（Melyukova 1989：54）。前5世紀からは青銅器時代の古墳の再利用だけでなく新たな古墳の造営が盛んになった。それらの例としては前述のバブイ古墳、ラスコパナ・モギーラ、オストラヤ・トマコフカ・モギーラ（Ostraya Tomakovka Mogila）、第1ザヴァツカヤ・モギーラ、イリイチェヴォ古墳などの豪華な副葬品をともなった遺跡が含まれる（Murzin 1984：46-47）。前4世紀からはスキタイ民衆墓が多数造営され、10〜15基からなる古墳群が形成された。古墳の高さは1.5〜2m、直径が15〜20m程度である。古墳群は中心にひときわ大きな古墳があり、それを群小古墳が取り巻くように配置されている。ドニェプル川下流右岸ニコポリ市近郊の古墳群などがよく知られている（Melyukova 1989：54）。

草原地帯に分布する前7〜5世紀の古墳の埋葬構造について以下のように4つに大別されている（Murzin 1982：48；1984：49）。

① 土壙墓（単純な土壙墓、木材で上から覆われた土壙墓、石で上から覆われた土

壙墓）
② 木槨墓（地下式木槨墓、地上木槨墓）
③ 石槨墓
④ 地下式横穴墓（カタコンベ）

　これらの型式の墓の主な特徴については、まず土壙墓では青銅器時代に造営された古墳を再利用した墓とスキタイ時代に新たに造営された墓では規模の点で大きく異なっている。前者では墓の規模は小さく、後者では規模が大きい。

　木槨墓は黒海北岸草原地帯では確認されている数が比較的少なく、地下式木槨墓は前5世紀に登場し、墓壙四隅に柱を立てて、壁面は板で覆っていた。森林草原地帯で見られる木槨墓と類似している。地下式木槨墓の例はドニェプル川下流右岸の第1ザヴァツカヤ・モギーラ（墓壙5×5×4.2m）である（Mozolevskiy 1980：86-112 ; Murzin 1984：22-24）。地上式木槨墓の例はドニェプル川右岸支流イングル（Ingul）川上流のメデロヴォ村古墳である。墳丘は高さ4m、直径40m、墳丘下の旧地表面に9本の柱が立てられ、放射状に丸太が立てかけられて天幕形となり、周囲から火が放たれて激しく燃やされていた（Bokiy 1974 ; Murzin 1984：40-41）。ドニェプル川屈曲部のポドゴロドノエ村7号墳は地下式木槨墓であるが上から二重に丸太で覆われ、放射状を呈していたが、やはり上から火が放たれていた（Murzin 1984：28）。

　石造埋葬施設はほぼケルチ半島だけで知られている地方色の濃いものであり、板石で構築された石棺が発見されている。アク＝ブルン（Ak-blun）5号墳やイリイチェヴォ村1号墳6号墓、ドニェプル川下流のヘルソン州リュビモフカ（Lyubimovka）村では青銅器時代の古墳の再利用墓がその例である（Murzin 1984：52）。

　地下式横穴墓は、最初は長軸が東西方向の墓壙竪坑の長辺南側に横穴を造るポドボイ型式の墓として前6世紀から知られていた。やがて、竪坑と横穴の間に短い羨道が造られるようになり、前5世紀にはラスコパナ・モギーラやバブィ古墳のように貴族の墓として登場しており、前4世紀にはソローハ古墳やチェルトムルイク古墳などの大規模な古墳のさきがけとなった（Murzin 1984：52-53）。

前4世紀、スキタイ文化は絶頂期を迎えた。この時代はドニェプル川下流域に大規模な地下式横穴墓構造の古墳が多数造営され、豪華な貴金属製品やギリシアからの輸入品が多数副葬されていたため、スキタイの王、王族、貴族などの埋葬施設と考えられている。

　このようなスキタイの王族墓や貴族墓のような大規模な古墳は、モゾレフスキーによって墳丘の高さをもとに4つに区分された。墳丘の高さに比例して埋葬施設の規模が大きくなり、副葬品も豪華になるという判断である (Mozolevs'kiy, 1979：152, Tabl. 4)。一方、墳丘の直径が指標とされていない理由は開墾や建設などによって墳丘が後代に削られたりして造営当時の規模が判明しない古墳が多く、また20世紀初頭までに発掘された古墳では直径が記録されていないものも少なくないからである。

① 3～5m
② 5.7～7.5m
③ 8～11m
④ 14～21m

　モゾレフスキーはさらにこの墳丘高の区分を黒海北岸草原に分布する前7～3世紀のスキタイ古墳全体に適用して高さを次のように修正している (Terenozhkin and Mozolevskiy 1988：prilozheniya 3-4)。

① 2～4.5m
② 4.8～7m
③ 8～11m
④ 14～22m

　そして、これらの古墳の分布について以下の7地区に区分した。

A) クリミア山地北麓
B) アゾフ海北岸
C) イングレッツ (Ingulets) 川・南ブグ川間
D) ドニェプル川下流北部
E) ドニェプル川下流左岸
F) ドニェプル川下流右岸
G) ドニェプル川下流南部

古墳の編年については以下のように時代区分した。
Ⅰ）前7世紀末～5世紀初
Ⅱ）前5世紀～400年頃
Ⅲ）前4世紀前半
Ⅳ）前4世紀後半
Ⅴ）前4世紀であるが正確に編年できないもの
Ⅵ）前4世紀末～3世紀初

さらに、モゾレフスキーは青銅器時代の古墳を再利用した墓葬については＊で明示している。彼の成果にその後の研究成果を若干加えて表に示してみよう（表5）。

モゾレフスキーの表の中で前5世紀末から前4世紀に編年された古墳の一部は、アレクセエフによってさらに詳細な年代が与えられている。編年の基礎は墓で発見される大量のギリシア製アンフォラなどのギリシア製品などである（Alekseev 1987；1992；1996：104；藤川 1999：225-226）。しかし、モゾレフスキーのⅤ期に便宜的に入っている古墳についてはそれ以上詳しい年代は与えられていないため、アレクセエフの編年に位置付けられない点が問題である。

第1期：前5世紀末～前4世紀前半
　ソローハ、ベルジャンスキー、ブラトリュボフスキー、カジョンナヤ

第2期：前360/350～330/320年
　ボリシャヤ・ツィンバルカ、トルスタヤ、ガイマノヴァ、バシマチカ6、チュムィリョヴァ、シュリゴフカ

第3期：前340～320年
　オグーズ、チェルトムルイク、コジョル、クリ＝オバ、ジョルトカーメンカ、ピャチ・ブラーチェフ、モルドヴィノフスキー1、モルドヴィノフスキー2、メリトーポリ、デエフ

第4期：前330～300年頃
　アレクサンドロポーリ、ヴェルフニー・ロガチク、クラスノクツキー、レメショフ1、ルィジャノフカ大古墳、ホミナ

この表から読み取れることは、黒海北岸草原地帯に造営された規模の大き

表5　黒海北岸草原地帯の

	イングレッツ川・南ブグ川間	ドニェプル川下流北部	ドニェプル川下流左岸
Ⅰ	リトイ(?) ロジュノフスキー*?(?)	アレクサンドロフカ6*(0.7)	
Ⅱ	メデロヴォ(4) ノヴォヴァシリエフカ9(1.5)	ポドゴロドノエ11(3.9)	ノヴォグリゴリエフカ5(7.1) ヴァリカヤ・ズナメンカ1(7.1) マラヤ・ツィンバルカ*(4.3) ヴァリカヤ・ズナメンカ13(4.3) ノヴォグリゴリエフカ2(2.13) ノヴォグリゴリエフカ3(2.13) ノヴォグリゴリエフカ4(2.13) ノヴォグリゴリエフカ1(1.45) レメショフ2(?)
Ⅲ	ノヴォヴァシリエフカ2(3)		ソローハ(18) ブラトリュボフスキー(6) カジョンナヤ(5.1)
Ⅳ	ペスキ9(2.5)	バシマチカ6(7.1)	ボリシャヤ・ツィンバルカ(15) レメショフ1(8.5) ガイマノヴァ(8) マラヤ・レペティハ2(7.45) チュムイリョヴァ(5.7) ギュノフカ14(4.9) ヴィシュニョヴァ(4.8) ノサキ4(4) ギュノフカ12(3.2) ギュノフカ7(2) ギュノフカ11(2)
Ⅴ	ニコラエフスキー(10) ペスキ3(3.5)		ブロスカヤ(5.3) リャドヴァヤ2(5) リャドヴァヤ3(4.25) マラヤ・レペティハB*(4.25) ノサキ2(3.7) ノサキ13(3.45) ノサキ14(3.2) ノサキ12(2) カメンヌイ(?) マラヤ・レペティハM(?)
Ⅵ	ルイジャノフカ大古墳(7.56)		ヴェルフニー・ロガチク(11) オリョル(?)

Ⅰ:前7世紀末-5世紀初　Ⅱ:前5世紀-400年頃　Ⅲ:前4世紀前半　Ⅳ:前4世紀後半
Ⅴ:前4世紀であるが正確に編年できないもの　Ⅵ:前4世紀末-3世紀初

スキタイ古墳（前7末〜3世紀初）

ドニェプル川下流右岸	ドニェプル川下流南部	クリミア山地北麓	アゾフ海北岸
オストラヤ・トマコフスカヤ*（5.7）		ゾロトイ*（3.2）	オビトチュノエ3*（6.5） カリトヴァ（0.35） グサルカ*（?）
ラスコパナ（5） 第1ザヴァツカヤ（4.5） バブィ（3.5） チャバンツォヴァ（2.85） マルイ・チェルトムルィク（2.3） イスパノヴァ4（1.2）	アルハンゲリスカヤ・スロボダ5（2.5）	クラコフスキー*（3.5） アク=メチェト*（?） ミールノエ2（?）	ヴラジロフカ（5.5） オストラヤ・ノガイスカヤ*（5?） オビトチュノエ6（2.13）
	リヴォヴォ18（3）	タラエフスキー（3.2） ミールノエ1（?）	ベルジャンスキー（8.4） ドヴゴルバヤ（4.95）
チェルトムルィク（19） ジョルトカーメンカ（9.5） トルスタヤ（8.6） バビナ（8.15） ストラシュナヤ（7） ヴォヂャナ（6） カーメンナヤ（5.7） スラヴャンカ4（4.3）	オグーズ（22） コジョル（14） モルドヴィノフスキー1（7） モルドヴィノフスキー2（6.4） マールイ・オグーズ（5） デエフ（4） ヴィリナ・ウクライナ29（2.9） ヴィリナ・ウクライナ22（2）	クリ=オバ（10以上）	ピャチ・ブラーチエフ（9） メリトーポリ（4.5?） シュリゴフカ（4.26）
ブリズニッツァ・トマコフスカヤ（4)			
アレクサンドロポーリ（21） クラスノクツキー（8.5） ゲメレソフ（6.5） ブリズニッツァ・スロノフスカヤ（5） ホミナ（3.2） デニソヴァ（2）	ポクロフカ（4.2）		

（ ）内の数字は墳丘高　*再利用墓

▢：第4ランク　▨：第3ランク　▓：第2ランク　無色：第1ランク

なスキタイ古墳は前7世紀末以降に出現したが、数が限られ、墳丘高も低く、地域も草原周辺部であった。リトイ古墳の高さは記録されていないが、ケレルメス古墳群の墳丘高が4m程度で低いことから（藤川 1999：212）、やはり高くはなかったとみなされる。つまり、前6世紀までは草原には特に目立った規模の古墳は造営されていなかった。そのことは、イダンテュルソス王がダレイオス大王に次のように述べたことからもわかるように、スキタイ王族墓は草原では目立たず発見されにくかったのかもしれない。

　どうしても至急に戦いにはいらねばならぬというのであったならば、われわれには祖先の墓というものがある。さあ、この墓を見つけ出し、敢えて破壊を試みてみるがよい（ヘロドトス4巻127節）。

　しかし、古墳の規模がそれほど大きくないということは社会の階層分化が未発達であることを意味していない。すでに前代に副葬品の豊かな古墳や大規模な古墳の造営が行われていたことから、スキタイ社会ではすでに階層分化が進展していたことは明らかである。前6世紀にはドニェプル川中流支流のスラ川流域に墳丘高20mもあるスタイキン・ヴェルフ（Staykin Verkh）1号墳のような大規模な墓が造営されており、地下の墓室からスキタイ戦士の墓が発見されている（Il'inskaya 1968：24-27；藤川 1999：216-217）。同時代における草原の古墳と森林草原の古墳との規模や造営方法の差をスキタイ社会史の中でどのように解釈するかは未だ大きな問題点である。

　前5世紀に至ってドニェプル川下流左岸そして右岸に古墳が多数造られるようになった。モゾレフスキーによる墳丘高の第2ランクまでであるが、高さ7.1mのノヴォグリゴリエフカ5号墳とヴェリカヤ・ズナメンカ1号墳は古墳の巨大化のさきがけであろう。

　前4世紀になると、古墳はドニェプル川下流右岸・左岸から南部地方に集中して造営されるようになり、規模がはっきりと巨大になっている。第4ランクのソローハ、ボリシャヤ・ツィンバルカ（Bol'shaya Tsimbalka）、チェルトムルイク、オグーズ、コジョル（コゼル）（Kozel）、アレクサンドロポーリの6基は王墓とみなされている。第3ランクのベルジャンスキー（Berdyanskiy）、

クリ=オバ、ピャチ・ブラーチエフ、レメショフ（Lemeshev）、ガイマノヴァ・モギーラ、ジョルトカーメンカ（Zheltokamenka）、トルスタヤ・モギーラ、バビナ・モギーラ（Babina Mogila）、クラスノクツキー（Krasnakutskiy）、ニコラエフスキー（Nikolaevskiy）、ヴェルフニー・ロガチク（Verkhniy Rogachik）はそれに準じる権力者の墓であることは、トルスタヤ・モギーラやガイマノヴァ・モギーラの副葬品の豪華さからも明らかであろう（藤川 1999: 224-235）。そして、前4世紀末以降古墳の造営が草原地帯で減少していったこともはっきりと示している。この傾向はまさに第二スキタイ国家の凋落を反映しているといえよう。

（9）城塞集落の出現

　黒海北岸草原に大規模な古墳が造営されるようになる前4世紀以降、ドニェプル川下流域には同時に城塞集落が建設されるようになり、スキタイの定着化が見られるようになった。これらの城塞集落の中で最大規模の遺跡がカーメンスコエ（Kamenskoe）城塞集落址である。遺跡はドニェプル川下流左岸のカーメンカ村に位置し、ソローハ古墳からもほど近い。遺跡はコンカ川がドニェプル川に合流してまた分流する地点にあり、北側と西側を川で囲まれ、さらに南側もベロジョルスキー（Belozerskiy）入江で区切られているため、東側と南西側の一部からしか接近できない天然の要塞とも言える場所に築かれていた（図73）。面積は全体で12km²もあり、東側と南西側が土塁で防衛されていた。城塞内では様々な住居址が発掘されており、その一つの型式はプラン隅丸方形で2～3室が並び、南側に入口があり、中央の部屋に炉が造られていた。住居址の面積は40～150m²であった。また、手工業や冶金業の工房址も発見された。南西側の土塁近くには保塁で二重に囲まれた面積約30haのアクロポリスがあり、石造建築址が出土した。アクロポリスからはギリシア製陶器などが発見されており、スキタイ王の居城であり首都機能をもっていたのではないかみなされた（Grakov 1954：172）。こうした点から、カーメンスコエ城塞集落址はスキティアの手工業と経済の中心地であり、同時にスキティアの政治的中心地ではなかったかと考えられた。しかしながら、近年では手工業および経済的な意義が強調され、首都については疑問視されてい

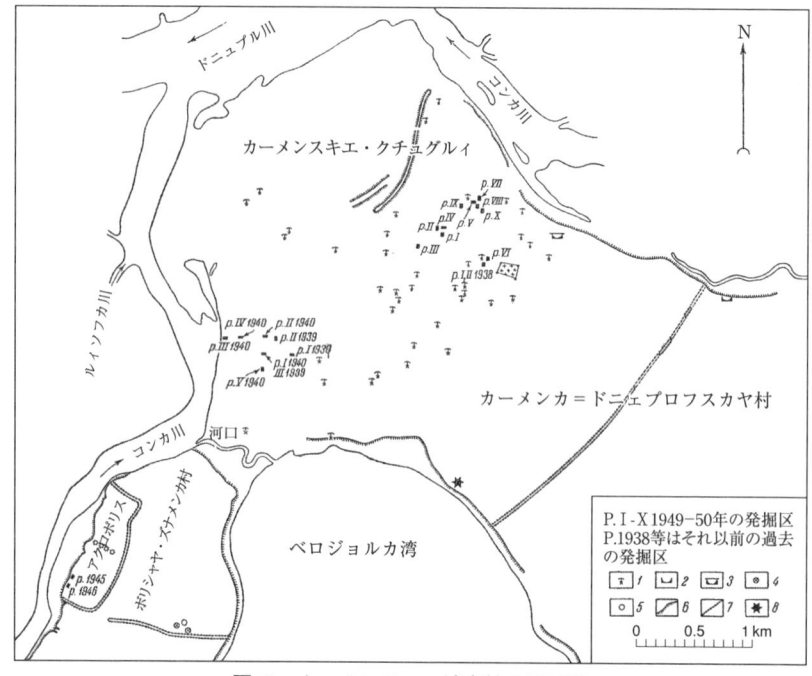

186 VI 第二スキタイ国家：黒海北岸草原の支配

図73　カーメンスコエ城塞址の平面図
1：冶金址をともなうスキタイ時代の層　2：土壙墓群　3：半地下式住居址　4：発掘された古墳
5：未発掘の古墳　6：18世紀の土塁　7：スキタイの城塞の土塁　8：先スキタイ時代の集落址

る（Il'inskaya and Terenozhkin 1983：188）。アクロポリスを除く遺跡の大部分は前3世紀末から2世紀初には使用されなくなり、アクロポリスだけが後3世紀初まで命脈をたもったとみなされている（Grakov 1954；1971：61-64）。

　前4～3世紀にはこのような城塞集落がドニェプル川下流域からクリミアにかけて多数建設された。その原因は東からのサルマタイ勢力の拡大と西方からのケルト系民族の黒海北岸地方への侵入によって引き起こされた軍事的危機によって説明されている。こうして第二スキタイ国家は衰退に向かっていたとみなされている。

Ⅶ 第三スキタイ国家:クリミアの小スキティア

(1) 大スキティアの瓦解

「大スキティア」とは歴史上の名称ではなく、サルマタイがスキティアを征服する頃にクリミアとドブルジャに成立した歴史上の「小スキティア」との対比で黒海北岸地方を指して敢えて使用している歴史考古学上の用語である。

前339年のアテアス(アタイアス)王の死後、第二スキタイ国家は弱体化していった。黒海北岸地方はしばしば外敵の侵入にみまわれた。アテアス王死後まもなくマケドニアのアレクサンドロス大王のトラキア総督ゾピュリオン(Zopyrion)が率いる軍隊がスキティアに侵略した。この時は、スキタイ軍がゾピュリオンの軍隊を殲滅したという(ポンペイウス・トログス2巻3節, 37巻3節)。この侵入の際、ゾピュリオンの軍隊がオルビアを包囲したことがマクロビウス(Macrobius, Ambrosius Theodosius)によって短く伝えられている。

> ゾピュリオンによって包囲されたボリュステネス[オルビア]市民は奴隷を解放し、外国人に市民権を与え、債務を変えて、敵の包囲に耐えた(拙訳)(Macrobius, Saturnalia, Lib. I, 11, 33:Scythica et Caucasica, t. 2, 392)。

この政策が歴史的事実であったことはオルビアに建立されたカリニコス(Kallinikos)顕彰碑文(IOSPE I², 25+31)が証言している(Vinogradov 1989:153-158)。ヴィノグラードフはこの顕彰碑文を前325～320年と推定し、ゾピュリオンのオルビア包囲を前331年としている(Vinogradov 1989:163)。また、カンリフ(Cunliffe, B.)は前331(or 326)年としている(Cunliffe 1997:171)。ポンペイウス・トログス(ユスティヌス抄録)を邦訳した合阪學はこの事件を前325年としている(ポンペイウス・トログス:65, 注1)。

前4世紀末には前述したようにボスポロス王国の王位争奪の際にスキタイ

王アガロスが関与したが、敵方はクバン川流域を支配していたサルマタイの一族シラケス王を後ろ盾にしていたことは、スキタイの勢力が弱まっていたとみなすことができよう。こうして、前3世紀以降ドン川の東からスキティアに侵入してきたサルマタイによって黒海北岸地方は征服されていった。また、同時代には西からケルト系のガラティア人が侵略するという事件も重なり、第二スキタイ国家は崩壊したと考えられている。本節では黒海北岸草原地方のいわゆる大スキティアの瓦解に関する文献史料を取り上げてその歴史的過程を追うととともに、「大スキティア」からクリミアに成立する小スキティアへのスキタイ国家の中心地の移動が考察される考古学資料について言及したい。

サルマタイのスキティア侵略についてはさまざまな史料に断片的に記録されたが、まずサルマタイ以前のドン川以東の状況については、前述のようにタナイス川のかなたにスキタイと親縁関係がある騎馬遊牧民サウロマタイが居住していた（ヘロドトス4巻116節）。

サウロマタイはウラル川からヴォルガ川流域の草原地帯で遊牧を営んだイラン系騎馬遊牧民の大集団であったが、前5世紀末にはヒッポクラテスが記録したようにマイオティス湖（アゾフ海）の周辺に居住していたという（ヒッポクラテス「空気、水、場所について」17節）。前4世紀中葉にはクニドスのエウドクソス（Eudoxus, of Cnidus）がタナイス川に住む「シュルマタイ（Syrmatai）」というサウロマタイ系の部族を記録した（エウドクソスの断片はビュザンティオンのステファネスが伝えている：Scythica et Caucasica；t. 1, p. 266)。同じ頃カリュアンダのスキュラクス（Scylax, of Caryanda）もヨーロッパとアジアを分けるタナイス川（ドン川）にシュルマタイの集団を挙げ、タナイス川を越えたアジア最初の民をサウロマタイとした（Scylax, 68, 70：Scythica et Caucasica：t. 1, p. 85；雪嶋 1996：6）。

ところが、前5世紀末までにウラル川中流域でサウロマタイと同じイラン系の騎馬遊牧民サルマタイの勢力が増大していたことが近年フィリッポフカ（Filippovka）古墳の発掘調査で明らかになった（Aruz, Farkas, Alekseev and Korolkova 2000)。そして、前4世紀末にはサルマタイ諸部族がサウロマタイに代わってドン川に迫るようになっていた。その中のシラケス族はボスポロ

ス王国の権力闘争に深く関与してクバン川流域を支配下においた。

　東方からのサルマタイの軍事的圧力は黒海北岸ギリシア植民市にも及んでいた。そのことは前3世紀に建立されたいくつかのギリシア語碑文に言及されている。その一つは、クリミア半島南端のギリシア植民市ケルソネソス（Chersonesus）で1906年に発見された18行からなる碑文であり、近年ヴィノグラードフによって碑文全文が解読された（IOSPE I^2 343; Vinogradov, Yu. G. 1997）。碑文は文字の特徴から前280年頃に編年されている。そこでは、自由な身分の人びとがディオニュシア月に収穫に出かけると、近隣のバルバロイが不意に攻撃を仕掛けたり、サルマタイの大軍が攻撃の準備をして、自由民を売り払うために捕虜にするということが記録されていた。つまり、前3世紀の第1四半世紀にはケルソネソスでもサルマタイや他のバルバロイ（スキタイ？）の攻撃に曝されるような危機状況に直面していたことになる（Vinogradov, Yu.G. 1997：121-122）。

　もう一つの碑文は、オルビアに建立されたオルビア市民プロトゲネス（Protogenes）への顕彰碑文である（IOSPE I^2, 32）。この碑文はA・B2面からなり、それぞれの面に95行ずつギリシア語文が刻まれている。A面ではオルビア近郊に居所を置いてオルビアに貢物を要求して圧迫する遊牧民サイ族（Saioi）の王サイタファルネス（Saitapharnes）が言及されている。「サイタファルネス」はイラン系の言語で解釈され、「サイ族のファルナ（天佑）をもつ者」という意味に解釈されている（Abaev 1979：287）。B面では、ケルト系のガラティア（Galatia）人とスキロイ（Skiroi）が連合してオルビアに迫っており、また都市周辺にはティサマタイ（Thisamatai）、スキタイ、サウダラタイ（Saudaratai）というバルバロイがおり、彼等の襲来のためオルビア内に逃げ込んだということが記録されている。もはやスキタイはオルビア周辺に居住する弱小集団として扱われている。この碑文の建立年代については、文字の形やケルト系のガラティア人への言及などの点から前3世紀後半、前3世紀末から2世紀初め、あるいは前3世紀20～10年代という様々な意見が表明されてきた（参照：Vinogradov 1989：181-182, primech. 16）。ところが、ケルト系のガラティア人の黒海沿岸への侵入に関しては歴史家ポリュビオス（Polybius）が伝えている。

こうしてトラキア人との戦争の日々に追われながらも、ビュザンティオン人は古くから続いていたギリシア人との義理に背くことは一度もなかった。ところが、コモントリオスの率いるガリア人の攻撃にさらされたとき、この都市は未曾有の危機にみまわれた。このガリア人の一団はブレンノス麾下の一団とともに故地を出たあと、デルポイでの敗戦をまぬかれ、その後ヘレスポントス地方にまで達したものの、アジア側に渡ることはせず、ビュザンティオン近郊の土地が気に入ってそこに足を止めた。そしてトラキア人を制圧してテュリスを王の居所と定めると、ビュザンティオン人を生死の危機のなかに引きずり込んだ。（中略）しかし最後には毎年［銀］八〇タラントンの貢納金を納めるよう強いられるまでになり、それがカウアロスの時代まで続いたのだが、この王の時代にトラキア人の逆襲を受けて王権は滅亡し、率いられたガリア人集団も全滅した（ポリュビオス〔城江訳〕4巻45～46節）。

　このガリア人は小アジアへ侵入したガラティア人のことであり、デルポイ攻撃は前279年の事件である。そして、コモントリオス（Komontorios）が築いた首都テュリス（Tylis）はビュザンティオン（後のコンスタンティノポリス）の近郊ではなく、ブルガリア北東部とみなされている。そして、カウアロス（Kauaros）王がトラキア人の逆襲を受けて滅んだのは前213年である（Lazarov 1996）。つまり、プロトゲネス碑文で言及されたガラティア人のオルビア攻撃は前279～213年の間でなければならない。とすれば、プロトゲネス碑文が前3世紀に編年されることは確実であり、その時代にはオルビア周辺にケルト系民族が現れ、オルビアを危機的な状態に陥れていたことになる。その時オルビアに避難した民族にスキタイが挙げられていることから、オルビアに要求を付きつけていたサイ族はスキタイと考えることはできず、東から黒海北岸地方に侵略したサルマタイであるとみなされている（Smirnov 1984：68；Vinogradov 1989：181；1997：106）。つまり、前3世紀後半にはサルマタイの勢力がオルビアまで迫っていたことになる。
　さらに前3世紀後半の事件の反映とみなされている伝承がある。ギリシア

の兵法家ポリュアイノス（Polyaenus）が伝えるところによれば、サルマタイ王メドサッコス（Medosakkos）の妻アマゲ（Amage）は夫が贅沢に耽り酒浸りで腑抜けになっているのを見て、自ら敵の侵入を防ぎ近隣の諸国と同盟を結んだため評判となった。タウリケの住民はスキタイ王に苦しめられていたため、アマゲに援助を求めた。彼女はそのためスキタイに対して精鋭120名を送った。軍隊は馬3頭を乗り継いで1日で1,200スタディオンを走破してスキタイ王の城に到着し、王宮の見張りを皆殺しにした。そして、アマゲは部隊を率いてスキタイ王とその一族郎党を殺したという（ポリュアイノス8巻56節；雪嶋 1996：78）。もしこの事件が前3世紀中のことであればスキタイの王宮があった場所は後述のズナメンスコエ城塞であった可能性がある。メドサッコスとアマゲが支配する領地はスキタイ王宮までの距離が1,200スタディオンであるため、前述のように200スタディオン＝35.5kmで計算すると213kmとなる。ポリュアイノスの時代（後2世紀以降）の1スタディオンはこれと同一ではないが、仮に同じだとすれば、ズナメンスコエから直線距離で213km東ではアゾフ海沿岸の都市ベルジャンスク（Berdyansk）市からその北のアゾフ海沿岸丘陵地の西端あたりであり、ドン川を渡ったサルマタイの勢力の進出をおおよそ正確に踏まえているのかもしれない。

　黒海北岸地方がサルマタイの支配下に入っていたことを証明する史料はポリュビオスによって伝えられている。前179年にポントス（黒海）周辺諸国が講和条約を締結した。それらの国々の中にアジアではアルメニアの君主アルタクシアス（Artaxias）の名前があり、エウローパではサルマタイのガタロス（Gataros）、ポントス沿岸のギリシア植民市の名が挙げられていた。

　　アシアーの諸王のうちで条約のなかに含まれたのは、アルメニアーの大部分を支配しているアルタクシアースとアクシロコス。エウローペーではサルマテのガタロス、自由都市のうちではヘーラクレオータイ、メセーンブリアー、ケッルソネーソス、キュジコスだった（ポリュビオス〔竹島訳〕25巻2節）。

ここではスキタイ王は言及されておらず、すでに黒海北岸地方における主

192 Ⅶ 第三スキタイ国家：クリミアの小スキティア

要な勢力とはみなされていないことから、サルマタイは遅くとも前2世紀初めまでに黒海北岸草原地帯の支配を確立していたことが確認できる。

このような史料から、黒海北岸草を支配していたスキタイ王権は前3世紀には東から迫ってきたサルマタイと南西から侵入したガラティア人から攻撃を受けて弱体化していったと考えられる。

史料に記録されたスキティアへのサルマタイとガラティア人の侵入は考古学資

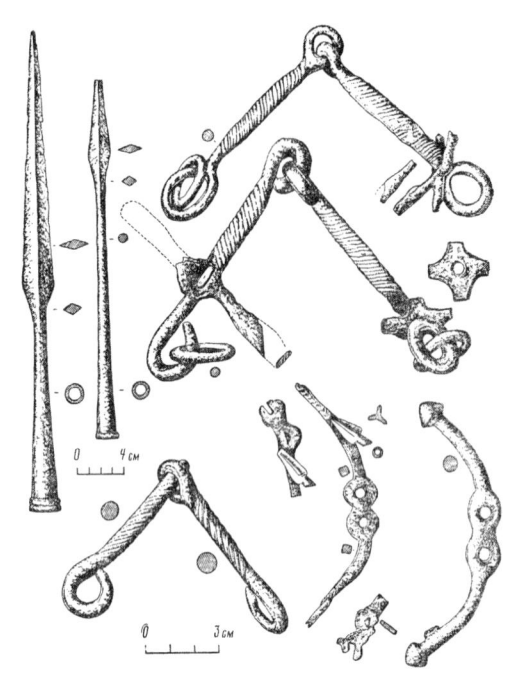

図74 クヴァシノ駅構内古墳出土のサルマイの武器と馬具

料によっても確認されている。まず、前期サルマタイ時代（前4～2世紀：プロホロフカ期）に編年されるサルマタイの埋葬址が黒海北岸草原東部のドニェツ州クヴァシノ（Kvashino）駅構内の古墳で発見された。崩壊した墓から鉄製矛2点、鉄製銜3点と鐙1対が出土した（図74）。矛はクバン川流域で見られるものと類似するが、銜は全体が撚ったような文様があり、両端はくるりと丸められ環となり、鐙は2孔式で彎曲していた。スミルノフ（Smirnov, K. F.）はこの墓を特に前3世紀に編年している（Smirnov 1984：58）。また、スミルノフは前4～3世紀までに編年されるサルマタイの埋葬址がドニェプル川下流域で少なくとも5基知られていると述べ、サルマタイの西漸の痕跡とみなしている（Smirnov 1984：58；雪嶋 1999：247）。

しかしながら、最近では黒海北岸草原におけるサルマタイの居住は前2世紀になって始まり、その時代までは黒海北岸草原は空白地帯と化していたとみなす意見もある（Vinogradov, Yu. A. 1999：57-58）。両者の見解は一見対立す

るように思われるが、大きな矛盾はない。というのは、黒海北岸草原で前3世紀に編年されるサルマイタイの遺跡は実際には極めて限られているため、その時代にサルマタイが大挙して押し寄せていたということにはならない。サルマタイの本格的な黒海北岸草原への移動はそれ以降であろうということである。ただ、空白地帯となり誰も居住していなかったというのであればそれは極論であろう。なぜなら、少なくとも後述のドニェプル川下流域に建設されたスキタイの城塞集落ではスキタイの生活が確認されており、彼らはそこを拠点に草原で遊牧をしていたのであるから。

　ガラティア人の侵入を裏付ける考古学資料としては、黒海北岸地方でケルト人のラ・テーヌ（La Tène）文化の遺跡や遺物が知られている。ドニェプル川中流域のザレシエ（Zales'e）村の埋葬では骨壺とフィブラ（図75, 1, 2）、リニャエヴォ（Linyaevo）村ではフィブラ（図75, 3, 4）、ペカリ（Pekari）村ではマスクが発見されている（図75, 5）。特に、ザレシエの埋葬はケルト人の存在

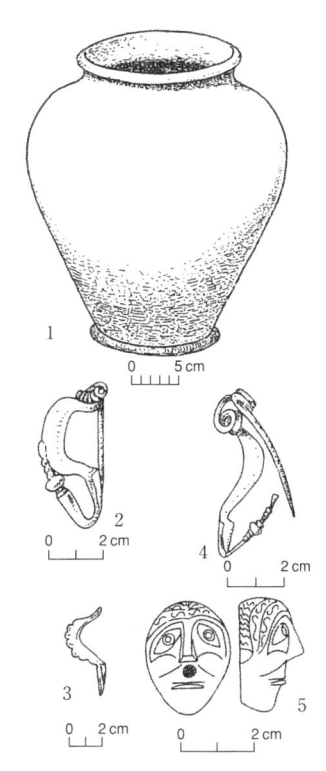

図75　ドニェプル川中流域で発見されたラ・テーヌ文化に特徴的な資料

がなれれば考えなければならないものである。ペカリ村のマスクはケルトの神を表現したものとみなされ、南西フランスのタルブ（Tarbes）で発見されたマスクと比較されている。これらの資料はラ・テーヌ文化に特徴的であり全体として前275〜125年の間に編年されている（Machinskiy 1973）。また、オルビア、パンティカパイオン、タナイス、ファナゴリアなどの黒海北岸植民市では中期ラ・テーヌ文化（前3世紀後半〜2世紀前半）の腕輪やフィブラが発見されている（Treister 1993：Fig. 7）。

　さらに、ラ・テーヌ文化の遺物やエトルスクの兜がサルマタイの墓で発見されている。もっともよく知られた遺跡は南ブグ川下流のマリエフカ

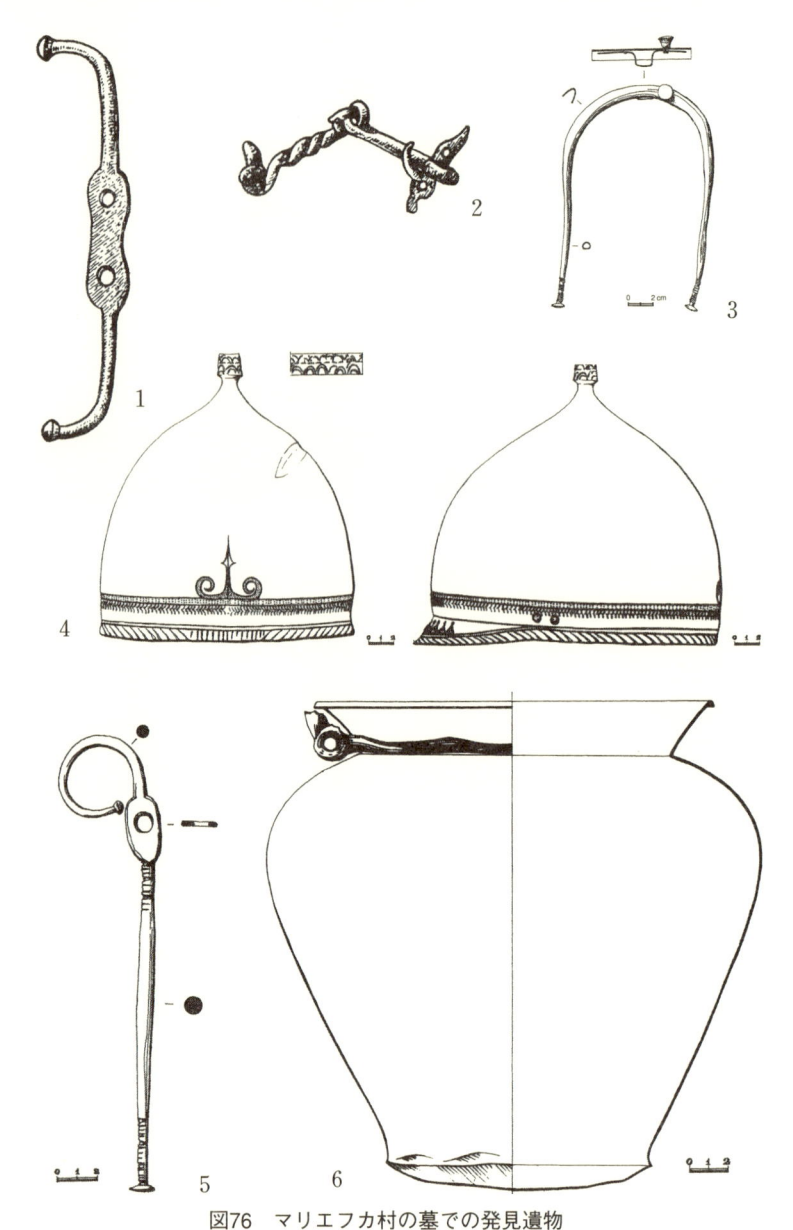

194 Ⅶ 第三スキタイ国家：クリミアの小スキティア

図76 マリエフカ村の墓での発見遺物
1：弓形青銅製2孔式鑣　2：サルマタイ型鉄製銜　3：U字形鑣　4：青銅製兜　5：？形鑣
6：青銅製シトゥラ

(Mar'evka) 村の墓である。そこからサルマタイの鉄製銜（図76, 2）と弓形の青銅製2孔式鑣（図76, 1）および環などの馬具と共にエトルスクの青銅製兜（図76, 4）、U字形の鑣、？形鑣（図76, 5）、ラ・テーヌ文化のバルクフェルト（Bargfeld）型青銅製シトゥラ（図76, 6）などが発見されている。弓形鑣はクヴァシノで発見されたものと類似している。エトルスク型兜は南ロシアからウクライナで他に6例知られており（Raev 1986 : Pl. 80, 2)、そのいくつかは前2～1世紀のサルマイタイの墓から出土したという。U字形鑣についてはルーマニアのジムニチェア（Zimnicea）で類例が発見され、？形鑣はモルドヴァで知られているという。ジムニチェアの墓は前3～2世紀に編年されている。一方、バルクフェルト型シトゥラは後期ラ・テーヌ文化（前2世紀後半～1世紀）に属する。また、小スキティアのネアポリスの王廟（前2世紀末）では中期ラ・テーヌ文化の剣が発見されている（図77）。

トレイステル（Treister, M. Yu.）はこれらの資料を前2～1世紀に編年しており、前3世紀のガラティア人の侵入とは直接関係付けてはいない（Treister 1993 : 797）。しかしながら、彼の編年の根拠の一つとなった碑文（IOSPE I². 34）が前述の通り前3世紀前半に年代付けられ、プロトゲネス碑文が遅くとも前3世紀後半に編年されるとすればその編年も確実ではない。スミルノフもこれらのエトルスク型兜を前2～1世紀とみなしながら、マリエフカの墓をプロトゲネス碑文よりやや後であると述べている（Smirnov 1984 : 71）。つまり、前2世紀ということになろう。事実、スミルノフはマリエフカのサルマタイの墓を前期サルマタイ時代に関係付けて、サルマタイの黒海北岸草原への進出の

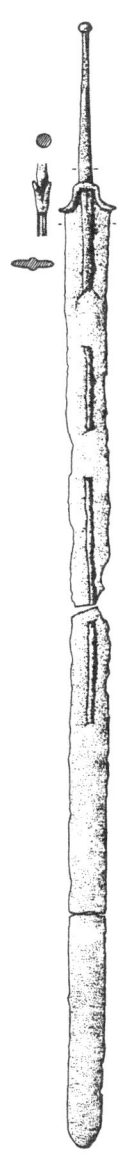

図77 ネアポリスの王廟で発見された中期ラ・テーヌ文化の剣

早期の痕跡であるとみなしている（Smirnov 1984：69）。また、これらはサルマタイとケルトとの関係を知る上で重要な資料といえよう。

以上のような史料および考古学資料を勘案すれば、前3世紀以降黒海北岸草原地帯はさまざまな民族の侵入によって第二スキタイ国家は勢力が著しく衰えて、黒海北岸地方がサルマタイの勢力下に入っていったとみなすことができよう。スキタイはドニェプル川下流の城塞集落と以前から王族が領有していたクリミア北部の草原に退避せざるをえなくなったのである。

（2）第三スキタイ国家の活動

スキタイはサルマタイに圧迫されてドニェプル川下流域とクリミア半島に住地が狭められた。ストラボンはこの地方について次のように述べている。

　　ほとんどの土地［＝クリミア半島］は地峡とカルキニティス湾に到るまでスキュタイ族系タウロイ族の領地だった。さらに、この地方全体の呼び名が、地峡より外側にあたってボリュステネス川にかけてのほぼ全域をも含めて、「小スキュティア地方」となっていた。また、小スキュティアからテュラス、イストロス両川を越えて対岸の土地に住みついたスキュタイ諸族が多数にのぼったため、その地方のかなり広い区域も小スキュティア地方という呼び名になった（ストラボン7巻4章5節）。

後者の小スキティアについてストラボンはまた次のように言及した。

　　イストロス河より内側の「小スキュティア地方」の沼沢地帯がある（ストラボン7巻5章12節）。

つまり、地峡とはクリミア半島の付け根の地域のことであり、そこを含めてクリミア半島北西岸およびドニェプル川河口に至るカルキニティス湾およびドニェプル川下流までの地域がスキタイの領地に属し、小スキティアと呼ばれていた。また、そこからスキタイがドニェストル川とドナウ川を越えてドナウ川河口内側（＝南側）の沼沢地帯（＝今日のドブルジャ地方）に移住した

ため、そこも小スキティアと呼ばれるようになったというのである。本節ではこの小スキティア、特に遊牧民スキタイの生活の痕跡が明らかになっているクリミアに成立した第三スキタイ国家の活動について述べる。

　前2世紀以降のスキタイについて文献資料が伝えていることは極めてわずかである。まず、クリミア半島中央部シンフェローポリ（Simferopol'）市南部のケルメンチク丘上に位置するいわゆるスキタイのネアポリス（Scythian Neapolis）（後述）で出土した碑文に言及されたアルゴタス（Argotas）という人物のことが知られるようになった。この碑文はネアポリスの中央城門を入ったすぐ北側で発見された。碑文を含む石碑はすでに19世紀に発見されていたが、200以上の破片であったため長らく解読がなされなかった。また、1950年にはこの石碑の一部と考えられる表面に騎馬人物像が表現された断片が発見されている。

　近年石碑の研究が行われ、8行の韻文からなる碑文が復元された。碑文はアルゴタスのために「スキティアの支配者（ὁ Σκυθίης κοίρανος）」によって建立されたもので、アルゴタスがトラキア人とマイオタイの大群に対して祖国防衛に尽力したことに対しての頌詩であった。残念ながらアルゴタスが行った対トラキア人・マイオタイの戦いについては審らかでない。彼は60人の息子と同数の娘の父であった。アルゴタスという人物は2人知られている。1人は上述のように第二スキタイ国家の王として知られているが、もう1人は前2世紀ボスポロス王国のスパルトコス（Spartokos）5世の娘でパイリサデス（Pairisades）3世の未亡人であったカマサリュエー（Kamasarye）と再婚したアルゴタスがパンティカパイオン発見の碑文（Struve et al. 1965：84-85）で知られている。カマサリュエーはまたボスポロス王パイリサデス4世の母でもある。このアルゴタスがネアポリス発見の碑文で言及された人物と同一であるとみなされている（Vinogradov and Zaitsev 2003：51）。ところが、これら両碑文ともアルゴタスの称号を記していない。そのため彼はスキタイ王あるいは王族ではないと思われるが、ボスポロス王妃であり未亡人となった最高位の女性と見合うほど高位の人物であったことは間違いない。ザイツェフ（Zaytsev, Yu. P.）は彼をスキタイ王としているがその根拠を示していない（Zaytsev 2004：19）。アルゴタスとカマサリュエーは前170〜150年の間あるい

図78　スキルロスがオルビアで発行した貨幣

は160年頃に結婚したと推定されている（Vinogradov and Zaitsev 2003：49）。おそらくアルゴタスはスキタイ王国の貴顕であり、この結婚によってボスポロス王の姻戚となったことで、両国の関係に重要な役割を果たした人物であろう。彼は後にボスポロス王国から小スキティアに戻りスキティア防衛に尽力したのであろう。

　この碑文は考古学調査から判断すれば、前130年代より早くない時期にこの場所にアルゴタスを祭る半神廟（heroon）がスキタイ王によって建設され、そこに建立されたものである。建立した王とは年代的にはスキルロス（Skiluros）ということになろう。スキルロスはアルゴタスの英雄的行為を顕彰してスキタイの戦意高揚を図ったのであろう。そして、小アジアのポントス国王ミトリダテス6世エウパトル（Mithridates Ⅵ Eupator）が派遣したディオファントス率いる軍隊（後述）がネアポリスを攻略した際に石碑は破壊されたと考えられている（Vinogradov and Zaitsev 2003：51）。

　第三スキタイ国家の王として事績が史料によって知られているのは前2世紀後半から末の王スキルロスとパラコス（Palakos）だけである。スキルロスはクリミアに根拠地を置きながらギリシア植民市との関係を維持して、前代と同様にオルビアを保護統治して「オルビアのスキルロス王のもの（ΒΑΣΙΛΕΩΣ ΣΚΙΛΟΥΡΟΥ ΟΛΒΙΟ）」という銘文が刻印された銅貨をオルビアで発行した（図78）。貨幣は3タイプ7種類で22個知られている。第1タイプは、表面に先尖帽を被り首飾りを着けて右を向いている有髭の人物頭部が表現され、裏面には麦穂、その下に弦を上に向けて弓が納められたゴリュトス、その下に棍棒がそれぞれ並行して横向きに並べられ、上端にΒΑΣΙΛΕΩΣ、下端にΣΚΙΛΟΥΡΟΥ、左端に上から下へΟΛΒΙΟと刻印されていた。第2タイプは表面に右を向く女性頭部が表現され、裏面中央には2頭立て馬車があり、その上にΒΑΣΙΛΕΩΣ、その下にΣΚΙΛΟΥΡΟΥ、左

端にOΛBIOと刻印されていた。第3タイプは表面に右向き帽子を被るヘルメス頭部、裏面にはヘルメスの杖が横にして置かれ、その上にBAΣIΛEΩΣ、その下にΣKIΛOYPOY、下端にOΛBIOと刻印されていた（Frolova 1964：44-49）。発行の時期は最初の2タイプが先で、ヘルメスのタイプが後である。スキルロスはオルビアおよび黒海西岸のギリシア植民市との交易を促進させた。スキルロスはオルビアとの関係ばかりでなく、ボスポロス王国との関係も進めた。娘のセナモティス（Senamotis）をボスポロス王パイリサデス5世の息子ヘラクレイデス（Herakleides）に嫁がせてボスポロス王国との関係を維持強化し、黒海北岸地方を支配するサルマタイに対抗しようとした（Vinogradov 1987；Sprykin 1996：140）。ところが、クリミア南部沿岸に小アジアの黒海沿岸都市ヘラクレイア（Herakleia）の移民によって建設されたギリシア植民市ケルソネソス（Khersonesos）（セバストーポリ近郊）に対してスキルロスは統治を目的にして軍事的な圧力を加えた。これに対して、上述の前179年にポントス王国と講和条約を結んでいたケルソネソスは自力ではスキタイの軍事力に対抗することができないため、小アジアのポントス王国のミトリダテス6世エウパトルに援軍を要請した。ストラボンはこのスキルロスとミトリダテス王との戦争について3回言及している。戦争の経緯を伝える順に引用すると、以下のようになる。

　　王［ミトリダテス］は非ギリシア民の諸族が（上記の）地峡より上の方にあたってボリュステネス川やアドリアス海にまで広がっているのへ向って遠征を起そうとしていたが、これはローマ攻撃への準備だった。そこで、王はこのような希望のもとに喜んでケロソネス［＝ケルソネソス］半島へ遠征軍を派遣すると、まずスキュタイ族との間に戦を起した。相手の指導者はスキルロスとその息子たちで、息子のパラコスを中心にその数は、ポセイドニオスによると50人、アポロニデスによると80人もいた（ストラボン7巻4章3節）。

　　ケロソネス地方には、今列挙した諸地域に加えて守備隊の砦もある。これらの備えを行ったのはスキルロスとその子供たちで、ミトリダテス王の

将軍たちとの戦に出撃基地として利用したのもほかならぬこれらの砦だった。砦の名をパラキオン、カボン、ネアポリスという（ストラボン7巻4章7節）。

この部族［＝ロクソラノイ］はタシオスを指導者としてミトリダテス貴種王［＝エウパトル］の将軍たちと戦いつづけ、また、スキルロスの子パラコスの許に来て参戦し戦士の評判を得ていた。（中略）とにかく、上記の援軍勢は約五万の数をもってしても、ミトリダテス王の将軍ディオパントスに従って隊伍を組んだ六、〇〇〇の軍勢に抗し切れず、ほとんどの兵が命を落とした（ストラボン7巻3章17節）。

すなわち、この戦いはミトリダテス王のローマに対抗して黒海周辺地域を支配下に治めるという政策と合致していたために開始されたのである。ミトリダテス王は将軍ディオファントス（Diophantos）率いるポントス軍を派遣した。ディオファントスの遠征はこれまで前110年とみなされていたが（Gaydukevich 1949: 301 ; Lomouri 1979 : 78)、近年サプルイキン（Saprykin, S. Yu.）はディオファントスの遠征は前114/113年に始まり、戦いは前113～111年の間であったという意見を発表し（Saprykin 1996 : 135)、戦争の年代について異論が唱えられている。筆者はどちらが正しい見解かを判断する材料をもち合わせていないため戦争の年代についてはとりあえず従来の説に従っておく。

スキタイ王スキルロスには多くの子供がいたことがストラボンの一説からも知られるが、プルタルコスもスキルロスの格言を伝える際に同様なことを記録している。すなわち、スキルロス王は末期に80人の息子たちに対して、全員がまとまれば強いが、一人ずつでは弱いことを、投槍の束は折れないが一本ずつなら簡単に折れることを示してスキタイの団結を説いた（Plutarchus, *Moralia,* Regum et imperatorum apophtegmata, Skilourou : Plutarchus 1889 : 8 - 9)。

スキルロスは息子パラコスを初め多くの子供たちと力を合わせてクリミア南部に砦を築いてディオファントス軍に対抗した。そして、スキタイ軍を率いたパラコスはタシオス（Tasios）率いるロクソラノイ（Roxolanoi）軍と連合して戦ったが、結局ディオファントス軍に打ち勝つことはできなかった。ス

キルロスはこの戦争の時に亡くなったようで、小スキティアの首都いわゆるネアポリスに造られた王廟に葬られた（後述）。また、ロクソラノイとはサルマタイの一部族集団で、前2世紀末頃にはボリュステネス川からタナイス川までの平原で騎馬遊牧を営んでいた人びとである（ストラボン7巻3章17節）。

この戦いの後にミトリダテス6世はポントス戦争を回想した演説の中で小スキティアの戦いを以下のように言及した。

　スキュティアは武器や勇気ある気概で武装されているほかに、行軍と非常な危険と労苦とを想像させる、荒涼とした寒冷さで武装された地である。このような困難の中にあっては、敵—彼らは金だけでなく、居住地さえもなくて放浪しているのだ—の側からの褒賞を得る希望はない（ポンペイウス・トログス38巻7節）。

この証言からミトリダテス王による小スキティア遠征は困難を極め、スキタイが以前と同様な遊牧の民であり、攻撃しても戦利品が得られるような都市もない状況であったために決して楽な戦争ではなかったことが判明する。そして、後述のようにクリミアの小スキティアでは多数の城塞が建設され、スキタイ戦士がそこで政治的軍事的な任務に就いていたと考えられるが、スキタイは当時もまだ草原で遊牧を営む遊牧民であったことを知ることができよう。

　ディオファントス軍の戦いについてはさらにケルソネソスに建立されたディファントス顕彰碑文に詳しく記録された（IOSPE I^2, 352）。2欄全58行からなるこの碑文によれば、開戦当初はスキタイ軍がケルソネソスに迫ったが、ディオファントス軍が形勢を逆転するためにクリミア南部沿岸に作戦の根拠地エウパトリオン（Eupatorion）を建設して、北西クリミアに進軍し、翌年春先にはディオファントス軍がカバイオイとネア・ポリスを攻略してスキタイ軍に勝利し、北西クリミアとオルビアをスキタイの手から解放した。そして、ディオファントスはボスポロス王国に赴いて、スキタイ王国と関係を有するパイリサデス5世に王権を引き渡すよう迫った。ところが、スキタイ出自の

サウマコス（Saumakos）がスキタイの一団を率いて首都パンティカパイオンで叛乱を起こし、パイリサデス王を殺害した。ディオファントスはケルソネソスの力を借りてサウマコスを捕らえて叛乱を鎮圧し、ボスポロスの王権をミトリダテス王に献上した。サウマコスは捕虜としてポントス王国のシノーペへ護送された。こうしてミトリダテスはタウリケ（クリミア）をも領有することになった（Saprykin 1986：217-219；1996：145-148）。

　叛乱を企てたスキタイのサウマコスがどのような立場にあったのかははっきりとはわかっていない。ジェベリョフは、サウマコスはスキタイ出身でボスポロス王国にいた奴隷であり、王国内の奴隷身分のスキタイを率いて王国に対して叛乱を起こしたとみなしたが（Zhebelev 1938）、近年はボスポロス王国と関係をもったスキタイ貴族のリーダーであろうと考えられている（Sprykin 1996：147）。上記のようにボスポロス王はスキルロスと姻戚関係にあったため、スキルロスおよびパラコスに近いスキタイ貴族であればパイリサデス5世を殺害することは考え難い。ディオファントス軍から大きな打撃を受けたスキルロスを継いだパラコスを援助するための叛乱であるならば、パイリサデス側についてディオファントスに対して反抗するはずである。しかし、サウマコスはディオファントス側に立って自分たちの要求を認めさせようとしたことから彼はスキタイ王とは一線を画したボスポロス王国内に居住したスキタイ貴族の長と推測されよう。

　ところで、ストラボンはスキルロスと彼の息子たちが建設した要塞としてパラキオン（Palakion）、カボン（Khabon）、ネアポリス（Neapolis）を列挙しているが、ディオファントス顕彰碑文ではスキタイがスキタイ王の城塞としてカバイオイ（Khabaioi）とネア・ポリス（Nea Polis）を建設したことが記録されている（IOSPE I^2, 352, col. I, line 13）。また、ケルソネソスで発見された別な碑文ではナピテス（Napites）というスキタイの城塞が記録されている。この碑文を研究したソロモニク（Solomonik, E. I.）はこれをビュザンティオンのステファネスが言及したナピス（Napis）というスキタイの城塞と関係付け、さらにディオドロスが伝えた前述のスキタイ起源伝説に登場するパロスとナペスの兄弟の名称との関係を指摘した（Solomonik 1964：No.1，7-15）。さらに、ラエフスキーはパラキオン、カボン、ネアポリスという城塞の列挙の順番を

重要視して、小スキティアのスキタイ国家の首都は最初に挙げられたパラキオンではなかったかと考えた（Raevskiy 1977a）。

後述するようにクリミアの小スキティアの首都はシンフェローポリ市のケルメンチク丘上にある城塞集落址、いわゆるスキタイのネアポリス（新都市）とされてきた。この場合の「新都市」はそれ以前の首都に対して新しい首都を指した名称であると考えられている。第二スキタイ国家の首都はカーメンスコエ城集落址であるとみなされているため、カーメンスコエに対して第三スキタイ国家の首都を「新都市」と呼んだという解釈である（Vysotskaya 1979：190）。ケルメンチクの城塞集落址はクリミアでは最大のスキタイの遺跡であり、城壁、城門、王の廟、王宮址などが発掘調査されており、この遺跡を小スキティアの首都とみなすことには誰も異論はない。そのためラエフスキーの意見に従えばケルメンチクの城塞集落址がパラキオンということになり、ネアポリスを別な城塞に求めなければならないため、研究者の間で議論を呼んだ。結局、今日までケルメンチク丘上の城塞集落址がネアポリスと呼ばれており、ラエフスキーの意見は否定されたことになる（Koltukhov 1999：14-15；Zaytsev 2004：5）。

第三スキタイ国家はディオファントスとの戦争によって勢力を著しく削がれ、その後のスキタイ国家の活動について史料によって知られるところは極めてわずかである。スキタイ王の名前もスキタイのネアポリスで発見された碑文に「コダルゾス（Khodarzos）王」（IOSPE I², 668）という名前が知られているのみである。

後1世紀以降黒海北岸で生じた重要な事件でもスキタイへの言及は極めて限られている。そのこと自体が彼等の権力の衰亡を物語っている。ローマの歴史家タキトゥス（Tacitus, Cornelius）は後45～49年に生じたローマ帝国とボスポロス王国との戦争について記録している。ローマによって失脚させられたミトリダテス8世（在位後39/40～44/45年？）に代わってボスポロス王に即位したコテュス（Kotys）1世（在位45/46～67/68年）はミトリダテスの反撃に対してサルマタイの一部族集団アオルソイ（Aorsoi）のエウノネス（Eunones）に援軍を依頼して、ローマ軍と合流してミトリダテスを攻撃しようとしたが、ミトリダテス軍はすでに撤退した後であった。逃亡したミトリダテスはしば

らくして今度は逆にアオルソイに頼ろうとしてエウノネスに保護を懇願するが、エウノネスはミトリダテスの処遇についてローマの指揮官クラウディウス（Claudius）と相談したという（タキトゥス12巻15〜21節）。この戦いはクリミア東部を支配したボスポロス王国、ドン川河口のタナイスおよびクバン川流域で展開された事件であるが、そこではもはやスキタイへの言及はなく、サルマタイ諸族の支配下にあったことが確認されるばかりである。

一方、62/63年にローマ皇帝ネロ（Nero Claudius Caesar, 在位後54〜68年）は黒海西岸のモエシア太守プラウティウス・シルウァヌス（Plautius Sylvanus）率いる軍隊をケルソネソスに派遣する。するとスキタイがケルソネソスを攻囲した。ローマ軍はすぐに攻囲を解いて黒海支配のための軍団をケルソネソスに駐屯させた。ローマ軍はケルソネソスの東に重厚な防御施設をもつカラクス（Charax）を建設して軍事拠点とした（Melyukova 1989：18）。このエピソードから後1世紀後半のスキタイの様子が垣間見られる。ボスポロス王国で発見された碑文でもスキタイあるいはタウロスキタイ（Tauroskythai）がケルソネソスやボスポロス王国にしばしば侵入したことが記録されているが（Struve *et al.* 1965：No. 32, 33, 39, 40, 1237；Melyukova 1989：125）、スキタイはもはやクリミアのローカルな軍事勢力にすぎなくなっていた。

ところが、後60年代末から70年代初めにオルビアで発行された貨幣でファルゾイオス（Pharzoios）とイニスメイオス（Inismeios）という王名が刻印されたものが知られている（Zograf 1951：Tabl. XXXIII, 224-228；Karyshkovskiy 1988：Ris. 14, 1, 3）。ラエフスキーは彼らをスキタイ王とみなした（Raevskiy 1973）。しかし、シチューキン（Shchukin, M. B.）はファルゾイオスの金貨の裏面にはサルマタイ特有のタムガ（本来は家畜に刻印する記号）が見られるため、ファルゾイオスはサルマタイ王であるという。タムガが黒海北岸地方で頻繁に見られるようになるのはサルマタイの黒海北岸地方侵入以降であり、サルマタイ文化には特徴的であるが、スキタイ文化では見られないものである。この貨幣の分布域から判断してファルゾイオスの支配はドニェプル川から西方プルート川まで広がっていた（Shchukin 2005：66-67）。そのため、やはりファルゾイオスはスキタイではなくサルマタイの王ということになろう。一方のイニスメイオスの銀貨であるが、これは表面にイネンシメオス（Inensimeos）、

裏面にイニスメイオスという人物の肖像と名前、タムガが刻印されたものである。古銭学者カルィシコフスキー（Karyshkovskiy, P. O.）はこれらのタムガを「王のタムガ」と呼びファルゾイオスからイネンシメオスへのタムガの継承を認めている（Karyshkovskiy 1988：119）。そうであればやはりイネンシメオスもサルマタイ王ということになり、ラエフスキーの意見は認められないことになる。このように紀元後以降のスキタイ国家はクリミアの小スキティアをかろうじて支配するばかりの小国となり、もはや黒海北岸地方に影響を及ぼすような政治勢力ではなくなっていた。

（3）小スキティアのスキタイ遺跡

　上述のように、前2世紀初めまでには黒海北岸地方はサルマタイの支配下に入り、スキタイはドニェプル川下流域とクリミアの草原および山麓からなる小スキティアを領有するばかりになった。彼等の遺跡はドニェプル川および南ブグ川下流域ではカーメンスコエから下流に建設された16箇所の城塞址（5箇所が左岸で11箇所が右岸に位置する）と5箇所の墓群が確認されている（Melyukova 1989：140）（巻末付図4）。

　ドニェプル川下流域で比較的規模の大きいスキタイの遺跡はカーメンスコエ城塞のアクロポリスとして建設されたズナメンカ（Znamenka）城塞址である。ズナメンカはカーメンスコエ城塞址が前3世紀に活動を停止した後も命脈を保ち、後3世紀まで存続した。コンカ川の段丘上に日乾煉瓦からなる厚さ約10mの城壁と壕を備えた城塞で、内部の面積は32.5ha。城壁内北のコンカ川に面する側にはさらに土塁と堀で囲まれた小アクロポリスが構築されていた。土塁は石造りで日乾煉瓦で覆われており、厚さ2～4.5mであった。建築遺構は土壁造りで石の土台が使われることもあった。紀元前後には石造の家屋が建造された。小アクロポリスからは前4～3世紀に編年されるギリシア陶器破片が発見され、カーメンスコエ城塞が活動していた時代に並存したことが判明した。東側の城壁から、眼や口を覆う金製板、ギリシアのメガロン製碗、ギリシア製の紡錘車形香油入れ、ランプ、金製管玉などが副葬された埋葬址が偶然に発見され、陶器の文様から前2世紀後半に編年された（Pogrebova 1958：128-129）。城塞内からは石皿、ギリシア式石臼、ウシ・ヒツ

ジ・ウマ・ブタなどの家畜骨、石錘や青銅製釣り針などが発見され、定着的な農耕牧畜漁労が行われていたことが明らかになった。さらに、ドニェプル川下流域のスキタイの城塞集落址から前2～1世紀のロドス、コース、シノーペ製などのアンフォラやギリシアの赤色・灰色陶器が発見されており、黒海沿岸都市ばかりでなく、エーゲ海、地中海方面との関係も有していたことが明らかである (Melyukova 1989：144-145)。ドニェプル川下流域のこれらの城塞集落址では一部のスキタイが農耕牧畜に従事して定着化の傾向を示しているが、城塞の果たす役割は戦時の避難場所であったことはことは確かであろう。

一方、クリミアの小スキティア時代の遺跡は平原から山麓に至る河川沿いに多く見られる。また、いくつかはエフパトリヤ (Evpatoriya) 市から西方の沿岸部でも知られている。コルトゥホフ (Koltukhov, S. G.) はこれらの遺跡を存続年代で5期に分けている (巻末付図4)。これらの遺跡は城塞集落ばかりでなく、防御施設を伴わない集落も含まれている。

第1期：前3世紀の最後の四半世紀－前2世紀～後3世紀

  遺跡は小スキティアでは最も永く活動した城塞集落や集落であり、クリミア南部中央に多く、スキタイのネアポリスを取り囲むようにケルメン＝クル (Kermen-Kyr)、ザレシエ (Zales'e)、ズメイノエ (Zmeinoe) などの城塞址が存在する。

第2期：前3世紀末－前2世紀～後1世紀－2世紀初め

  遺跡としてはブルガナク (Bulganak) 城塞址やカムィシンスコエ (Kamyshinskoe) 集落址、サルィ＝カヤ (Sary-Kaya) 城塞址などで平原と山麓の縁に沿って分布している。

第3期：前2世紀後半～後1世紀中葉－2世紀初め

  ベリャウス (Belyaus)、アイルチ (Ayrchi) などの城塞址で、分布域が北西クリミア遺法沿岸部に集中しており、スキタイとケルソネスとの戦いの中で建設された集落址である。

第4期：前1世紀－後1世紀～3世紀

  アリマ＝ケルメン (Al'ma-Kermen)、アレクセエフスコエ (Alekseevskoe) などの城塞址などで分布域は山麓深くにある。

第5期：後2～3世紀

バルタ＝チョクラク（Balta-Chokrak）、タス＝テペ（Tas-Tepe）などわずかで、シンフェローポリ市から南西の山麓部に集中している。

このような存続年代別の分類は小スキティアにおける城塞集落の政治的軍事的な役割を反映していると思われる。第1期における多数の城塞集落の出現は小スキティアへのスキタイの移動と根拠地造りであり、第2期の草原の縁に引かれた前線はサルマタイやケルト人の侵入などと関係があろう。第3期は明らかにディオファントス戦争の際に建設されたものであり、第4～5期についてはボスポロス王国やケルソネソスとのローカルな抗争のためであったと想定される。なお、この分類にはあてはまらない遺跡や編年が確定していない遺跡もある。その代表が黒海に流れるアリマ川の河口に位置するウスチ＝アリミンスコエ（Ust'-Al'minskoe）城塞集落址である。後1～2世紀以降まで存続したスキタイの城塞集落は3世紀のゴート族の侵入によって破壊されたとみなされている（Koltukhov 1999：20-27）。

スキタイ社会におけるこれらの遺跡の役割は、首都の機能を持ったネアポリスやローカルな政治的拠点の役割を果たしたとみなされるウスチ＝アリミンスコエ、ブルガナク、アレクセエフスコエ、軍事の中心拠点であったとされるケルメン＝クル（Kermen-Kyr）などを除けば、平時の一時的な居住や戦時の砦や避難所であったと考えられる（Koltukhov 1999：200-201, Ris. 86）。

以上のような分類の中で小スキティアにおいて最も特徴的であり第三スキタイ国家の存在を明らかにしてくれる遺跡はスキタイのネアポリスと呼ばれるシンフェローポリ市内ケルメンチク丘の城塞集落址である。ネアポリスは上述のようにクリミアの小スキティア最大の遺跡であり、第三スキタイ王国の首都とみなされている。つまり、ネアポリスについて研究することは第三スキタイ国家の様相を明らかにすることになるため、以下にネアポリス遺跡の概要を示すことにする。

スキタイのネアポリスは、シンフェローポリ市南東部、サルギル（Salgir）川左岸に位置し、クリミア山塊から続く山地の北縁にあたり、北に向かって三角形に突き出すケルメンチク丘上で発掘された城塞集落址である。丘の東側は急峻な斜面となり、西側は比較的なだらかに下ってペトロフスキー窪地

208　Ⅶ　第三スキタイ国家：クリミアの小スキティア

となり、南側は台地に接続しており、城塞へのアプローチは南側に限られている。城塞内にはいくつかの古墳も見られた。

遺跡の調査は19世紀前半に始まる。1827年に遺跡で石灰岩の板石に浅浮き彫りされた騎馬人物像（図79, 上）とギリシア語碑文がある3点の石碑台座が発見されたためブラーランベルクが緊急調査を行って、2人のスキタイ人物像が浅浮き彫りされた石碑の一部（図79, 下）や金製品を発見した。彼はここがスキタイのネアポリスであり、2人の人物像はスキルロスとパラコスであると考えた。その後も遺跡にはデュボア・ドゥ・モンペロー（Dubois de Montpereua, F.）、ウヴァーロフ（Uvarov, A. S.）、コンダコフ（Kondakov, N. P.）などが訪れ城塞址および城外西側斜面に造営された墓地の調査が行われた。その後、ロストフツェフ

図79　ネアポリス発見の騎馬人物彫像（上）と2人の戦士彫像（下）

はここをスキタイ王スキルロスの都市とみなした。ソ連邦になって1945年以降シュリツによる本格的な発掘が開始され、現在に至っている（Zaytsev 2004：1-2）。

発掘調査の結果、城門とそれに続く建築遺構群（図80, 11）、城内北部で発掘されたメガロン型建築遺構（図80, 3）、城門外側正面の灰塚（図80, 19）、城外西側斜面と東部斜面に造営された岩に掘り込まれた横穴式墓の墓地、近年

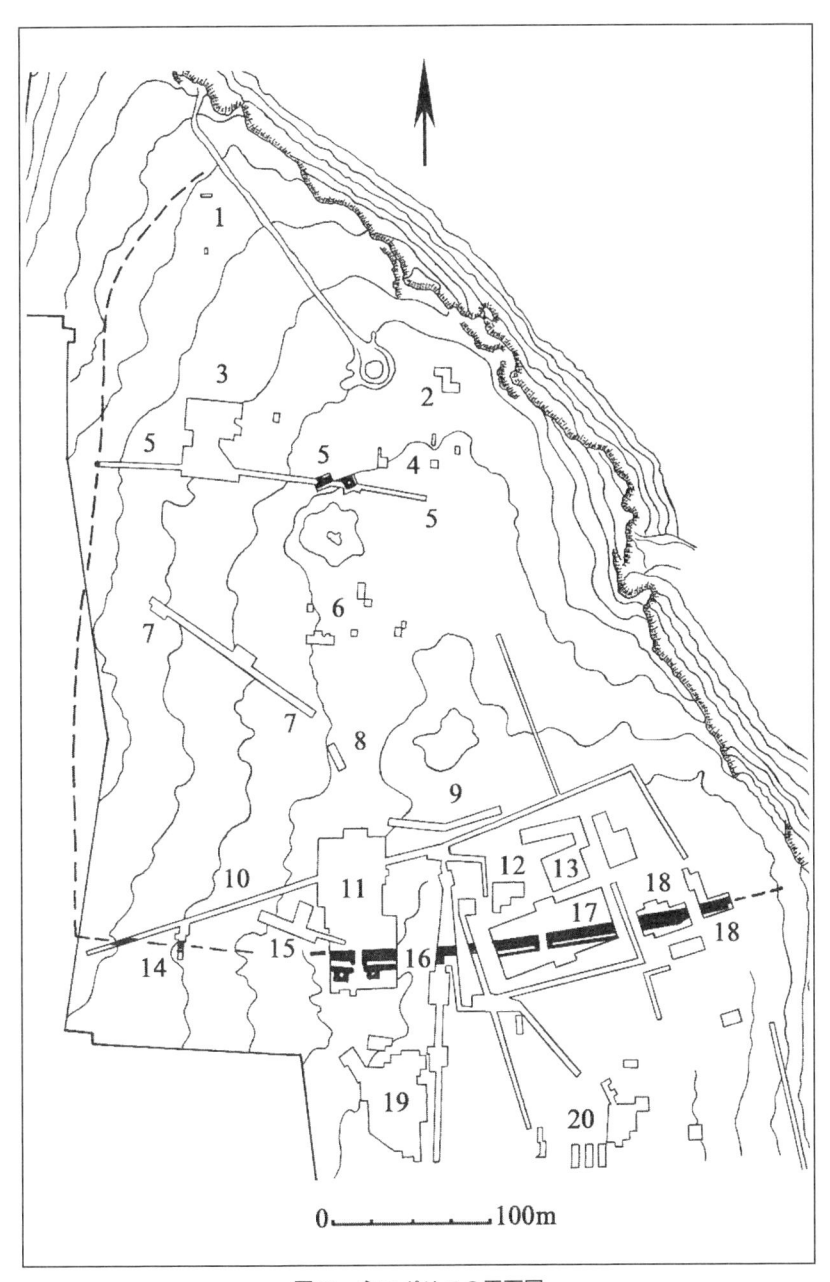

(3) 小スキティアのスキタイ遺跡　209

図80　ネアポリスの平面図

発見された城外東側平地のビタク (Bitak) 地区の墓地などが明らかにされた。防御施設としては、南側で500m、西側で700〜600m、東側で700m、全長約1,800mの城壁が確認された。南側と西側の城壁は厚い石壁であった。城壁に囲まれた内部の面積は約20haであった。

スキタイのネアポリスではアンフォラの把手に押捺されたアンフォラ製作者名のスタンプによって小スキティア時代（それ以前のキジル=コバ文化を除く）では前2世紀から後3世紀の文化層が確認され、ザイツェフによって次の5期に編年されている (Zaytsev 2004：17, Tabl. 2)。

第1期 (Horizon E)：前170〜128年　防御施設建設以前
第2期 (Horizon D)：前128〜110/108年　城塞・王宮時代
第3期 (Horizon C)：前100年前後〜後1世紀中葉　城塞・プレ都市時代
第4期 (Horizon B)：後1世紀後半〜2世紀第3四半期［都市時代］
第5期 (Horizon A)：後2世紀第4四半期〜3世紀第2四半期　ポスト城塞時代

第1期は北側のD地区（図80, 3）および城門の北側のA-B-V地区で建築群が確認されている（図80, 11）。D地区には地下式住居址があり、火災で破壊された痕跡があった。一方、A-B-V地区ではメガロン型建築遺構N（240m²）に続く岩を掘り込んだピット、半地下式あるいは地上住居址が発掘され、第2期の王宮の先駆けとなった建築群である (Zaytsev 2004：18-19)（図81）。

第2期にはA-B-V地区で火災後にメガロンNだけが再建され、岩盤に掘り込まれた儀礼用貯水槽と王宮の南側表面、そしてアルゴタスを祭る半神廟（ヘロオン）が建設された。半神廟には前述のアルゴタスを顕彰する碑文が建立され、地下にスキタイの貴顕の墓が造られたと考えられている。この地区からはアルゴタスの碑文以外にもスキルロスの名前が刻まれたギリシア語碑文や前述の騎馬人部像やスキルロスとパラコスとみなされた2人の浅浮き彫りなどが発見されており、明らかに都市の政治的宗教的中心としての性格を帯びていたことがわかる（図81）。また、メガロンNの西壁の2箇所にはニッチが造られ、壁はフレスコで彩色され神像が安置された。前5世紀のスキュロス王がオルビアに所有したと記録された館（その存在については考古学的には実証されていないが）を除けば、これまでのスキタイの歴史にはなかった

石造の館や神殿風の建物が建設され、第三スキタイ国家を特徴付ける施設があったと考えられている（Zaytsev 2004：19-20）。

A-B-V地区ではこのほかに1947～49年の発掘で中央城門の西側の塔が調査された（図82）。塔の平面は方形で外側の寸法は8.65×8.1ｍ、内側は6.6×5.4ｍで、壁の厚さは約１ｍ、白色石灰岩のブロックで建造されていた。壁の石積み部分の高さは３ｍを超えるものではなく、その上部には

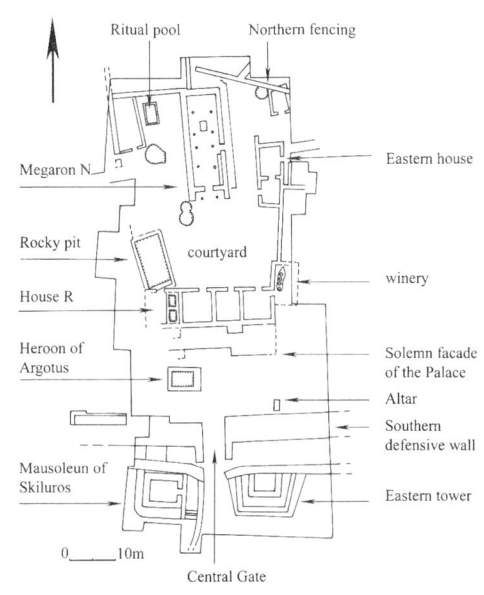

図81　ネアポリスの南王宮（A-B-V地区）平面図

日乾煉瓦が積まれていた。廟への入口は東壁の北よりに造られており、高さは2.2ｍ、幅1.5ｍ、かつてシュリツによって廟の入口の扉とみなされた木製品（1.48×0.88ｍ）が残存しており、表面を金製薄板が覆っていた可能性が示唆された。廟の建造には不明な点が多いが、シュリツは次のように考えた。建造されてしばらくしてネアポリスに軍事的な危険が高まり、扉は大きな石で覆われて閉塞された。廟は城壁と接続されて城門の一部に改造された。廟西側内壁に11段からなる石造階段が増設され廟への出入りに利用された。さらに廟の扉の前には東側に石積みの柵が造られ、南側と西側からさらに厚い壁で覆ったため、壁の厚さは３ｍに達した（Shul'ts 1953：13-17；シュリツ 1969：60-61）。しかし、ザイツェフはこのようにして増築されたものであったかどうか疑問を呈している。何よりも廟入口の扉とみなされた木製品は扉ではなく廟の開口部を閉塞するために造られた板塀であろうと考えている（Zaytsev 2004：55-57）。

　廟内では北西隅の床面を掘り込んで造られた石棺に男性単独葬が行われ、東壁開口部左側床面に安置された豪華な木製棺（？）に女性の遺体が確認さ

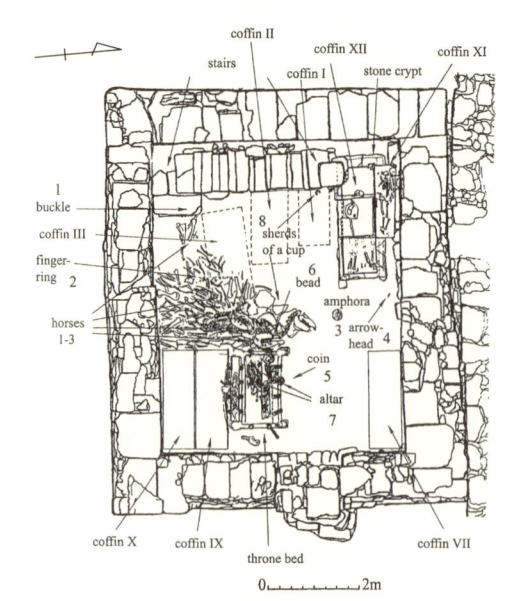

212 Ⅶ 第三スキタイ国家：クリミアの小スキティア

図82 ネアポリスの廟の平面図

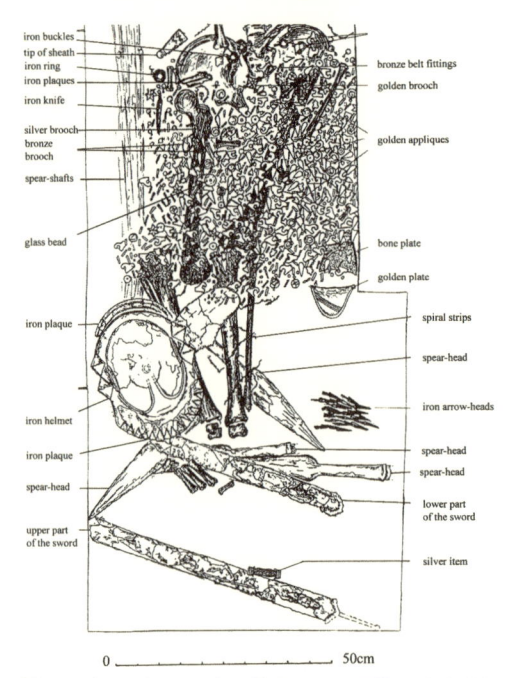

図83 ネアポリスの廟で発見された石棺の出土状況

れたが、その他に37基の棺が7層に積み重なった状態で発見された（Pogrebova 1961：Ris. 1-3）。37棺のうち下層17棺は合葬であった（8棺では3～5名ずつ、5棺では成人の対葬、4棺では成人と子供1～2名の親子葬）。その他の20棺は単独葬であった。また、棺を伴わない埋葬もあり、従者あるいは奴隷の遺体であると推測されている。こうして、廟内では全部で72遺体が確認された。また、南壁近くに4頭のウマの陪葬が行われていた（図82）。

廟の北西隅に造られた1棺のみが石棺（stone crypt）であり、石棺の上に11、12号木棺（coffin Ⅺ, Ⅻ）が置かれていた。石棺は入念に加工された白色の石灰岩からなる板石を組み合わせたものであり、2.3×0.96m、深さ0.95m、上から3枚の板石で覆われていた。石棺の四隅に木製支柱を立てるための窪みがあった。石棺の中には男性被葬者が仰臥

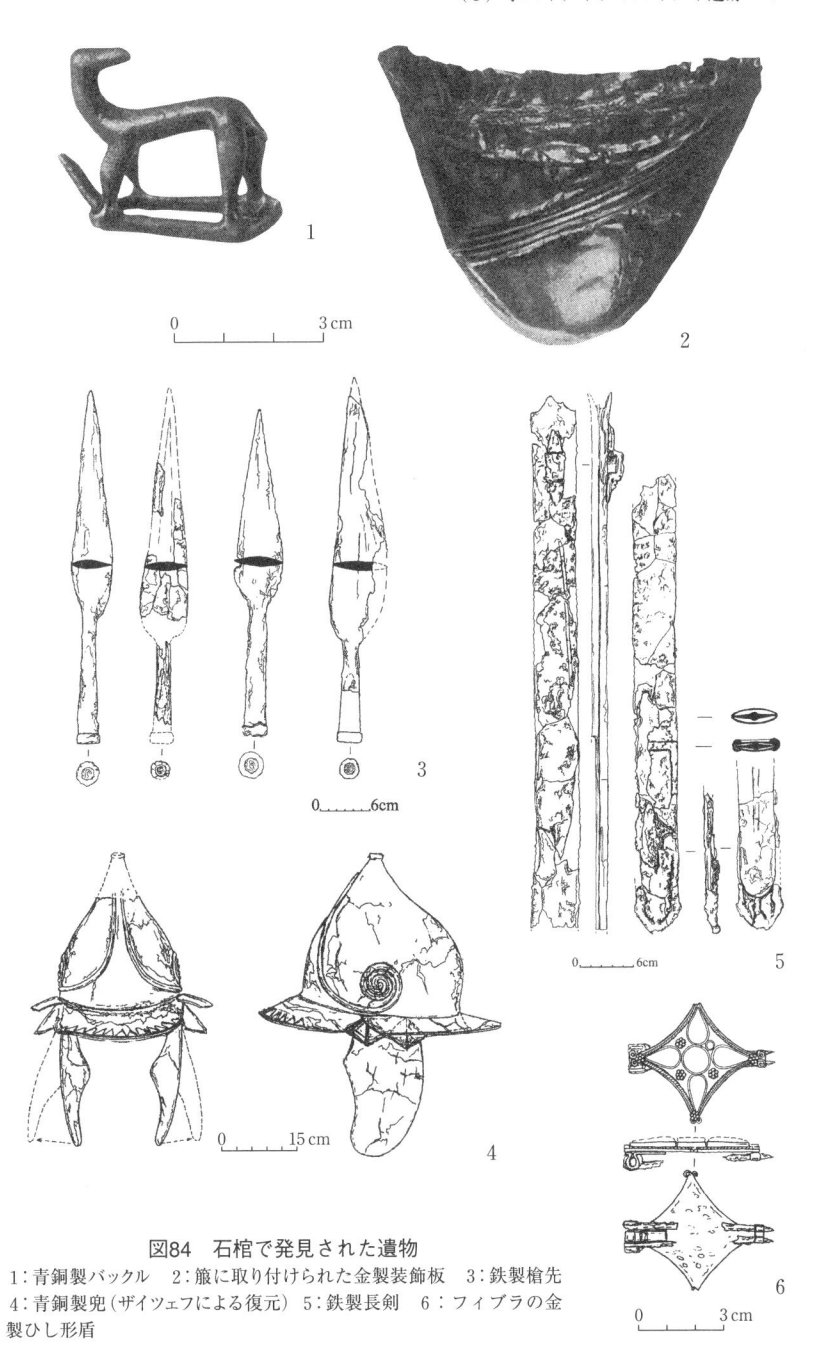

（3）小スキティアのスキタイ遺跡 213

図84 石棺で発見された遺物
1：青銅製バックル　2：箙に取り付けられた金製装飾板　3：鉄製槍先
4：青銅製兜（ザイツェフによる復元）5：鉄製長剣　6：フィブラの金
製ひし形盾

伸展葬、西枕で安置されていた（図83）。被葬者は金糸片で覆われた短上衣とズボンを穿いており、頭には後期ヘレニズム時代の3個の金製飾板で装飾された半球形の被り物を被り、足には革靴を履いていた。また、短上衣は鉄製飾板帯が付いた帯で留められていた。

帯には青銅製動物形バックルが取り付けられていた（図84, 1）。被葬者の左大腿部のところに大型の逆三角形の金製飾板（図84, 2）が下部に取り付けられた革製箙と鉄製鏃のセット、右大腿部に鞘に納められた剣があり、脚部で短剣と鉄製槍先と投槍先（図84, 3）が発見された。脚の右側には青銅製飾りが付いたギリシア製鉄製兜があった（図84, 4）。さらに足下には鉄製長剣が置かれていた（図84, 5）。そして、仙骨のところには象嵌が行われたフィブラの金製ひし形盾（図84, 6）、右手首には青銅製腕輪、指には2個の青銅製指輪をしていた。埋葬では800点以上の金製品が発見され、それらはスキタイ製品や一部は特にヘレニズム時代のボスポロス王国のギリシア製品に類似していた。副葬品の細部には動物文様が施され、スキタイ動物文様の最後の発展形態を示していた（Shul'ts 1953：21-22）。このように豪華に埋葬された人物はスキタイ王であろうと推測された。

廟の東壁に造られた開口部近くに安置された木製の棺（？）はシュリツによって次のように説明された。平面長方形で入母屋式の蓋で覆われていた。蓋の上部には互いにせを向けた左右の方向を向く有翼獅子像とスフィンクス像が取り付けられていた。棺には円形の台座を伴う縦畝状の円柱が長辺に8本ずつ、短辺に6本ずつ取り付けられ装飾していた。柱と柱の間には石膏製のメダイヨンかマスクが取り付けられていた。四隅の柱は一際高く、蓋上部の高さにまで達しており、その基部には西側でグリフィン、東側でスフィンクスが彫刻されていた。蓋には花綱が彫刻され、花綱の帯、果実、月桂樹の葉などは金で覆われていた。また、四隅に取り付けられた柱も金で覆われ、柱頭は青色で彩色されて大変豪華な装飾が施された棺であった（図85）。棺の内部は攪乱によって衣服に縫いつけられた金製飾板、指輪、ビーズなどの他には副葬品はほとんど残存していなかった。棺には西枕で安置され女性が葬られていたとみなされ、スキタイ王妃の埋葬ではないかと考えられた。

棺の下の床面から発見された前2世紀末から1世紀前半のケルソネソス発

行の貨幣などの資料からこの棺は前1世紀より早くない時代に編年された（Shul'ts 1953：25-30）。ところが、近年ザイツェフは棺の長さが1.4～1.45mであるのに対して被葬者の身長が1.65～1.68m以下ではないことを根拠にこれが棺ではなく玉座あるいは寝椅子のような家具ではないかと推定し従来の見解に疑問を呈している（Zaytsev 2004：164, Fig. 113-114）（図86）。

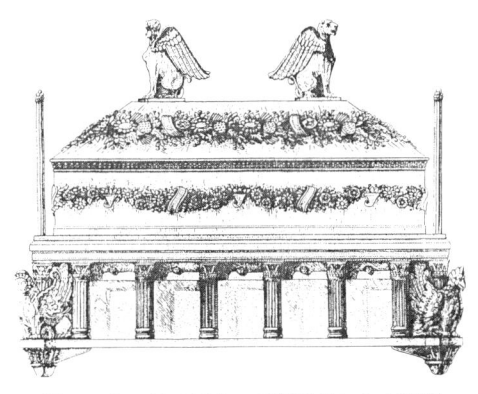

図85　シュリツによって発表された木製棺復元図

その他の埋葬では、例えば2号木棺からは中期ラ・テーヌ文化に特徴的な鉄製長剣や動物形のバックル、青銅製鏡、被葬者の目を覆う金製板、紡錘車形香油入などが発見された。特に、目あるいは口を覆う金製板は下層に安置された多くの棺で発見された。この

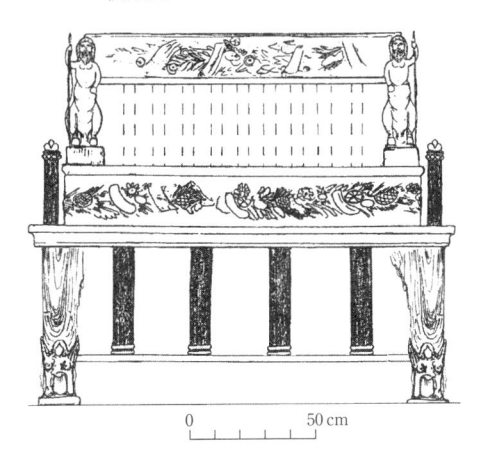

図86　ザイツェフによって復元された玉座あるいは寝椅子

ような金製板と紡錘車形香油入は前述のドニェプル川下流のズナメンカ城塞址のアクロポリス土塁に造営された埋葬址でも発見されていることから両地域のスキタイの埋葬儀礼が同様であったことは明らかであろう。

　シュリツは石棺の埋葬を前2世紀後半より早くない時期に編年し、被葬者をスキタイ王スキルロスとみなし、下層に葬られた他の被葬者を彼の家族と考えた（Shul'ts 1953：24-25）。一方、シュリツと共に発掘調査を行ったポグレボヴァは廟を前2世紀より早くなく前2世紀と1世紀の境目、何よりも前1世紀初めと編年して（Pogrebova 1961：175）、石棺に納められた被葬者をパラ

コスであると考えてシュリツとは異なる意見を表明した（Pogrebova 1961：179）。この点について近年ザイツェフは次のように考えている。廟への埋葬は前130～125年の間に始まり、前113年にディオファントス戦争が開始されてまもなくスキルロスが亡くなると廟に葬られた。パラコスが王権を継承してディオファントス軍に対抗する。112年には大切な遺体が石棺に葬り直され、廟は遮蔽された。111年春にディオファントス軍がネアポリスを占拠した時に廟は掠奪され、王宮は全面的に破壊された。そのため、石棺に葬られた遺体はスキルロス以外にはないとしている（Zaytsev 2004：58-59）。

　この時代にはネアポリス城外東部の斜面の岩に掘り込まれた横穴墓からなる墓地の32基、ビタク地区の墓地では12基が第1～2期に編年されている。副葬品としては輸入陶器やラ・テーヌ文化の飾板、帯飾板、鉄製槍先・鏃、青銅製柄鏡、螺旋状の腕輪、指輪などが発見されている（Zaytsev 2004：22-23）。

　以上見てきたように前2世紀に第三スキタイ国家は発展し、ドニエプル川下流域とクリミア平原および山麓部にスキタイの城塞が盛んに建設された。第三スキタイ国家の首都とみなされるネアポリスには石造の建物、王廟、城壁が建造されたが、ポントス王国との戦争によってネアポリスは城塞都市に変化していった。開戦後まもなく戦死したスキルロスは武器、武具、豪華な副葬品を伴ってスキタイ戦士として葬られた。スキルロスの埋葬を見る限りではスキタイはなおも騎馬遊牧文化の伝統を残していたことが判明するが、その一方で古墳に葬る従来の埋葬形態は薄れて、スキタイ王あるいは王族を石造の廟に葬る新たな埋葬型式が出現した。また、アンフォラやギリシア陶器を大量に輸入してギリシア諸都市との交易を活発に行ったが、ディオファントス戦争での敗北でスキタイ国家は相当に弱体化していったと考えられる。

　ネアポリスでは第3期にあたる前1世紀に王宮地区の一部、城門外の南側に位置する3号灰塚の地区（図80, 19）、城門の外側から南東側の地区（図80, 16）、城内北部のD地区（図80, 3）で建物が存続していた。墓地では、西、東、ビタク地区で新たに墓が造営されている。東墓地で33基、ビタク地区で3基がこの時期に編年されている。ビタク地区155号墓では横穴墓に27遺体が頭位を南北互い違いにして重なるようにして葬られていた。前1世紀の埋葬で

は副葬品はわずかな土器と供物程度で武器・馬具は皆無であったが、後1世紀には東墓地では再び剣などの武器や金製品、輸入陶器などが副葬品に見られるようになった（Zaytsev 2004：27）。

ネアポリスの第4期にあたる後1世紀後半では第三スキタイ国家の存続を伝えるものはネアポリス城内北部のD地区（図80, 3）に建設されたメガロン型建築物である。特にメガロンAの正面ファサードはフレスコで植物文様が描かれ装飾され（Yatsenko 1960）、また壁にはスキタイの生活の場面を表現するような多数のグラフィッティが残されていた（Vysotskaya 1979：186, Ris. 89）。

一方、この時期に城門外南地区（図80, 19）に3号灰塚が造られ、高さは最高で5m以上に達した。灰塚がどのような目的で造られたのかは不明であるが、そこからは硝子器片、金製垂飾、青銅製・鉄製の飾板、ディオスクーロス小像、ビーズ、テラコッタ小像などが発見されている。塚は後1世紀後半から2世紀中葉に編年されている（Zaytsev 2004：29-30）。また、前代に王宮があったA-B-V地区では2基の墓が造られていた。そのうち1基は岩を方形に掘り込んで男女の対葬が行われた。男性が墓壙中央に横たわり、アンフォラ、鉄製ナイフ、鉄製剣が副葬されており、北西隅に置かれた女性には青銅製護符、飾板、ビーズが添えられていた。また、西側の一段さがった場所に鑣の末端に円形のファレラを伴う轡（図87）や帯を構成する飾板などが置かれていた。この墓の東側には2頭のウマが陪葬されていた（Zaytsev 2004：30）。ちなみに、ファレラを伴う馬具はサルマタイ文化に特徴的であるため、被葬者がサルマタイ＝アラン人とみなされている（Vysotskaya 1979：202-203）。アラン人はサルマタイと親縁関係にある騎馬遊牧民で、サルマタイに続いて中央アジア方面から西漸して後1世紀に古代文献に記録された集団である。そのため、サルマタイ文化後期（後2～4世紀）をアラン文化期とも呼んでいる（雪嶋 1996：80-81；藤川 1999：

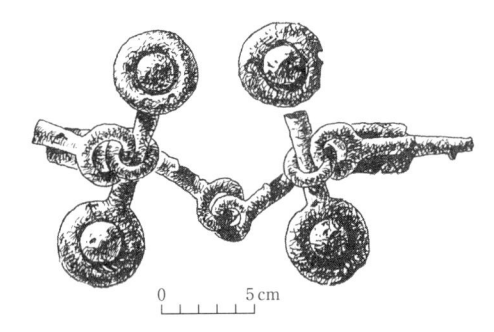

図87　ネアポリスA-B-V地区で発掘されたサルマタイ＝アラン人の墓で発見された轡

218 Ⅶ 第三スキタイ国家：クリミアの小スキティア

図88　ネアポリス東側墓群9号墓の壁画（ドンブロフスキーによる水彩画）

257）。一方、東墓地では54基、ビタクでは100基がこの時代に編年されており（Zaytsev 2004：29-30）、もっとも多くの埋葬がこの時代に行われていたことが判明している。

　ネアポリス最後の第5期ではすでに防御施設のない集落となっていた。2世紀末から3世紀前半に北部のD地区で建設が行われ、メガロンAの南西に位置するメガロンBは石灰岩で舗装された。この地区には地上家屋が建設され、そこからボスポロスやサモス型のアンフォラ、トライアノス帝の貨幣、ギリシア語銘のあるボスポロス王国の銀製皿などが検出された（Zaytsev 2004：32）。同時代の東墓地では20基がこの時代に編年されている。墓は1.5～3mの羨道を伴い、玄室の壁にはニッチが造られ、4基（1,2,8,9号墓）ではグリフィン、放射線をともなう王冠を被る人物（1号）、射手、踊る人、ウマ（2号）、人物および騎馬人物（8号）の壁画が描かれていた。9号墓では塔、槍を手にする騎馬人物、リュラを奏でる人物、狩猟図、市松模様が多色で表現され、最末期のスキタイ文化を特徴付けている（図88）。このような墓内に壁画を描く習慣はボスポロス王国の埋葬で顕著であり（Koshelenko, Kruglikova and Dolgorukov 1984：298-300）、従来のスキタイ文化の伝統にはなかったもので、ボスポロス王国の影響であろう。

　ラエフスキーによれば、ネアポリスの墓地では紀元後1世紀後半にはサルマタイ文化に特徴的なポドボイ墓（入口となる竪坑の底部に小さな横穴を穿って玄室とする埋葬施設）や埋葬頭位南などの埋葬儀礼、墓壙にフェルトや木炭塊が見られ、タムガ状の印を伴う青銅製の小型鏡あるいは垂飾、ビーズなどの遺物がしばしば見られるようになり、サルマタイ文化の影響が顕著になって

いる（Raevskiy 1971：149）。サルマタイ文化の影響はクリミア南西のスキタイ城塞集落址ウスチ＝アリミンスコエの墓地でも後2世紀から顕著になっているという（Vysotskaya 1971：158）。こうして、小スキティアでは後1世紀後半以降サルマタイの存在が顕著になり、スキタイ文化のサルマタイ化が進行したとみられる。

　ところが、2世紀後半にドニェストル川中流域を中心に黒海北西岸にチェルニャホフ（Chernyakhov）文化が発達した。ろくろ製の浅鉢形土器や広口壺形土器、フィブラ、舌を伴うバックルなどを特徴とする文化である。これらの資料の類例は中央ヨーロッパやバルト海沿岸でも発見されており、バルト海沿岸・中央ヨーロッパから黒海地方に移住してきたゴート人の文化であるとみなされている。ゴート人はローマとの戦争開始に関連して黒海北岸地方を侵略した。コルトゥホフによればそれは220年代末から230年代であるという。シンフェローポリ近郊のビイ＝エリ（Biy-Eli）村で発見された貨幣の一括遺物は222年より遅いものはなく、アリマ＝ケルメンの一括遺物は220年代の範囲を出るものがなく、ネアポリス周辺のチョクルチャ（Chokurcha）発見の一括遺物は217～218年のものが最も遅い例であったという。ネアポリスで発見された貨幣もやはり217～218年のものを含んでいた（Koltukhov 1999：27）。このような貨幣の一括遺物はゴート人の侵略を恐れて隠したものであると解釈されている。さらに、シチューキンはさらに244～247年あるいは251年以降にゴート人がボスポロス王国やクリミア、アゾフ海沿岸を劫略したことを加えている。ゴートの残した資料としてクリミア南西部のユジュノ＝ドンズラフスコエ（Yuzhno-Donzulavskoe）城塞址とギリシア植民市タナイスの崩壊層で発見された楯に取り付ける乳房形金具を挙げている。このような金具は中央ヨーロッパに広く見られるものであるという（Shchukin 2005：138）。ゴート人の黒海北岸地方侵略によってドニェプル川下流からクリミアの小スキティアのスキタイ集落は最終的に活動を停止した（Vysotskaya 1971：159；Shchukin 2005：138）。すなわち、3世紀前半から中葉までにスキタイは滅亡したとみなされよう。

おわりに─スキタイの文化遺産

　本書では、先スキタイ時代から筆を起して、スキタイが黒海北岸地方に進出した前8世紀末から、ゴート人の侵攻を受けて小スキティアのスキタイが歴史の舞台から姿を消した後3世紀までの約千年間にわたる騎馬遊牧民スキタイの歴史を国家的形成とその活動を中心テーマにして通史的に述べてきた。

　先スキタイ時代ではキンメリオイの西アジアにおける活動を史料で追いながら、彼等とスキタイとは別個な集団であることを述べ、考古学資料から彼等の出自について、それがやはり黒海北岸地方であることを示した。しかし、キンメリオイが西アジアでどのような集団であったのかという点については決定的な資料不足のため明らかにできなかった。今後地道な資料調査によって解明の糸口が見つかるかもしれない。

　前7世紀北カフカスを中心地とした第一国家ではスキタイの西アジアにおける活動についてはアッシリアとの婚姻関係が契機でスキタイがアッシリア側に立ったとみなし、その後のスキタイの西アジア支配の時期とその実態について考察しながら、北カフカスの考古学資料から彼等の国家について述べた。しかし、北カフカスにおけるスキタイ国家の版図についてはスキタイ古墳の分布を明らかにすることである程度判断できると思われるため今後の課題としたい。

　前6〜4世紀黒海北岸地方全域を支配した第二国家ではヘロドトスによってスキタイ国家の有様が伝えられたため、スキタイ王の系譜と王権を神話的起源に求める王権神授の思想についてまとめ、国家組織とスキティアの範囲について考察した。また、これまで前6〜5世紀のスキタイ王の墓所がはっきりしなかったが、それらが前4世紀同様にドニエプル川下流域に所在していたことをウクライナの考古学者たちの研究に基づいて明らかにした（表5参照）。この時期の考古学資料は膨大な量に上り、その全貌を見渡すにはま

だ相当の時間を要する。今後の課題はそれらの膨大な資料を整理しながら、スキタイ国家の構造と社会階層の分化がどのように進行していたかなどの問題を究明することである。

　第三国家では、前3世紀に関係付けられる史料を挙げて、スキタイが小スキティアに撤退した過程を追った。そして、前2～後3世紀のスキタイ国家についてはスキルロス王の活動とネアポリスの建設を中心に述べ、ローカルな政治勢力となったスキタイ国家の姿を明らかにした。この時期のスキタイは都市的な生活と草原での遊牧生活を行っていたと考えられるが、その実態について解明する必要があろう。

　スキタイが黒海北岸地方に約千年もの長期間にわたって政治勢力として存続しえた理由は、上述のように王を中心とした支配機構をもち、王権神授という神話的宗教的な思想を内外に示し、オルビアを通じて行った交易による富の蓄積と分配があったからであろう。特に、富の分配のしくみについて明らかにすることは重要な課題である。

　アッシリアや古代ギリシア・ローマの文献と黒海北岸ギリシア植民市で発見された碑文・貨幣資料で断片的ながら言及されたスキタイ王は少なくとも19名に上っている（表3参照）。この数は同時代の中央アジアのサカや後続のサルマタイやフン族に比べて比較にならない程多い。それは、前1千年紀に歴史に登場した中央ユーラシア草原の騎馬遊牧民の中では中国北辺からモンゴル高原に覇を唱えた匈奴と並んで傑出した存在であったことを物語っている。すなわち、スキタイが古代オリエントやギリシア世界でいかによく記録されていたかを如実に示している。

　古代文明圏から見ればバルバロイに過ぎなかったスキタイがこれほどまでに古代世界の注目を集めた理由はヘロドトスの貢献が非常に大きいのであるが、そればかりでなくストラボンが伝えた前4世紀のエフォロスの記録やディオドロスのユニークな言及は、スキタイがペルシアの侵略に打ち勝ったということばかりではなかろう。前述の通り黒海北岸を直接訪問して記録を残した古代の著述家はヘロドトスとディオン・クリュソストモスしかいなかったにもかかわらず、古代世界ではスキタイはよく知られた存在であった。例えば、ギリシアへ旅してソロンと親交を結んだアナカルシスは賢人と讃え

られ（ヘロドトス4巻6節；How and Wells 1928：vol. 1, 329)、また前5世紀のアテーナイでは弓を持ったスキタイが奴隷として市内警備を行っていたこと（アリストファネス 1975：112）など、古代ギリシアではスキタイは遠い異国のバルバロイではなく、身近な存在であった。尖がり帽子を被り手に弓を持つスキタイがギリシア陶器の壺絵に描かれ（例えばSchiltz 1994：392-393, Fig. 314 and 317）、同様な姿の人物が陶片に落書きされた（アテネのケラミコス博物館で筆者実見）ことからもそのことは明らかであろう。このような古代世界のスキタイに関する記録と記憶はその後も保持されて、黒海北岸に侵入したゴート人を逆にスキタイと呼んだり、ビザンティン史料では小スキティアをスキティアと呼び、騎馬遊牧民をスキタイと総称したのである（トンプソン 1999：15, 44；プリェートニェヴァ 1996：36）。まさにスキタイが後世に与えた大きな影響であろう。

　一方、スキタイが後世に残した様々な資料の中で最も特徴的なものとして、スキタイがアジアの奥部でデザインを完成させた動物文様によって装飾された金・銀・青銅・木製品がある。動物文様とは、グリフィン・ヒョウ・シカ・牡ヒツジ・ウマ・猛禽などの動物の一部分を強調して動物を巧みに表現したスキタイ独自の美術様式である。それは同時代の西アジアやギリシアの動物表現とは起源的にも表現方法においても異なっているが、それらを巧みに取り込んで表現力豊かな作品に仕上げていることであり、美術史的にも高く評価されている。スキタイ動物文様あるいはスキタイの人物像を描いた作品には、スキタイ自身による稚拙な表現のもの（例えば図4, 5～11；11；15～21；33；55；57；60）とともにスキタイの注文に応じてウラルトゥ工人によって製作されたオリエントのモチーフがみられるもの（例えば図46；52）と黒海北岸のギリシア工人による表現力豊かで完成度が極めて高いもの（例えば図61～63；66～69）が多数知られている。ギリシアやウラルトゥ工人が製作したものでも自分たちの様式で一方的に表現したわけではなく、スキタイの好みが反映されていることである。そのため、そこには文化の融合が観察され、それが作品に独自な個性を与えているといえよう。

　これらの作品はサンクト＝ペテルブルクのエルミタージュ博物館、モスクワのロシア国立歴史博物館や東洋諸民族芸術博物館、キエフのウクライナ国

立歴史博物館および歴史宝物館、オデッサ、ドニェプロペトロフスク、シンフェローポリ、ロストフ・ナ・ドヌー、クラノダールなどの各地方の博物館に収蔵・展示されて見学者に強い印象を与えている。また、それらのうちの特に優れた作品は旧ソ連邦以外の欧米、日本、韓国で何度も展覧・解説されて世界中の人びとに深い感動を与えている（わが国で黒海北岸スキタイの資料の展示は例えば、東京国立博物館 1964；1969；1978；1985；草原のシルクロード展実行委員会 1981；古代オリエント博物館 1991；京都文化博物館 1993；加藤九祚 1998；新潟県立近代美術館 2001等。欧米では例えば Aruz, Farkas, Alekseev and Korolkova 2000；Menghin, Parzinger, Nagler and Nawroth 2007）。そのことはスキタイの作品が時代をはるかに超えて人類にとって優れた芸術であることを証明しており、まさにスキタイ文化の遺産と呼ぶにふさわしいのである。

　一方、古代ギリシア・ローマの文献にスキタイの神話・伝説、風俗・習慣が記録されたが、それらの一部の要素が中央カフカスのオセット（Ossetes）人が伝承する英雄たちの物語「ナルト（Nart）叙事詩」に反映されているとみなされ、しばしばスキタイ文化の所産と評価されることがある。「ナルト叙事詩」はオセットばかりでなく中央カフカスの民族系統を異にする近隣の諸民族の間でも伝承されるようになり、カフカスを代表する文化遺産でもある。オセット人は「イロン（Iron）」と自称するカフカス唯一のイラン系民族である。彼等の祖先は民族移動期を経て中央カフカスに居住したアラン人たちである。

　前述の通り、アラン人はサルマタイと親縁関係にある騎馬遊牧集団で、紀元後に北カフカスから黒海北岸地方を支配し、その一部はパンノニアを経て民族移動期にドナウ川流域から北イタリアに侵入し、一部はガリアに入植した。さらに、その一部はバルバロイを統治するためにローマ人によってブリテン島へ派遣された。また、他の一部はイベリア半島を通過して北アフリカにまで到達した。アランは戦闘技術、生活習慣、宗教などの点で中世初期の西ヨーロッパに強い文化的影響を与えたと言われている。アラン人はガリアで多くの地名、人名に記憶され、またアラン人が残した伝承がアーサー王伝説の起源の一つになったとみなされている。一方、アランより前にパンノニアに進出し、さらにローマ人によってブリテン島の防衛に傭兵として派遣さ

れたサルマタイの一派イアジュゲス族があったが、彼等もブリテン島にサルマタイ文化の痕跡を残したという（リトルトン，マルカー 1998：50〜82）。

　つまり、アラン人が保持していた伝承の一部は中央カフカスで「ナルト叙事詩」に発展し、西方ではアーサー王伝説の起源の一つになったということになる。したがって、それらはスキタイが残したものではなく、スキタイと親縁関係にあったが文化的には異なっていたサルマタイやアランを通して記憶された物語であるため、サルマタイ・アラン文化の遺産と言うべきであり、スキタイ文化の直接の所産ではない。しかし、サルマタイに関する古代の記録はスキタイと比較してわずかであり、彼等の神話や宗教についての記録はほとんど残されていないため、スキタイに関する記録と比較されて、あたかもスキタイと直接的な関連があるとみなされてしまうのである。前述のイヴァンチクのように「ナルト叙事詩」からスキタイの活動を類推するということになるのである。スキタイの歴史・考古で「ナルト叙事詩」を取り上げる場合にはこの点を考慮して扱わなければならないであろう。

　最後に、最近スキタイの文化遺産が曲解されて大スキティアと大ロシアを直接結びつけようとする発言があり、由々しきことではないかと思っている。20世紀初頭に芸術運動として「スキタイ主義」が一時流行したことがあるが、それとはまったく別な観点からペトゥホフ（Petukhov, Yu. D.）は「ロシア帝国」の起源を「大スキティア」に結びつけて歴史的な妥当性を見出そうとしている。彼によれば、ロシアの起源となったルーシ（rus'）はスキタイ時代にすでに誕生しており、たとえばロクソラノイ（roksolanoi「白いアラン人」という意味に解釈される）のroks-はros*-であり、それは「白い、輝く、美しい」という意味をもっていた。このros*はルーシを意味するという（Petukhov 2008：111）。しかしながら、ロシア帝国はモンゴルの覇権の中から誕生した「鬼子」であり（杉山 1997：357〜359）、なんらスキタイと結びつける根拠はない。しかし、ロシア人にとって「タタールのくびき」と呼んだモンゴル支配をロシア帝国に結びつけるのを嫌がるあまり、中央ユーラシア草原に広く分布したスキタイ文化をあたかも「大スキティア帝国」と誤解して、その版図と同様な領域を支配したロシア帝国を関係付けているのである。まさに歴史の恐ろしい曲解から来る間違ったナショナリズムであろう。

本来、スキタイとルーシあるいはロシアは時代的には約600年の隔たりがありそこには直接的な関係は見出しようもない。ルーシの起源となる原スラブ文化は黒海北岸の先スキタイ時代から森林草原地帯で発展したチェルノレス文化、その後のザルヴィンツィン（Zaruvintsyn）文化であるが、これはスラブ民族形成初期段階であったとみなされており（Melyukova 1989：27）、まだルーシは影も形もないのである。ルーシが歴史に登場した9〜10世紀頃には南ロシア草原はハザル（Khazar）やアラン、ペチェネグ（Pecheneg）などの騎馬遊牧民が活躍する舞台であり、ルーシは森の民として彼等と軍事的に対峙していたのである。
　すばらしい文化遺産を我々のもとに残してくれたスキタイについて正しい理解をするためにも、このような誤ったナショナリズムが広まらないことを願って本書を閉じることにしたい。

参考文献

Abaev, V.I. 1979, "Скифо-сарматские наречия", in V. I. Abaev, M. N. Bogolyubov, and V. S. Rastorgueva (eds.), *Основы иранского языкознания: древнеиранские языки*. Наука, Москва, 272-364.

Alekseev, A. Yu. 1992, Скифская хроника (*скифы в VII – IV вв. до н. э. : историко-археологический очерк*). Санкт-Петербург.

Alekseev, A.Yu. 1994, "Большие «царские» курганы V-IV вв. до н.э. в Европейской Скифии : хронолония и торкования", in A.Yu. Alekseev, N. A. Bokovenko, L. S. Marsadolov, and V. A. Semenov (eds.), *Элитные курганы степей Евразии в скифо-сарматскую эпоху (материалы заседаний «круглого стола» 22-24 декабря 1994 г. Санкт-Петербург)*. Российская академии наук, Санкт-Петербург, 12-17.

Alekseev, A. Yu. 1996, "Скифские цари и «царские» курганы V-IV вв. до н.э", *Вестник древней истории*, № 3, 99-113.

Alekseev, A. Yu. 2004, "Some chronological problems of European Scythia: archaeology and radiocarbon". in E. M. Scott, A. Yu. Alekseev and G. Zaitseva (eds.), *Impact of the environment on human migration in Eurasia*. Kluwer Academic Publishers, Dordrecht, 9-19.

Alekseev, A. Yu., Bokovenko, N. A., Boltrik, Yu., Chugunov, K. A., Cook, G., Dergachev, V. A., Kovalyukh, N., Possnert, G., Plicht, J. van der, Scott, E. M., Sementsov, A., Skripkin, V., Vasiliev, S. and Zaitseva, G. 2001, "A chrologology of the Scythian antiquities of Eurasia based on new archaeological and ^{14}C data". *Radiocabon*, vol. 43, no. 2B, 1085-1107.

Alekseev, A. Yu., Bokovenko, N. A., Boltrik, Yu., Chugunov, K. A., Cook, G., Dergachev, V. A., Kovalyukh, N., Possnert, G., Plicht, J. van der, Scott, E. M., Sementsov, A., Skripkin, V., Vasiliev, S. and Zaitseva, G. 2002, "Some problems in the study of the chronology of the ancient nomadic cultures in Eurasia (9th -3rd centuries BC)". *Geochronometria*, vol. 21, 143-150.

Alekseev, A. Yu., Kachalova, N. K. and Tokhtas'ev, S. R. 1993, *Киммерийцы: этнокультурная принадлежность*. Информационно-исследовательский институт «Ермаков», Санкт-Петервург.

Alekseev, A.Yu., Murzin and V. Yu., Rolle, R. 1991, *Чертомлык : (Скифский царский курган IV в. до н.э.)*. Наукова думка, Киев.

Alekseyev, A. Yu. 2005, "Scythian kings and 'royal' burial-mounds of the fifth and fourth century BC", in D. Braund (ed.), *Scythians and Greeks: cultural interactions in Scythia,*

Athens and the early Roman Empire (six century BC-first century AD). University of Exeter Press, Exeter, 39-55.

Anokhin, V. A. 1973, "Монеты Атея", in : B. A. Il'inskaya and A.I. Terenozhkin (eds.), *Скифские древности*. Наукова думка, Киев, 20-41.

Anokhin, V. A. *et al.* (eds.) 1986, *Археология Украиской ССР*, том 2. Наукова думка, Киев.

Artamonov, M. I. 1950., "К вопросу о происхождении скифов", *Вестник древней истории*, № 2, 37-47.

Artamonov, M. I. 1961, "Антропоморфные божества в религии скифов", *Археологический сборник Государственного Эрмитажа*, 2, 57-87.

Artamonov, M. I. 1968, "Происхождение скифского искусства", *Советская археология*, № 4, 27-45.

Artamonov, M. I. 1969, *Treasures from Scythian tombs: in the Hermitage Museum, Leningrad*. Thames and Hudson, London.

Artamonov, M. I. 1972, "Скифское царство", *Советская археология*, № 3, 56-67.

Artamonov, M. I. 1974, *Киммерийцы и скифы : (от появления на историческиой арене до конца IV в. до н.э.)*. Изд-во Ленинградского университета, Ленинград.

Aruz, J., Farkas, A., Alekseev, A. and Korolkova, E. 2000, *The golden deer of Eurasia: Scythian and Sarmatian treasures from the Russian steppes*. The Metropolitan Museum of Art, New York.

Belinskiy, A. B. 1990, "К вопросу о времени появления шлемов ассийского типа на Кавказе", *Советская археология*, № 4, 190-195.

Bessonova, S. S. 1983, *Религиозные представления скифов*. Наукова думка, Киев.

Bidzilya, V.I. and Yakobenko, E.V. 1974, "Киммерийские погребения Высокой Могилы", *Советская археология*, № 1, 148-159.

Boehmer R. M. 1972, *Die Kleinfunde von Boğazköy : aus den Grabungskampagnen 1931-1939 und 1952-1969*. (Boğazköy-Hattusa, VII). Gebr. Mann, Berlin.

Boehmaer, R.M. 1979, *Die Kleinfunde aus der Unterstadt von Boğazköy : Grabungskampagnen 1970-1978*. (Boğazköy-Hattusa, X). Gebr. Mann, Berlin.

Bokiy, I.M. 1974, "Скифский курган у села Медерово", *Советская археология*, № 4, 264-271.

Bongard-Levin, G.M. (ed.) 1997, *Скифский роман*. РОССПЭН, Москва.

Borovka, G. I. 1928, *Scythian art*. (Kai Khosru monographs on Eastern art). Frederick A. Stokes Company, New York.

Bourova, N. D. 2004, "Horse remains from the Arzhan-1 and Arzhan-2 Scythian monuments", in E. M. Scott, A. Yu. Alekseev and G. Zaitseva (eds.), *Impact of the environment on human migration in Eurasia*. Kluwer Academic Publishers, Dordrecht, 323-332.

Briant, P. 2002, *From Cyrus to Alexander : a history of the Persian Empire*. Eisenbrauns, Winona Lake, Indiana.

Chernenko, E. V. 1980, "Древнейшие скифские мечи (Мельгунов и Келермесс)", in A. I. Terenozhkin, V. A. Il'inskaya, B. N. Mozolevskiy and E. V. Chernenko (eds.), *Скифския и Кавказ: сборник научных трудов*. Наукова думка, Киев, 7-30.

Chernenko, E. V. 1981, *Скифские лучники*. Наукова думка, Киев.

Chernenko, E. V. 1984, *Скифо-персидская война*. Наукова думка, Киев.

Chernikov, S. S. 1965, *Загадка Золотого кургана : где и куда зародилось «скифское исскуство»*. Наука, Москва.

Chlenova, N. L. 1967, *Происхождение и ранняя история племен тагарской культуры*. Наука, Москва.

Chlenova, N.L. 1984, *Оленные камни как исторический источник (на примере оленнныхь камней Северного Кавкахе)*. Наука, Новосибирск.

Chochorowski, J. and Skoryi, S. 2000, "Les fouilles polono-ukrainiennes du Grand Kourgane de Ryzhanivka à Ryzhanivka (Dép : Zvenigorodka, dis. Tscherkassy) Ukraine", *Folia Orientalia*, vol. 36, 67-88.

Chugunov, K.V., Parzinger, H. and Nagler, A. 2002, "Элитное погребение эрохи ранних кочевников в Туве (предварительная публикация полевых исследований российско-германской экспедиции в 2001 г.)", *Археология, этнография и антропология Евразии*, № 2 (10), 115-124.

Chugunov, K. V., Parzinger, H. and Nagler, A. 2004, "Chronology and cultural affinity of the kurgan Arzhan-2 complex according to archaeological data", in E. M. Scott, A. Yu. Alekseev and G. Zaitseva (eds.), *Impact of the environment on human migration in Eurasia*. Kluwer Academic Publishers, Dordrecht, 1-7.

Cunliffe, B. 1997, *The ancient Celts*. Oxford University Press, Oxford.

Daragan, M. N. 2004, "Periodisierung und Chronologie der Siedlung Zabotin", *Eurasia antiqua*, vol. Bd. 10, 55-146.

Daragan, M. N. 2005, "Перегляд основ хронології передскіфського та ранньоскіфського часу Північного Причорномор'я", *Археологія*, № 2, 12-18.

Dergachev, V. A., Vasiliev, S. S., Sementsov, A. A., Zaitseva, G. I., Chugunov, K. A. and Sljusarenko, I.J. 2001, "Dendrochronology and radiocarbon dating methods in archaeological studies of Scythian sites", *Radiocarbon*, vol. 43, no. 2, part I, 417-424.

Derin, Z. and Muscarella, O. W. 2001, "Iron and bronze arrows", in A. Çilingiroğlu and M. Salvini, (eds.), *Ayanisi : ten years' excavations at Rusahinili Eiduru-kai 1989-1998*.

(Documenta Asiana, VI). Istituto per gli Studi Micenei ed Egeo-Anatolici, Roma, 189-217.

Diakonoff, L. M. 1981, "The Cimmerians", *Acta Iranica*, 21 : Monumentum Georg Morgenstierne, 1, 103-140.

Diodorus 1954, *Diodorus of Sicily*, with an English translation by Russel M. Geek. (The Loeb classical library). William Heinemann, London.

Dovatur, A. I., Kallistov, D. P. and Shishova, I. A. 1982, *Народы нашей страны в «Истории» Геродота : тексты, перевод, комментарий*. Наука, Москва.

Dumezil, G. 1958, *L'ideologie tripartie des Indo-Europeens*, Latomus, Bruxelles.

Dumezil, G. 1978, *Romans de Scythie et d'alentour*, Payot, Paris.

D'yakonov, L. M. 1994, "Киммерийцы и скифы на древнем Востоке", *Российская археология*, № 1, 108-116.

Erlikh, V. P. 1994, *У истоков раннескифского комплекса*. Государственный музей Востока, Москва.

Erzen, A. 1978, *Çavuştepe I : m.ö.7.-6. yüzyıl Urartu mimarık anıtları ve ortaçağ nekropolü*. (Türk Tarih Kurumu yayınları, v. Dizi-Sa. 37). Türk Tarih Kurumu Basimevi, Ankara.

Esayan, S. A. and Pogrebova, M. N. 1985, *Скифские памятники Закавказья*. Наука, Москва.

Eusebius 1956, *Die Chronik des Hieronymus*. Akademie-Verlag, Berlin.

Frolova, N. A. 1964, "Монеты скифского царя Скилура", *Советская археология*, № 1, 44-55.

Galanina, L. K. 1997a, "К вопросу о кубанской очаге раннескифской культуры", *Вестник древней истории*, , №. 3, 123-137.

Galanina, L. K. 1997b, *Келермеские курганы : «царские» погребения раннескифской эпохи*. (Степные народы Евразии, т. 1). Институт всеобщей истории Российской академии наук, Москва.

Galanina, L. K. and Alekseev, A. Yu. 1990, "Новые материалы к истории Закубанья в раннескифское время по данным келермесских комплексов", *Археологический сборник Государственного Эрмитажа*, 30, 34-54.

Gaydukevich, V. F. 1949, *Боспорское царство*. Издательство Академии наук СССР, Москва.

Gerasimov, T. 1972, "Отново за фалшивите монеты с надписи ΑΤΑΙΑΣ и ΑΤΑΙΑ", *Известия на Народния Музей-Варна*, книга VIII (XXIII), 3-13.

Ghirshman, R. 1963, *Perse: proto-Iraniens, Medes, Achemenides*. Gallimard, Paris.

Ghirshman, R. 1979, *Tombe princiere de Ziwiye et le debut de l'art animalier scythe*. E. J. Brill, Paris.

Ghirshman, R. 1983, *Le manuscrit R. G. : les Cimmeriens et leurs Amazones*. Editions Recherche sur les civilizations, Paris.

Godard, A. 1950, *Le trésor de Ziwiyé (Kurdistan)*. J. Enschede, Haarlem.

Grakov, B. N. 1950, "Скифский Геракл", *Краткие сообщения Института истории материальной культуры*, вып. 34, 7-18.

Grakov, B. N. 1954, *Каменское городище на Днепре*. (Материады и исслевования по археологии СССР, № 36). Изд-во Академии наук СССР, Москва.

Grakov, B. N. 1962, "Скифские погребения на Никопольском курганном поле", in K. F. Smirnov (ed.), *Памятники скифо-сарматской культуры* (Материалы и исследования по археологии СССР, № 115). Изд-во Академии наук СССР, Москва, 56-113.

Grakov, B. N. 1968, "Легенда о скифском царя Арианте (Геродот, кн. IV, гл. 81)", in A. V. Vinogradov et al. (eds.), *История, археология и этнография Средней Азии*. Наука, Москва, 101-115.

Grakov, B. N. 1971, *Скифы*. Изд-во Московского университета, Москва.

Gryaznov, M. P. 1947, "Памятники майэмирмкого этапа эпохи ранних кочевников на Алтае". *Краткие сообщения Института истории материальной культуры*, 18, 9-17.

Gryaznov, M. P. 1980, *Аржан: царский курган раннесакского времени*. Наука, Ленинград.

Hajdas, H., Bonani, G., Slusarenko, I. Y. and Seifert, M. 2004, "Chronology of Pazyryk 2 and Ulandryk 4 kurgans based on high resolution radiocarbon dating and dendrochronology - a step towards more precise dating of Scythian burials", in E. M. Scott, A. Yu. Alekseev and G. Zaitseva (eds.), *Impact of the environment on human migration in Eurasia*. Kluwer Academic Publisher, Dordrecht, 107-116.

Hauptmann 1983, "Neue Funde eurasischer Steppennomaden in Kleinasien", in R. M. Boehmer and H. Hauptmann (eds.), *Beiträge zur Altertumskunde Kleinasiens: Festschrift für Kurt Bittel*. Verlag Philipp von Zabern, Mainz am Rhein, 251-270, Taf. 54-56.

Heidel, A. 1956, A new hexagonal prism of Esarhaddon (676 B.C.), *Sumer*, 12, 9-37.

Herodotus 1927, *Herodoti Historiae*, recognouit breuique adnotatione critica instruxit Carlus Hude, edition tertia. (Oxford classical texts). E Typographeo Clarendoniano, Oxonii.

How, W. W. and Wells, J. 1928, *A commentary on Herodotus*, vol. 1-2. The Clarendon Press, Oxford.

Illins'ka, V. A. 1973, "Бронзові наконечники стріл так званого жаботинського і новочеракського типів", *Археологія*, 12, 13-26.

Il'inskaya, V. A. 1968, *Скифы днепровского лесостепного Левобережья (курганы Посулья)*. Наукова думка, Киев.

Il'inskaya, V. A. 1975, *Раннескифские курганы бассейна р. Тясми (VII-VI вв. до н.э.)*. Наукова думка, Киев.

Il'inskaya, V. A., Mozolevskiy, and Terenozhkin, A. I. 1980, "Курганы VI в. до н.э. у с. Матусов", in A. I. Terenozhkin, V. A. Il'inskaya, V. N. Mozolevskiy and E. V. Chernenko (eds.), *Скифия и Кавказ: сборник научных трудов*. Наукова думка, Киев, 31-63.

Il'inskaya, V. A. and Terenozhkin, A.I. 1983, *Скифия VII-IV вв. до н.э.* Наукова думка, Киев.

Inscriptiones graecae 1913, *Inscriptiones graecae*, vol. XIV : Inscriptiones Italiae et Siciliae. Apud Georgium Reimerum, Berolini.

IOSPE I^2 : Latyschev, B.(ed.) 1916, *Inscriptiones Tyrae, Olbiae, Chersonesi Tauricae aliorum locorum a Danubio usque ad regnum Bosporanum*, vol. 1, editio altera. Petersburg, (reprinted by Georg Olms, Hildesheim, 1965).

Ismagilov, R. B. 1987, "Каменная стела и золотые олени из Гумарово", in A. I. Martynov and V. I. Molodin (eds.), *Скифо-сибирский мир: искусство и идеология*. Наука, Новосибирск . 89-93.

Ismagilov, R. B. 1988, "Погребение Большого Гумаровского кургана в Южном Приуралье и проблема происхождения скифской культуры", *Археологический сборник*, 29, 29-47.

Ivanchik, A. I. 1999, "The Scythian 'rule over Asia' : the classical tradition and the historical reality", in G.R. Tsetskhladze (ed.), *Ancient Greeks West and East*. Brill, Leiden, 497-520.

Ivanchik, A. I. 2001, *Киммерийцы и скифы : культурно-исторические и хронологические проблемы археологии восточноевропейских степей и Кавказа пред- и раннескифского времени*. (Степные народы Евразии, т. 2). Москва.

Ivanchik, A. 2005, "La chronologie des cultures pre-scythe et scythe : les donnes proche-orientales et caucasiennes", *Iranica Antiqua*, vol. 40, 447-460.

Ivantchik, A. I. 1993, *Les Cimmériens au Proche-Orient*. (Orbis Biblicus et Orientalis, 127). Editions Universitaires Fribourg, Suisse, Fribourg.

Jacoby, F. (ed.) 1957, *Die Fragmente der griechischen Historiker*, 1. Teil. E. J. Brill, Leiden.

Jettmar, K. 1967, *Art of the steppes*. (Art of the world). Greystone Press, New York.

Kachalova, N. K. 1989, "О заключительном периоде бронзового века на территории Нижнего Поволжья (к постановке проблемы)", *Советская археология*, № 1, 33-47.

Kachalova, N. K., Alekseev, A. Yu. 1993, "Археологические аспекты киммермйской проблемы", *Киммерийцы: этнокультурная принадлежность*. Санкт-Петербург, 51-91.

Karyshkovskiy, P. O. 1960, "О монетах с надписью EMINAKO", *Советская археология*, № 1, 179-195.

Karyshkovskiy, P. O. 1987a, *Монеты Ольвии*. Наукова думка, Киев.

Karyshkovskiy, P. O. 1987b, "Монеты скифского царя Скила", in E. V. Chernenko, N. M. Bokiy, B. M. Mozolevskiy and E. E. Fialko (eds.), *Киммермйцы и скифы : тезисы докладов Всесоюзного семинара, посвященного памяти А. И. Тереножкина, часть I*. Институт археологии АН УССР, Кировлград, 66-68.

Khazanov, A. M. 1975, *Социальная история скифов: основные проблемы развития древних кочевников евразийских стерей*. Наука, Москва.

Khazanov, A. M. 1978, "The early state among the Scythians", *The early state*, New Babylon, 32, 425-439.

Khazanov, A. M. 1983, *Nomads and the outside world*. Cambridge University Press, Cambridge.

Khazanov, A. M., 2002, *Кочевники и внешний мир*. Дайк-Пресс, Алматы.

Kisel', V. A. 2007, "Рассказы Геродота и ритуальные сосуды древних кочевников", *Археология, этнография и антропология Евразии*, № 3, 69-79.

Kleiss, W. 1979, *Bastam I : Ausgrabungen in den Urartäischen Anlagen 1972-1975*. (Teheraner Forschungen, Bd. 4). Gerb. Mann Verlag, Berlin.

Kleiss, W. 1988, *Bastam II: Ausgrabungen in den Urartäischen Anlagen 1977-1978*. (Teheraner Forschungen, Bd. 5). Gerb. Mann Verlag, Berlin.

Klochko, V. I. 1979, "Некоторые вопросы происхождения бронзовых наконечников стрел Северного Причерноморья VIII-VII вв. до н.э.", in V.D. Baran (ed.), *Памятники древних культур Северного Причерноморья*. Наукова думка, Киев, 40-46.

Klochko, V. I. and Makhortykh, S. V. 1987, "О культурно-хронологической интерпретации памятников типа Новочеркасского клада (по материалам Северного Кавказа)", in E. V. Chernenko, I. M. Bokiy, B. N. Mozolevskiy and Fialko (eds.), *Киммерийцы и скифы: тезисы докладов всесоюзного семинара, посвященного памяти А. И. Тереножкина*, часть 1, Кировоград, 71-73.

Klochko, V. I. and Murzin, V. Yu. 1987, "О взаимодействии местных и привнесенных элементов скифской культуры", *Скифы Северного Причерноморья*. Наукова думка, Киев, 12-19.

Klochko, V. I. and Skoryi, S. A. 1993, "Курган № 15 біля Стеблева у Пороссі", *Археологія*, № 2, 71-84.

Kohler, E. L. 1995, *The lesser Phrygian tumuli, part 1 : the inhumations*. (The Gordion excavations (1950-1973). Final reports, vol. 2). The University Museum, University of Pennsylvania, Philadelphia.

Koltukhov, S.G. 1999, *Укрепления Крымской Скифии*. СОНАТ, Симферополь.

Koshelenk, G. A., Kruglikova, N. T. & Dolgorukov, V. S. (eds.) 1984 : *Античные государства Северного Причерноморья*. (Археология СССР). Наука, Москва.

Kossak, G. 1983, "Tli Grab 85 : Bemerkungen zum Beginn des skythenzeitlichen Formenkreises im Kaukasus", *Beiträge zur allgemeinen und vergleichenden Archäologie*, 5, 89-186.

Kossak, G. 1987, "Von den Anfangen des skytho-iranischen Tierstils", in H. Franke (ed.), *Skythika*. Bayerische Akademie der Wissenschaften, München, 24-86.

Kovpanenko, G. T. 1966, "Носачівський курган VIII-VII ст. до н.е.", *Археологія*, 20, 174-179.

Kozenkova, V. I. 2002, *У истоков горского менталитета: могильник эпохи поздней бронзы – раннего железа у аула Сержень-Юрт, Чечня.* (Материалы по изучению историко-культурного наследия Северного Кавказа, вып. 3). Памятники исторической мысли, Москва.

Krupnov, E. I. 1960, *Древняя история Северного Кавказа.* Изд-во Академии наук СССР, Москва.

Kuklina, I. V. 1985, *Этногеография Скифии по античным источникам.* Наука, Ленинград.

Kuzmin, Y. V., Slusarenko, I. Y., Hajdas, I., Bonani, G. and Christen, J. A. 2004, "The comparison of C-14 wiggle-matching results for the 'floating' tree-ring chronology of the Ulandryk-4 Burial Ground (Altai Mountains, Siberia)", *Radiocarbon*, vol. 46, no. 2, 943-948.

Kuz'minykh, S. V. 1983, *Металлургия Волго-Камья в раннем железном веке: медь и бронза.* Наука, Москва.

Lanfranchi, G. B. 1990, *I cimmeri : emergenza delle élites militari iraniche nel Vicino Oriente (VIII-Vii sec. a.C.).* (History of the Ancient Near East / studies-II bis). Sargon srl, Padova.

Lazarov, L. 1996, "О кельтском государстве с центром в Тиле при Каваре". *Вестник древней истории*, № 1, 114-123.

Leskov, A. M. 1981, *Курганы : находки, проблемы.* Наука, Ленинград.

Leskov, A. M. 1984, "О хронологическом соотношении памятников начала железгного века на юге европейской части СССР", in A. I. Melyukova, M. G. Moshkova and V. G. Petrenko (eds.), *Древности Евразии в скифо-сарматское время.* Наука, Москва, 147-152.

Lomouri, N. 1979, *К истории Понтийскоого царства, часть I.* Мецниереба, Тбилиси.

Machinskiy, D. A. 1973, "О культуре Среднего Поднепровья на рубеже скифского и сарматского перилдов", *Краткие сообщения института археологии*, 133, 3-9.

Makhortykh, S. V. 1991, *Скифы на Севкрном Кавказе.* Наукова думка, Киев.

Makhortykh, S. V. 1994, *Киммерийцы на Северном Кавказе.* Академия наук Украины, Киев.

Manning, S. W., Kromer, B., Kuniholm, P. I. and Newton, M. W. 2001, "Anatolian tree rings and a new chronology for the East Mediterranean Bronze-Iron Ages", *Science*, vol. 29, 2532-2535.

Mantsevich, A. P. 1987, *Курган Солоха : публикация одной коллекции.* Искусство, Ленинград.

Medvedskaya, I. N. 1992, "Периодизация скифской архаики и древний Восток". *Российская археология*, № 3, 86-107.

Melyukova, A. I. 1964, *Вооружение скифов.* (Археология СССР : свод археологических источников). Наука, Москва.

Melyukova, A. I. (ed.) 1989, *Степи европейской части СССР в скифо-сарматское время.* (Археология СССР). Наука, Москва.

Menghin, W., Parzinger, H., Nagler, A. and Nawroth, M.(eds.) 2007, *Im Zeichen des goldenen Greifenä Königsgräber der Skythen*. Prestel, München.

Minns, E. H. 1913, *Scythians and Greeks : a survey of ancient historyvand archaeology on the North coast of the Euxine from the Danube to the Caucasus*. University Press, Cambridge.

Mozolevs'kiy, B. M. 1979, *Товста Могила*. Наукова думка, Київ.

Mozolevskiy, B. N. 1973, "Скифские погребения у с. Нагорное близ г. Оржоникидзе на Днепропетровщине", in V. A Il'inskaya, A. I. Terenozhkin and E. V. Chernenko (eds.), *Скифские древности*. Наукова думка, Киев, 187-234.

Mozolevskiy, B. N. 1980, "Скифские курганы в Окресностях г. Орджоникидзе на Днепропетровщине (раскопки 1972-1975 гг.)", in A. I. Terenozhkin, V. A. Il'inskaya, B. N. Mozolevskiy and E. V. Chernenko (eds.), *Скифия и Кавказ : сборник научных трудов*. Наукова думка, Киев, 70-154.

Mozolevskiy, B. N. 1982, "Скифский «царский» курган Желтокаменка", in A. I. Terenozhkin, B. N. Mozolevskiy and E. V. Chernenko (eds), *Древности степной Скифии*. Наукова думка, Киев, 179-222.

Murzin, V. Yu. 1984, *Скифская архаика Северного Причерноморья*. Наукова думка, Киев.

Murzin, V. Yu. 1990, *Происхождение скифов : основные этапы формирования скифского этноса*. Наукова думка, Киев.

Murzin, V. Yu. and Rolle, R. 2000, "Гибель Великой Скифии и царь Атей", in V. I. Guliaev and V. S. Ol'khovskiy (eds.), *Скифы и сарматы в VII-III вв. до н.э. : палеоэкология, антропология и археология*. Российская академия наук, Москва, 216-219.

Murzin V., Rolle, R. and Suprunenko, O. 1999, *Більське городище*. Археологія, Київ.

Muscarella, O. W. 1988, *Bronze and iron : ancient Near Eastern artifacts in the Metropolitan Museum of Art*. The Metropolitan Museum of Art, New York.

Muscarella, O. W. 2006, "Bronze socketed arrowheads and ethnic attribution", in J. Aruz, A. Farkas and E. V. Fino (eds.), *The golden deer of Eurasia: perspectives on the steppe nomads of the ancient world*. The Metropolitan Museum of Art, New York.

Neykhardt, A. A. 1982, *Скифский рассказ Геродота в отечественной историографии*. Наука, Ленинград.

Novgorodova, E. A. 1989, *Древняя Монголия (некоторые проблемы хронологии и этнокудьтурной истории)*. Наука, Москва.

Ol'khovskiy, B. S. 2005, *Монументальная скульртура : населения западной части евразийских степей эпохи раннего железа*, Наука, Москва.

Ol'khovskiy, B. S. and Evdokimov, G. L. 1994, *Скифские изваяния VII-III вв. до н.э.* Российская академия наук, Институт археологии, Москва.

Onayko, N. A. 1970, *Античный импорт в Приднепровье и Побужье в IV-II вв. до н.э.* (Археология СССР, Свод археологических источников, ДИ-27). Наука, Москва.

Oranskiy, I. M. 1979, "Введение", in V. I. Abaev, M. N. Bogolyubov and V. S. Rastorgueva (eds.), *Основы иранского языкознанмя: древнеиранские языки.* Наука, Москва, 10-128.

Parzinger, H. 2003, "Le «tumulus» funéraire d'un prince scythe d'Arzhan 2 dans la région de la Touva (Russie)", *Académie des inscription & belles-lettres. Comptes rendus de séances de l'année,* fasc. 2, 975-1007.

Petrenko, V. G. 1983, "Скифская культура на Северного Кавказа", *Археологические сборник Государственного Эрмитажа,* 23, 43-48.

Petrenko, V. G. 2006, *Краснознаменский могильник : элитные курганы раннескифской эпрхи на Северном Кавказе.* (Corpus tumulorum scythicorum et sarmaticorum, I). Палеограф, Москва.

Petukhov, Yu. D. and Vasil'eva, N. I. 2008, *Евразийская империя скифов.* Вече, Москва.

Piotrovskiy, B. B. 1954, "Скифы и древний восток", *Советская археология,* 19, 141-158.

Piotrovskiy, B. B. 1959, *Ванское царство (Урарту).* Издательство Восточной литературы, Москва.

Piotrovsky, B. 1986, *Scythian art: the legacy of the Scythian world : mid-7th to 3rd century B.C.* Aurora Art Publishers, Leningrad.

Plutarchus 1889, *Plutarchi Caheronensis Moralia,* recognovit Gregorius N. Bernardakis, vol. II. In Aedibus G. G. Teubneri, Lipsiae.

Pogrebova, M. N. 1977, "К вопросу о миграции ираноязычных племен в восточное Закавказье в доскифскую эпоху", *Советская археология,* № 2, 55-68.

Pogrebova, M. N. 1985, *Скифские памятники Закавказья.* Наука, Москва.

Pogrebova, M. N. 2001, "Закавказье и киммерийцы ассирийских текстов конца VIII в. до н .э.", in A. V. Sedov (ed.), *Древние цивилизации Евразии: история и культура,* Восточная литература, Москва, 317-333.

Pogrebova, N. N. 1958, "Позднескифские городища на Нижнем Днепре (Городища Знаменское и Гавриловское)", in K. F. Smirnov (ed.), *Памятники скифо-сарматского времени в Северном Причерноморье.* (Материалы и исследования по археологии СССР, № 64). Изд-во Академии наук СССР, Москва, 103-247.

Pogrebova, N. N. 1961, "Погребения в мовзалее Неаполя скифского", in K. F. Smirnov (ed.), *Памятники эпохи бронзы и раннего железа в Северном Причерноморье.* (Материалы и исследования по археология СССР, № 96). Изд-во Академии наук СССР, Москва, 103-213.

Polin, S. V. 1998, "О хронологии раннескифской культуры (по И. Н. Медвевской)".

Российская археология, № 4, 50-63.

Porada, E. 1962, *Iran ancient : l'art à l'époque préislamique*. (L'art dans le monde). Edition Albin Michel, Paris.

Raev, B.A. 1986, *Roman imports in the Lower Don Basin*. (BAR International series, 278). B. A. R., Oxford.

Raevskiy, D. S. 1971, "Скифы и сарматы в Неаполе (материалам некрополя)", in: P. D. Liberov and V. I. Gulyaev (eds.), *Проблемы скифской археолии*. (Материалы и исследования по археологии СССР, № 177). Наука, Москва, 143-151.

Raevskiy, D. S. 1973, "К истории греко-скифских отношений (II в. до н. э.- II в. н. э.)", *Вестник древней истории*, № 2, 110-120.

Raevskiy, D. S. 1977a, "Неаполь или Палакий ?", *Вестник древней истории*, № 1, 102-107.

Raevskiy, D. S. 1977b, *Очерки идеологии скифо-сакских племен : опыт реконструкции скифской мифологии*. Наука, Москва.

Raevsky, D. S. 1993, *Scythian mythology*. Secor Publishers, Sofia.

Reinach, T. 1895, *Mithradates Eupator : König von Pontos*. B.G.Teubner, Leipzig (reprinted by Georg Olms Verlag, Hildesheim, 1975).

Rostovtsev, M. I. 1913, "Представление о монархической власти в Скифии и Боспоре". *Известия археогогической комисии*, вып. 49, 1-62, 133-140.

Rostovtsev, M. I. 1918, *Эллинство и иранство на Юге России*. ОГНИ, Петроград.

Rostovtsev, M. I. 1925, *Скифия и Боспор*. Изд-во РАИМК, Ленинград.

Rostovtsev, M. I. 2002, *Эллинство и иранство на Юге России*. Книжная находка, Москва.

Rostovtzeff, M. I. 1922, *Iranians & Greeks in South Russia*. Clarendon Press, Oxford.

Rostovtzeff, M. I. 1931, *Skythien und der Bosporus*. H. Schoetz & co., gmbh., Berlin.

Rostovtzeff, M. I. 1993, *Skythien und der Bosporus, Band II : wiederentdeckte Kapitel und Verwandtes*. Franz Steiner, Stuttgart.

Rudenko, S. I. 1962, *Сибирская Коллекция Петра I*. (Археология СССР : свод археологических источников, Д3-9). Изд-во Академии наук СССР, Москва-Ленинград.

Rybakov, B. A. 1979, *Геродотова Скифия : историко-геоирафический анализ*. Наука, Москва.

SAA 1 : Parpora, S. 1987, *The correspondence of Sargon II, pt. I : Letter from Assyria and the West*. (State Archives of Assyria, 1). Helsinki University Press, Helsinki.

SAA 4 : Starr, I. 1990, *Queries to the sungod : divination and politics in Sargonid Assyria*. (State Archives of Assyria, 4). Helsinki University Press, Helsinki.

SAA 5 : Lanfranki, G.B. and Parpola, S. 1990 : *The correspondence of Sargon II, pt. II : Letter from the northern and northeastern provinces*. (State Archives of Assyria, 5). Helsinki

University Press, Helsinki.

SAA 6 : Kwasman, T. and Parpola, S. 1991, *Legal transaction pf the royal court of Nineveh, pt. I : Tiglath-Pileser III through Esarhaddon*. (State Archives of Assyria, 6). Helsinki University Press, Helsinki.

Saprykin, S. Yu. 1986, *Гераклея Понтийская и Херсонес Таврический : взаимоотношении метрополии и колонии в VI-I вв. до н.э.* Наука, Москва.

Saprykin, S. Yu. 1996, *Понтийское царство: государство греков и варваров в Причерноморье*. Наука, Москва.

Sauter, H. 2000, *Studien zum Kimmerierproblem*. (Saarbrücker Beiträge zur Altertumskunde, Bd. 72). Dr. Rudolf Habelt, Bonn.

Schiltz, V. 1994, *Die Skythen und andere Steppenvölker : 8. Jahrhundert v. Chr. bis 1. Jahrhundert n. Chr.* C.H. Veck, München.

Schmitt, R. 2003, "Die skythischen Personennamen bei Herodot", *Annali di Istituto universitario orientale*, vol. 63, 1-33.

Scythica et Caucasica : Latyschev, B. (ed.) 1893, *Scythica et Caucasica : известия древних писателей греческих и латинских о Скифии и Кавказе*. Типография Императорской академит наук, Санктпетербург.

Seeher, J. 1998, "Die Nekropole von Demircihüyük-Sariket im 7. bis 4. Jahrhundert v. Chr.", *Istanbuler Mitteilungen*, 48, 135-155.

Sementsov, A. A., Zaitseva, G.I., Gorsdorf, J., Nagler, A., Parzinger, H., Bokovenko, N. A., Chugunov, K. V. and Lebedeva, L. M. 1998, "Chronology of the burial finds from Scythian monuments in Southern Siberia and Central Asia", *Radiocarbon*, vol. 40, no. 2, 713-720.

Shchukin, M. B. 2005, *Готский путь: готы, Рим и чернязовская культура*. Филологический факультет Санкт-Петербугского государственного университета, Санкт-Петербуг.

Shelov, D. B. (ed.) 1954, *Вопросы скифо-сарматской археологии (по материалам конференции ИИМК АН СССР 1952 г.)*. Изд-во Академии наук СССР, Москва.

Shramko, B. A. 1973, "Восточное укрепление Бельского городища", in B. A. Il'inskaya and A. I. Terenozhkin (eds.), *Скифские древности*. Наукова думка, Киев, 82-112.

Shramko, B. A. 1987, *Бельское городище скифской эпохи (город Гелон)*. Наукова думка, Киев.

Shul'ts, P. N. 1953, *Мавзалей Неаполя Скифского*. Исскуство, Москва.

Skakov, A. Yu. and Erlikh, V. R. 2005, "О хронологии «киммерийских» и раннескифских древностей", in V. Z. Gulyaev *et al.* (eds.), *Древности Евразии : от ранней бронзы до раннего средневековья, памяти В.С. Ольховского*. Институт археологии РАН, Москва, 201-227.

Skoryi, S. A., Khokhorovs'ki, Ya., Hryror'ev, V. P. and Rydzevs'ki, Ya. 1999, "Центральна могила Великого Рижановського кургану", *Археологія*, № 1, 94-105.

Slusarenko, I. Y., Christen, J. A., Orlova, L. A., Kuzmin, Y. V. and Burr, G.S. 2001, "C-14 wiggle matching of the 'floating' tree-ring chronology from the Altai Mountains, southern Siberia : The Ulandryk-4 case study", *Radiocarbon*, vol. 43, no. 2A, 425-431.

Smirnov, K. F. 1961, *Воорженце савроматов*. (Материалы и исследования по археологии СССР, № 101). Наука, Москва.

Smirnov, K. F. 1984, *Сарматы и утверждение их политического господства в Скифии*. Наука, Москва.

Solomonik, E. I. 1964, *Новые эпиграфические памятники Херсонеса*. Наукова думка, Киев.

Strabo 1933, *The geography of Strabo*, with an English translation by Horace Leonard Jones. (The Loeb classical library). Harvard University Press, Cambridge, Mass.

Struve, V. V. 1968, *Этюды по истории Северного Причерноморья, Кавказа и Средней Азии*. Наука, Ленинград.

Struve, V. V. *et al.* (eds.) 1965, *Корпус Боспорских надписей= Corpus Inscriptionum Regni Bosporani*. Наука, Москва.

Sulimirski, T. 1954, "Scythian antiquities in Western Asia", *Artibus Asiae*, 18, 282-318.

Terenozhkin, A. I. 1966, "Об общественном строе скифов", *Советская археология*, № 2, 33-49.

Terenozhkin, A. I. 1975, "Киммерийские мечи и кинжалы", in V. A. Il'inskaya, B. N. Mozolevskiy, A. I. Terenozhkin and E. V. Chernenko (eds.), *Скифский мир*. Наукова думка, Киев, 3-34.

Terenozhkin, A. I. 1976, *Киммерийцы*. Наукова думка, Киев.

Terenozhkin, A. I. 1977, "Общественный строй скифов", in V. A. Il'inskaya, B. N. Mozolevskiy, A. I. Terenozhkin and E. V. Chernenko (eds.), *Скифы и сарматы*. Наукова думка, Киев, 3-28.

Terenozhkin, A. I. and Mozolevskiy, B. N. 1988, *Мелитопольский курган*. Наукова думка, Киев.

Thureau-Dangin, F. 1929, "Tell Ahmar", *Syria*, 10, 185-205.

Treister, M. Yu. 1993, "The Celts in the north Pontic area: a reassessment", *Antiquity,* 67, 789-804.

Tunkina, I. V. 2003, "The formation of a Russian science of classical antiquities of Southern Russia in the 18th and early 19th century", in P. G. Bilde, J. M. Højte and V. F. Stolba (eds.), *The cauldron of Ariantas: studies presented to A. N. Ščeglov on the occasion of his 70th birthday*. (Black Sea studies, 1). Aarhus University Press, Aarhus, 303-364.

Ünal, V. 1983, Zwei Gräber eurasischer Reiternomaden im nordlichen Zentralanatolien. *Beiträge zur allgemeinen und vergleichenden Archäologie*, 4, 65-81.

Val'chak, S. B. and Demidenko, S. V. 2006, "Комплекс 1951 года с горы Бештву: вопросы хронологии", *Нижневолжский археологический вестник*, .вып, 8, 173-186.

Valerius Flaccus 1958, *Valerius Flaccus*, with an English translation by J. H. Mozley. (The Loeb classical library). Harvard University Press, Cambridge, Mass.

Vasiliev, S. S., Bokovenko, N. A., Chugunov, K. A., Dergachev, V. A., Sementsov, A. A., Sljusarenko, J. and Zaitseva, G. I. 2001, "Tree-ring, "Wiggle mating" and statistics in the chronological studies of Scythian age sites in Asia", *Geochronometria*, vol. 20, 61-68.

Vinogradov, Yu. A. & Marchenko, K. K. 1991, "Северное Причерноморье в скифскую эпоху : опыт периодизации истории", *Советская археология*, № 1, 145-155.

Vinogradov, Yu. A. 1999, "Северное Причерноморье после падения Великой Скифии (своеобразие стабилизации в регионе второй половины III –первой половины II вв. до н. э.) ". *Hyperboreus*, vol. 5, no. 1, 56-82.

Vinogradov, Yu. G. 1980, "Перстень царя Скира: политическая и династийная история скифов первой половины V в. до н. э.", *Советская археология*, № 3, 92-109.

Vinogradov, Yu. G. 1987, "Вотивная надпись дочери царя Скилура из Пантикапея и проблемы истории Скифии и Боспора во II в. до н. э.", *Вестник древней истории*, № 1, 55-86.

Vinogradov, Yu. G. 1989, *Политическая история Ольвийского полиса VII-I вв. до н. э. : историко-эпиграфическое исследование*. Наука, Москва.

Vinogradov, Yu. G. 1997, "Херсонесский декрет о «Несении Диониса» IOSPE I^2 343 и вторжение сарматов в Скифию", *Вестник древней истории*, № 3, 104-124.

Vinogradov, Yu. G. and Zaytsev, Yu. P. 2003, "Новый Эпиграфический памятник из Неаполя Скифского (предварительная публикация)", *Археологія*, № 1, 44-53.

Vishnevskaya, 1973, *Культура сакских племен Низовьев Сырдарьи в VII-V вв. до н. э.* (Труды Хорезмской археолого-этнографической экспедиции, 8). Наука, Москва.

Volkov, V. V. 2002, *Оленные камни Монголии*. Научный мир, Москва.

Vysotskaya, T. N. 1979, "Поздние скифы в Юго-Западном Крыму", *Проблемы скифской археологии*. (Материалы и исследования по археологии СССР, № 177). Наука, Москва, 155-160.

Vysotskaya, T. N. 1979, *Неаполь-столица государства поздних скифов*. Наукова думка, Киев.

Yablonskiy, L. T. 1991, "Проблема формирования культуры саков Южного Приаралья", *Советская археология*, № 1, 72-89.

Yatsenko, I. V. 1960, "Декоративная росписъ обшественного здания в Неаполе Скифском", *Советская археология*, № 4, 91-112.

Zaitseva, G. I., Possnert, G., Alekseev, A. Y., Dergachev, V. A. and Sementsov, A. A. 1998, "The first C-14 dating of monuments in European Scythia", *Radiocarbon*, vol. 40, no. 2, 767-774.

Zaitseva, G. I., Vasiliev, S. S., Marsadolov, L. S., Van der Plicht, J., Sementsov, A. A., Dergachev, V. A. & Lebedeva, L. M. 1998, "A tree-ring and C-14 chronology of the key Sayan-Altai monuments", *Radiocarbon*, vol. 40, no. 1, 571-580.

Zaytsev, Yu. P. 2004, *The Scythian Neapolis (2nd century BC to 3rd century AD) : investigations into the Graeco-barbarian city on the northern Black Sea coast*. (BAR international series, 1219). Hadrian Books, Oxford.

Zhebelev, S. A. 1938, "Последний Перисад и скифское восстание на Боспоре", *Вестник древней истории*, № 3, 49-71.

Zograf, A. N. 1951, *Античные монеты*. (Материялы и исследования по археологии СССР, № 16). Изд-во Академии Наук СССР, Москва.

Zubov, A. A. (ed.) 1988, *Антропологические типы древнего населения на территории СССР : по материалам антропологичкой реконструкции*. Наука, Москва.

アリストファネス 1975, 女の平和（高津春繁訳）(岩波文庫), 岩波書店, 東京.
伊藤義教 1974, 古代ペルシア：碑文と文学. 岩波書店, 東京.
内田吟風 1975, 北アジア史研究：匈奴篇, 同朋舎出版部, 京都.
エレミヤ書 2002, エレミヤ書（関根清三訳）(旧約聖書8), 岩波書店, 東京.
加藤九祚 1992, "鏡を手にした女神像の黄金製品をめぐって", 高浜秀, 林俊雄, 雪嶋宏一 (編) 1992, スキタイ黄金美術展：ウクライナ歴史宝物博物館秘蔵, 日本放送協会, 東京, 10-18.
加藤九祚（監修）1998, ウクライナ国立歴史宝物館所蔵黄金のシルクロード展：東西文明の交差を訪ねて, 黄金のシルクロード展実行委員会, 東京.
加藤謙一 1998, 匈奴「帝国」, 第一書房, 東京.
香山陽坪 1970, 騎馬民族の遺産. (沈黙の世界史6). 新潮社, 東京.
京都文化博物館（編）1993, ロシアの秘宝 特別展ユーラシアの輝き, 京都新聞社, 京都.
古代オリエント博物館（編）1991, 南ロシア騎馬民族の遺宝展：ヘレニズム文明との出会い. 朝日新聞社, 東京.
小谷野晃 2003, "古代エジプトにおけるノモスの形成と発展", 初期王権研究委員会（編）, 古代王権の誕生 III: 中央ユーラシア・西アジア・北アフリカ編, 角川書店, 東京, 259-276.

桜井万里子 2006, ヘロドトスとトゥキュディデス：歴史学の始まり, 山川出版社, 東京.
沢田勲 1996, 匈奴：古代遊牧国家の興亡. (東方選書31). 東方書店, 東京.
清水睦夫 2003, "ボスポロス王国の初期王権", 初期王権研究委員会（編）, 古代王権の誕生 III：中央ユーラシア・西アジア・北アフリカ編, 角川書店, 東京, 70-88.
シュリツ, P. N. 1969, "スキタイのネアポリ" (加藤九祚訳), 加藤九祚（編）, 西域の秘宝を求めて, 新時代社, 東京, 51-84.
杉山正明 1997, 遊牧民から見た世界史：民族も国境もこえて. 日本経済新聞社, 東京.
ストラボン 1994, ギリシア・ローマ世界地誌 (飯尾都人訳), 龍渓書舎, 東京.
草原のシルクロード展実行委員会（編）1981, 草原のシルクロード展, 草原のシルクロード展実行委員会, 東京.
高浜秀 1980, "ソ連における先スキタイ文化の研究", オリエント, vol.22, no.2, 100-115.
高浜秀 1994, "アナトリア出土のスキタイ系遺物二種について", カマン・カレホユック, 3, 27-35.
高浜秀 1999, "カマン・カレホユック出土の鳥頭紋骨製品", カマン・カレホユック, 8, 175-178.
高浜秀, 林俊雄, 雪嶋宏一（編）1992, スキタイ黄金美術展：ウクライナ歴史宝物博物館秘蔵. 日本放送協会, 東京.
タキトゥス 1981, 年代記（国原吉之助訳）（岩波文庫）, 岩波書店, 東京.
角田文衞 1971, 増補古代北方文化の研究, 新時代社, 東京.
ディオドロス 1999, 神代地誌（飯尾都人訳）, 龍渓書舎, 東京.
デミデンコ, S. 2003, "黒海沿岸で出土した鋲留式鍑", 古代文化, vol. 55, no. 9, 515-522.
デュメジル, G. 1987, 神々の構造：印欧語族三区分イデオロギー（松村一男訳）, 国文社, 東京.
デュメジル, G. 2002, デュメジル・コレクション I （丸山静, 前田耕作編）, 筑摩書房, 東京.
東京国立博物館（編）1964, ロシア秘宝展, 日本経済新聞社, 東京.
東京国立博物館（編）1969, スキタイとシルクロード美術展, 日本経済新聞社, 東京.
東京国立博物館（編）1978, エルミタージュ秘宝展：レンブラントの名画＜ダナエ＞・古代スキタイの金器, 日本経済新聞社, 東京.
東京国立博物館（編）1985, シルクロードの遺宝：古代・中世の東西文化交流, 日本経済新聞社, 東京.
トンプソン, E. A. 1999, フン族：謎の古代帝国の興亡史（木村伸義訳）, 法政大学出版部, 東京.
新潟県立近代美術館（編）2001, エルミタージュ美術館名品展, 日本経済新聞社, 東京.
畠山禎 1992, "北アジアの鹿石", 古文化談叢, 第27集, 207-225.

林俊雄 1996, "騎馬遊牧民族スキタイの進入", 安田喜憲・林俊雄（編）, 講座文明と環境 第5巻：文明の危機, 朝倉書店, 東京, 35-48.

林俊雄 1999a, "ドイツ考古学研究所の最近の活動", 草原考古通信, No.10, 2‐4.

林俊雄 1999b, "草原遊牧民の美術", 田辺勝美, 前田耕作（編）, 世界美術大全集東洋編第15巻：中央アジア, 小学館, 東京, 56-72.

林俊雄 2003, "中央ユーラシア遊牧民の古墳から見た王権の成立と発展", 初期王権研究委員会（編）, 古代王権の誕生 Ⅲ：中央ユーラシア・西アジア・北アフリカ編, 角川書店, 東京, 46-69.

林俊雄 2005, ユーラシアの石人（ユーラシア考古学選書）, 雄山閣, 東京.

林俊雄 2007, スキタイと匈奴：遊牧の文明（興亡の世界史02）, 講談社, 東京.

原随園 1974, アレクサンドロス大王の父.（新潮選書）, 新潮社, 東京.

ヒッポクラテス 1963, 古い医術について：他八編（小川政恭訳）（岩波文庫）, 岩波書店, 東京.

藤川繁彦（編） 1999, 中央ユーラシアの考古学（世界の考古学6）, 同成社, 東京.

藤縄謙三 1989, 歴史の父ヘロドトス, 新潮社, 東京.

ピオトロフスキー, B. 1981, 埋もれた古代王国の謎：幻の国ウラルトゥを探る（加藤九祚訳）, 岩波書店, 東京.

ブラシンスキー, I. B. 1982, スキタイ王の黄金遺宝（穴沢咊光訳）, 六興出版, 東京.

プリェートニェヴァ, S. A. 1996, ハザール謎の帝国（城田俊訳）, 新潮社, 東京.

プルタルコス 1954, プルターク英雄伝（6）（河野与一訳）,（岩波文庫）, 岩波書店, 東京.

ヘロドトス 1971-72, 歴史（松平千秋訳）（岩波文庫）, 岩波書店, 東京.

ホメーロス 1978, イーリアス（呉茂一訳）（岩波文庫）, 岩波書店, 東京.

ホメーロス 1971-72, オデュッセイアー（呉茂一訳）（岩波文庫）, 岩波書店, 東京.

ポリュアイノス 1999, 戦術書（戸部順一訳）（叢書アレクサンドリア図書館 Ⅵ）国文社, 東京.

ポリュビオス 2007, 歴史2（城江良和訳）（西洋古典叢書）, 京都大学学術出版会, 京都.

ポリュビオス 2007, 世界史3（竹島俊之訳）, 龍渓書舎, 東京.

ポンペイウス・トログス 1998, ユニアス・ユスティヌス抄録 地中海世界史（合阪學訳）（西洋古典叢書）, 京都大学学術出版会, 京都.

柳生俊樹 2005, "レヴァント南部における青銅製袋穂鏃", オリエント, vol.48, no.1, 117-139.

山本忠尚 1972, "スキタイ式轡の系譜", 史林, 55巻5号, 77-104.

雪嶋宏一 1983, "(書評) D. S.ラエーフスキー『スキト＝サカ諸部族のイデオロギーの概要—スキタイ神話復元の試み—』", ユーラシア（新時代社）, 新1, 127–133.

雪嶋宏一 1992a, "カマン・カレホユック出土の青銅製スキタイ式鏃について", カマン・カレホユック, 1, 89-100.

雪嶋宏一 1992b, "ロストーフツェフの再評価", 窓（ナウカ社）, 81, 23-29.

雪嶋宏一 1996, "サルマタイの西漸", 安田喜憲, 林俊雄（編）, 講座文明と環境第5巻：文明の危機, 朝倉書店, 東京, 75-83.

雪嶋宏一 1997a, "ルィジャノフカ村大クルガンの発掘", 草原考古通信, No. 8, 35-36.

雪嶋宏一 1997b, "先スキタイ時代の編年をめぐる最近の見解", 草原考古通信, No. 8, 2-8.

雪嶋宏一 1998, "カマン・カレホユックの金属製鏃", カマン・カレホユック, 7, 183-204.

雪嶋宏一 2001, "ジヴィエ遺宝", 季刊文化遺産, 12, 16-17.

雪嶋宏一 2003a, "騎馬遊牧民スキタイの王権の成立と発展", 初期王権研究委員会（編）, 古代王権の誕生 Ⅲ：中央ユーラシア・西アジア・北アフリカ編, 角川書店, 東京, 28-45.

雪嶋宏一 2003b, "キンメリオイおよびスキタイの西アジア侵攻", 西アジア考古学, 4, 87-97.

吉田敦彦 1972, "ヘロドトスのスキュタイ神話", 西洋古典学研究, XX, 1-12.

リトルトン, C. スコット, マルカー, リンダ・A. 1998, アーサー王伝説の起源：スキタイからキャメロットへ（辺見葉子・吉田瑞穂訳）, 青土社, 東京.

ルキアノス 1999, ルキアノス選集（内田次信訳）（叢書アレクサンドリア図書館 Ⅷ）, 国文社, 東京.

ロストゥツェフ, M. I. 1974, 古代の南露西亜（坪井良平, 梶本亀次郎訳）（ユーラシア叢書4）, 原書房, 東京.

図版典拠

図1　ノヴォチェルカッスク出土一括遺物（Iessen 1953：51, Ris. 1）
図2　チェルノゴロフカ1号墳3号墓出土の銜と鑣（Iessen 1953 80, Ris. 19, 1）
図3　イエッセンによる銜の型式分類（Iessen 1953 52, Ris. 2）
図4　ジャボチン2号墳出土資料（Il'inskaya 1975：Tabl. VI, 1 -11）
図5　ステブレフ15号墳出土資料（Klochko and Skoriy 1993：p. 74, Ris. 3 , p. 75, Ris. 4）
図6　先スキタイ時代の青銅製矢羽形鏃（雪嶋 1998：199, 図4 , 1；203, 図8； Bidzilya, Yakobenko 1974：155；Klochko 1979：42；Smirnov 1961：111；Yablonskiy 1991：78；Kozenkova 2002：80, Tabl. 21, 2）
図7　ウスチ＝ラビンスカヤ古墳出土の鹿石（Ol'khovskiy 2005：170, Il. 19）
図8　ズボフスキー古墳出土の鹿石（Ol'khovskiy 2005：172, Il. 21）
図9　ベシュタウ山北西麓発見の青銅製鍑（Val'chak and Demidenko 2006：Ris. 5）
図10　キンメリオイとスキタイの西アジア侵入経路（クループノフによる）（Krupnov 1960：67, Ris. 4）
図11　グマロヴォ1号墳3号墓出土資料（Ismagilov 1987：89, Ris. 1；Ismagilov 1988：33, Ris. 4 , 36-38, Ris. 5 - 7）
図12　ウアシヒトゥ1号墳のプラン（Erlikh 1994：Tabl. 1）
図13　ウアシヒトゥ1号墳の埋葬施設のプランとセクション（Erlikh 1994：Tabl. 2を改変）
図14　ウアシヒトゥ1号墳の出土品（Erlikh 1994：Tabl. 5）
図15　アルジャン1号墳出土の青銅製環状動物文飾板（草原のシルクロード展実行委員会 1981：84）
図16　マイエミール草原発見の金製環状動物文飾板（Barkova 1983：22, Tabl. 1）
図17　ピョートル1世シベリア・コレクションの金製環状動物文飾板（Menghin, Parzinger, Nagler and Nawroth 2007：50）
図18　サカル＝チャガ第6墓群23号墳出土の青銅製環状動物文飾板（Yablonskiy 1991：Ris. 12, 1 ～ 2）
図19　ウイガラク33号墳出土の青銅製環状動物文飾板（Vishnevskaya 1977：141, Tabl. 15-16）
図20　ケレルメス31号墳（ヴェセロフスキー2号墳）出土の環状動物文（Galanina 1997：Tabl. 31, 223；Tabl. 22, 258-259）
図21　カルミル＝ブルール出土のスキタイ関係資料（Il'inskaya and Terenozhkin

1983：35)

図22　バスタム城塞全景と城門付近（2007年8月筆者撮影）

図23　バスタム出土の青銅製袋穂式鏃（Kleiss 1979：Abb. 3, 1 - 2, Abb. 10, 8, Abb. 15, 1, Abb. 16, 30-32；1988：Abb. 2, 3 - 4, Abb. 3, 3 - 4)

図24　ジヴィエ城塞全景と頂上の建築址（2007年8月筆者撮影）

図25　ジヴィエ遺宝（1）(Ghirshman 1963：112, Fig. 147；317, Fig. 386；109, Fig. 142)

図26　ジヴィエ遺宝（2）(Ghirshman 1963：110, Fig. 143；Godard 1950：55, Fig. 46；Porada 1963：125, Fig. 70；Ghirshman 1979：Pl. XVI, 6；Ghirshman 1963：117, Fig. 158)

図27　サルディス出土の環状動物文様（Ghirshman 1983：Pl. VI, 7)

図28　カマン・カレホユック出土の青銅製両翼鏃（雪嶋 1998：図 4 - 2, 3, 4 ～ 8, 図 5 -1～ 5)

図29　カマン・カレホユック出土の青銅製三翼鏃（雪嶋 1998：図 6 - 4, 6)

図30　タショヴァ＝ラディク埋葬址発見の弾丸形鏃（Ünal 1983：72, Abb. 1 - 5)

図31　イミルレル出土の鉄製剣と鶴嘴型斧（Ünal 1983：Abb. 1, 1 ～ 2)

図32　カマン・カレホユック出土の鳥頭形骨製品（高浜 1999：写真 3 a- 3 b)

図33　西アジアで発見されたグリフィンや牡ヒツジの頭部を象った骨製鑣（Hauptmann 1983：Abb. 5, 12～16)

図34　カマン・カレホユック出土のボタン状骨製品（高浜 1999：写真 1a)

図35　イミルレル出土の青銅製銜（Ünal 1983：Abb. 1, 4)

図36　ケレルメス古墳群の古墳分布図（Galanina 1997：20, Ris. 2)

図37　ケレルメス31号墳（ヴェセロフスキー 2 号墳）出土のノヴォチェルカッスク型鉄製銜と青銅製馬具飾板（Galanina 1997：Tabl. 17, 298a, Tabl. 23, 294)

図38　クラースノエ・ズナーミャ 1 号墳のプラン（Petrenko 2006：Tabl. 2 ～ 3)

図39　クラースノエ・ズナーミャ 1 号墳の石積壁の復元図（Petrenko 2006：Tabl. 46, 2)

図40　クラースノエ・ズナーミャ 1 号墳主体部の石造の基礎（Petrenko 2006：Tabl. 7)

図41　クラースノエ・ズナーミャ 1 号墳南墓のプランと断面（Petrenko 2006：Tabl. 15)

図42　クラースノエ・ズナーミャ 1 号墳南墓出土の馬具セット（Petrenko 2006：Tabl. 48, 36-40)

図43　クラースノエ・ズナーミャ 1 号墳南墓出土の 1 号陪葬馬のイノシシの牙製鑣と青銅製銜（Petrenko 2006：Tabl. 100)

図版典拠 247

図44　クラースノエ・ズナーミャ1号墳南墓出土のイシュタル神が表現された青銅製轅の装飾版（Petrenko 2006：Tabl. 51）
図45　ウリスキー1号墳（Artamonov 1969：Site diagrams Ⅱ）
図46　リトイ古墳出土資料（Il'inskaya and Terenozhkin 1983：99-100；Piotrovsky 1986：19）
図47　「ΣKYΛ」「ΣKY」銘のある銅貨（Alekseyev 2005：Fig. 4．1，4 - 5）
図48　スキュレスの銘がある金製指輪（Vinogradov 1980：94, Ris. 2；Alekseyev 2005：Fig. 4．1，1）
図49　「EMINAKO」銘のある銀貨（Karyshkovskiy 1960：Ris. 2）
図50　アテアス王の貨幣（Anokhin 1973：Ris. 1）
図51　ケレルメス1号墳（シュリツ発掘）出土の金製碗（Piotrovsky 1986：24）
図52　ケレルメス1号墳（シュリツ発掘）出土の金装鉄製斧（Piotrovsky 1986：36-37）
図53　ブラトリュボフスキー古墳出土の金製盃（髙浜, 林, 雪嶋 1992：64）
図54　アルジャン2号墳出土の金製杯ミニアチュールと金製柄付き木器（Menghin, Parzinger, Nagler and Nawroth 2007：80）
図55　アク＝メチェト（Ak-Mechet）古墳出土の木器の柄を覆うグリフィン頭部を象った金製装飾板（Piotrovsky 1986：99）
図56　ケレルメス4号墳（シュリツ発掘）出土の箙の金製装飾板（Piotrovsky 1986：23）
図57　アクシュティンツィ2号墳出土のゴリュトス金製装飾板（Chernenko 1981：49, Ris. 30）
図58　ゾロトイ古墳出土のゴリュトスを装飾した青銅製ライオン像（Artamonov 1969：75）
図59　イリイチェヴォ1号墳出土の箙の金製装飾板（Piotrovsky 1986：70）
図60　アルハンゲリスカヤ・スロボダ5号墳出土のゴリュトス金製飾板（加藤九祚 1998：17, 8）
図61　ソローハ古墳出土のゴリュトス銀製装飾板（Artamonov 1969：160）
図62　チェルトムルイク古墳出土のゴリュトス金製装飾板（Piotrovsky 1986：224）
図63　カラゴデウアシュフ発見のゴリュトス銀製装飾板断片（Chernenko 1981：75, Ris. 51）
図64　ミールノエ古墳出土のゴリュトス金製装飾板（Artamonov 1969：194）
図65　メリトーポリ古墳2号墓の掘り込みの遺物出土状況（Terenozhkin & Mozolevskiy 1988：54, 48）
図66　メリトーポリ古墳2号墓出土のゴリュトス金製装飾板（髙浜, 林, 雪嶋 1992：54, 39）

図67　クリ＝オバ出土のエレクトラム製アリュバッロス型杯と打ち出された図像
　　　（Piotrovsky 1986：184；Raevskiy 1977：35, Ris. 3）
図68　チャストィエ3号墳出土の銀鍍金聖アリュバッロス型杯と打ち出された図像
　　　（Piotrovsky 1986：173；Raevskiy 1977：31, Ris. 1 & 32, Ris. 2）
図69　ガイマノヴァ・モギーラ出土の銀鍍金製両耳杯と打ち出された図像
　　　（Piotrovsky 1986：166；Raevskiy 1977：35, Ris. 4）
図70　サフノフカ古墳出土の金製ディアデム（加藤九祚 1998：88, 94）
図71　ノサキ古墳出土の王権神授の場面を表現する金製飾板（高浜, 林, 雪嶋 1992：97, 112）
図72　ベリスク城塞集落址の全体プラン（Murzin, Rolle and Suprunenko 1999：23）
図73　カーメンスコエ城塞集落址のプラン（Grakov 1954：39, Ris. 6）
図74　クヴァシノ駅構内古墳出土のサルマイの武器と馬具（Smirnov 1984：60, Ris. 23）
図75　ドニェプル川中流域で発見されたラ・テーヌ文化に特徴的な資料（Machinskiy 1973：7, Ris. 1, 1-2, 4-6）
図76　マリエフカ村の墓での発見遺物（Smirnov 1984：Ris. 26, 4-5；Treister 1993：Fig. 8 -11）
図77　ネアポリスの王廟で発見された中期ラ・テーヌ文化の剣（Treister 1993：Fig. 4）
図78　スキルロスがオルビアで発行した貨幣（Zograf 1951：Tabl. XXXIII, 22-23）
図79　ネアポリス発見の騎馬人物彫像（Vysotskaya 1979：182, Ris. 85）と2人の戦士彫像（Vysotskaya 1979：181, Ris. 84）
図80　ネアポリスの平面図（Zaytsev 2004：70, Fig. 10）
図81　ネアポリスの南王宮（A-B-V地区）平面図（Zaytsev 2004：96, Fig. 40）
図82　ネアポリスの廟の平面図（Zaytsev 2004：146, Fig. 94）
図83　ネアポリスの廟で発見された石棺の出土状況（Zaytsev 2004：154, Fig. 103）
図84　石棺で発見された遺物　1：青銅製バックル（Pogrebova 1961: 119, Ris. 5，5）、2：箙に取り付けられた金製装飾板（Pogrebova 1961: 119, Ris. 5，2）、3：鉄製槍先（Zaytsev 2004：158, Fig. 108, 2）、4：青銅製兜（ザイツェフによる復元）（Zaytsev 2004: 157, Fig. 107, 1-2）、5：鉄製長剣（Zaytsev 2004：158, Fig. 108, 1）、6：フィブラの金製ひし形盾（Zaytsev 2004：159, Fig. 109, 2）
図85　シュリツによって発表された木製棺復元図（Shul'ts 1953：IX）
図86　ザイツェフによって復元された玉座あるいは寝椅子（Zaytsev 2004：168, Fig. 118, 4）
図87　ネアポリスA-B-V地区で発掘されたサルマタイ＝アラン人の墓で発見された轡（Vysotskaya 1979：201, Ris. 94, 7）

図88　ネアポリス東側墓群 9 号墓の壁画（ドンブロフスキーによる水彩画）
　　（Vysotskaya 1979：186：Ris. 90）

［巻末付図］
付図 1　中央ユーラシアにおける本書関係遺跡
付図 2　前 8 〜 4 世紀のスキタイ関係遺跡
付図 3　スキティア及びその周辺の民族と遺跡群（Melyukova 1989：50, Karta 5 を改変）
付図 4　第三スキタイ国家におけるスキタイ遺跡の分布（Melyukova 1989：126, Karta 11 を改変）

あとがき

　本書の企画のお話をいただいてから早や3年、執筆を開始してから足掛け2年が経ち、ようやく脱稿に漕ぎ着けました。お話をいただいた当初はこれまで公刊してきたいくつかの拙稿を整理して順序だてて改訂加筆していけば何とかなるだろうと思ったため、2007年中に出版という計画でした。しかし、実際取り掛かってみると拙稿に含まれていた矛盾や誤謬の数々が露になるばかりで収拾がつかず、なかなか筆が進みませんでした。加えて筆者の怠慢ゆえに遅れに遅れてしまい、雄山閣および叢書『ユーラシア考古学選書』の関係者の皆様には大変ご迷惑をおかけしました。誠に申し訳ありませんでした。
　本書はこれまで発表してきた以下の拙稿を基礎としています。
「サルマタイの西漸」（1996）
「カマン・カレホユックの金属製鏃」（1998）
『中央ユーラシアの考古学』の筆者執筆部分（藤川繁彦 1999）
「騎馬遊牧民スキタイの王権の成立と発展」（2003）
「キンメリオイおよびスキタイの西アジア侵攻」（2003）
　これらを時代順に並べ直し誤謬を訂正しながら本書の骨格としました。そして、これらに欠けていたそれぞれの部分については近年の研究に基づいて新たに稿を起して適宜追加しました。したがって、上記拙稿で犯した数々の間違いは本書で極力訂正したつもりです。
　そして、エルミタージュ博物館のアレクセエフを中心としたスキタイの編年学研究、ウクライナのクロシコ等による最初期のスキタイ考古学研究（Klochko 1993）、ペトレンコが最近ようやく刊行したクラースノエ・ズナーミャ古墳の報告書（Petrenko 2006）、故Yu. G. ヴィノグラードフによる黒海北岸ギリシア植民市発見の碑文の新研究（Vinogradov 1997；Vinogradov and Zaytsev 2003）、ザイツェフによるスキタイのネアポリス研究（Zaytsev 2004）等の成果を取り入れることによって、最新のスキタイ研究を本書に反映することができました。

ところが、スキタイ国家論については近年ロシア・ウクライナでは議論が低調であり、ハザーノフやテレノシュキン以降新たな仮説は発表されていません。したがって、本書ではハザーノフ説を基礎にしながらスキタイの西アジア滞在については疑問を呈して、第一スキタイ国家の中心地を北カフカス草原に求めて、ハザーノフ説に若干の修正を加えました。この点についてはクラースノエ・ズナーミャ古墳の研究成果が大いに役立ちました。

　第二スキタイ国家の終焉については近年かなり活発な議論が行われていたため、黒海北岸草原に覇を唱えたスキタイ国家の衰退が具体的に跡付けられるようになり、従来の見解に修正を加えるようになっています。しかしながら、21世紀に入ってからのウクライナのスキタイ考古学研究にはあまりはかばかしい成果は見られず、報告書の公刊も極めて限られています。本書ではなるべく最新の成果を取り込むことを主眼にしましたが、このような理由で旧稿を辿った部分もありました。

　スキタイに関心をもって30年を超える歳月が経ちました。その間に多くの諸先輩方に大変お世話になりました。とりわけ、学生時代から今日に至るまで変わらずお世話になってきました故藤川繁彦先生、林俊雄先生、高濱秀先生には言い尽くすことが出来ないほどの学恩を賜りました。また、これら諸先生方と共に活動してきた草原考古研究会の皆様、特に川又正智先生、松原隆治先生、畠山禎先生には常日頃大変お世話になっています。これまで多数の貴重な文献を恵贈してくださいましたエルミタージュ博物館研究員のL. S. マルサドーロフ氏、ウクライナ国立歴史博物館歴史宝物館研究員のL. S. クロシコ氏、また日本アナトリア考古学研究所所長の大村幸弘先生からは貴重な研究の機会を賜りました。皆様には衷心より感謝の意を表します。そして、雄山閣の羽佐田真一氏からは本書の企画の最初から絶えず惜しみない励ましとご助言を賜りました。誠にありがとうございました。

　本書で述べた内容については筆者にすべて責任があります。読者諸兄姉の皆様方からの忌憚のないご意見とご叱正をいただけましたら幸甚です。

2008年7月14日

雪嶋 宏一

付　　図

1　中央ユーラシアにおける本書関係遺跡　254, 255
2　前 8 〜 4 世紀のスキタイ関係遺跡　256, 257
3　スキティアおよびその周辺の民族と遺跡群　258, 259
4　小スキティアにおけるスキタイ遺跡の分布　260, 261

254 付図

付図1　中央ユーラシアにおける本書関係遺跡

付図 255

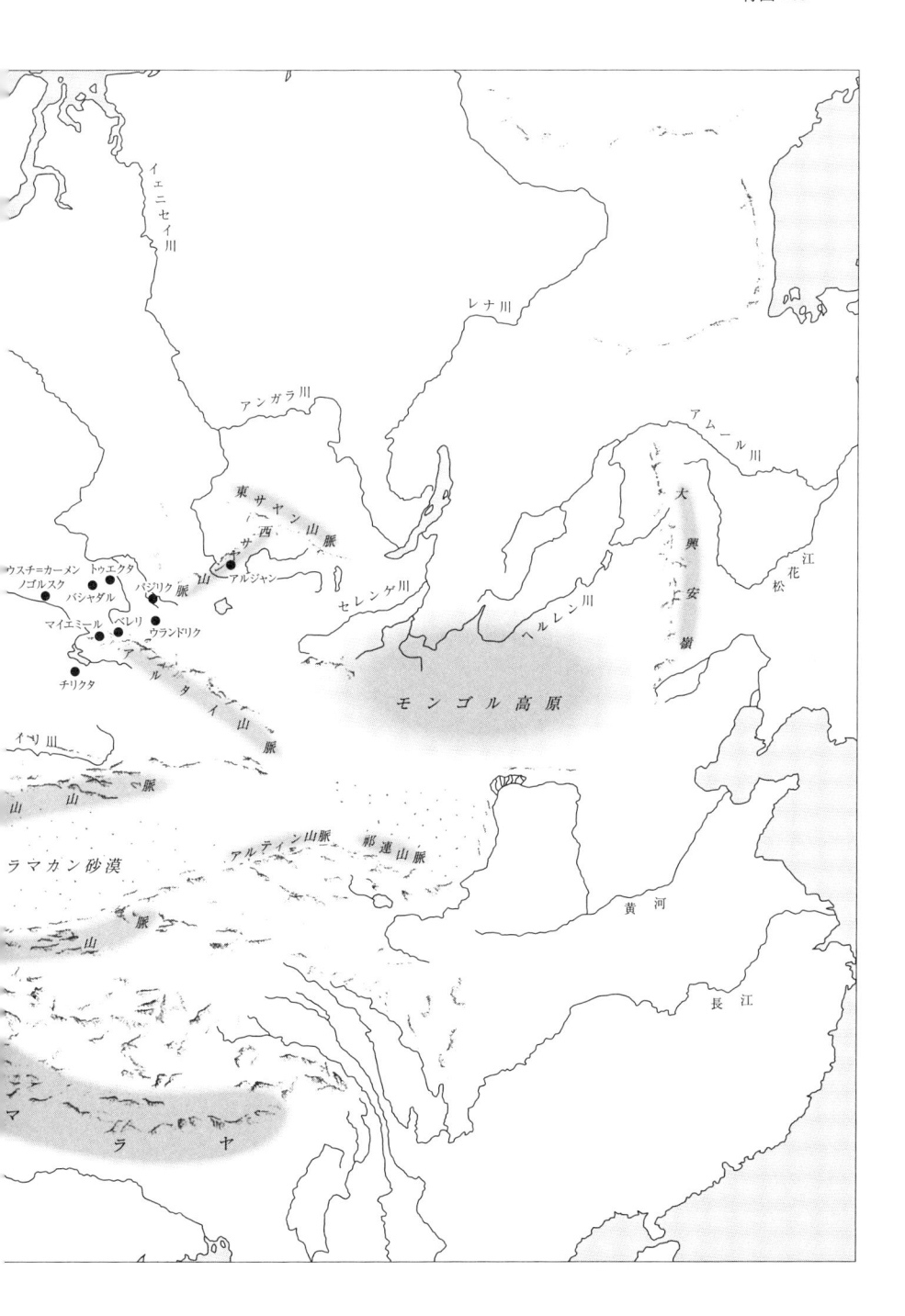

- イェニセイ川
- レナ川
- アンガラ川
- アムール川
- 東サヤン山脈
- 西サヤン山脈
- ウスチ=カーメノゴルスク
- トゥエクタ
- バシャダル
- パジリク
- アルジャン
- マイエミール
- ベレリ
- ウランドリク
- チリクタ
- セレンゲ川
- ヘルレン川
- 大興安嶺
- 松花江
- モンゴル高原
- アルタイ山脈
- イリ川
- タクラマカン砂漠
- アルティン山脈
- 祁連山脈
- 黄河
- 長江
- ヒマラヤ

付図2　前8〜4世紀のスキタイ関係遺跡

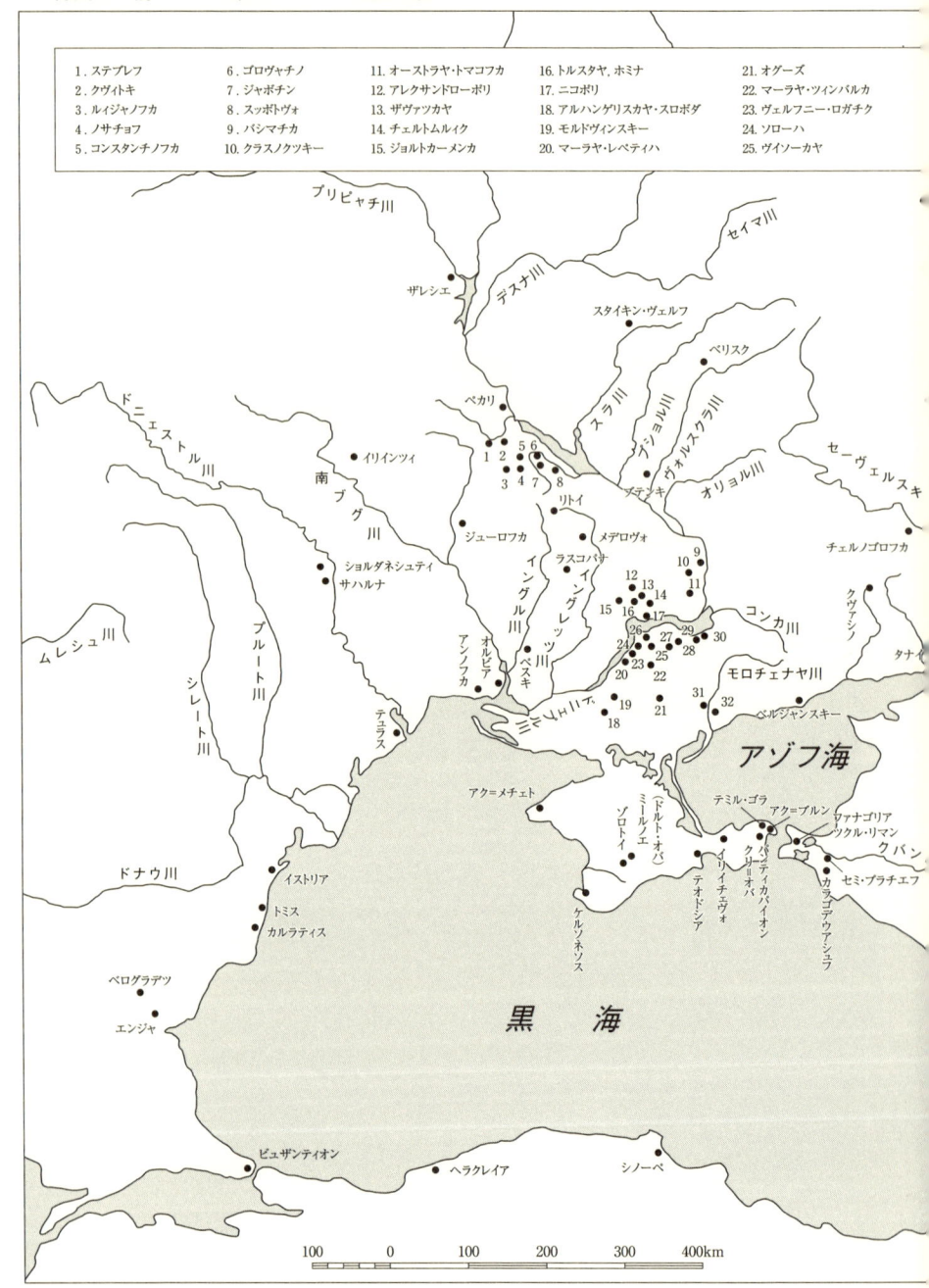

1. ステプレフ
2. クヴィトキ
3. ルイジャノフカ
4. ノサチョフ
5. コンスタンチノフカ
6. ゴロヴャチノ
7. ジャボチン
8. スッボドヴォ
9. パシマチカ
10. クラスノクツキー
11. オーストラヤ・トマコフカ
12. アレクサンドローポリ
13. ザヴァッカヤ
14. チェルトムルイク
15. ジョルトカーメンカ
16. トルスタヤ, ホミナ
17. ニコポリ
18. アルハンゲリスカヤ・スロボダ
19. モルドヴィンスキー
20. マーラヤ・レベティハ
21. オグーズ
22. マーラヤ・ツィンバルカ
23. ヴェルフニー・ロガチク
24. ソローハ
25. ヴイソーカヤ

付図 257

```
26. カーメンスコエ      31. メリトーポリ
27. ボリシャヤ・ツィンバルカ  32. コンスタンチノフカ
28. サフノフカ
29. ノサキ
30. ガイマノヴァ
```

グマロウヴォ
フィリッポフカ
イレク川

チャストイエ

ドン川

ヴォルガ川

ドニエッツ川

チル川

ウラル川

ノヴォチェルカッスク
ピャチ・ブラーチエフ
サル川
マヌイチ川

ウスチ=ラビンスカヤ
ズボフスキー
ウリスキー
ウバシビト
ケレルメス
マイコープ
コストロムスカヤ

クラースノエ・ズナーミヤ
アレクセエフスキー
ノヴォザヴェジョンノエ
ベシュタウ
クリンヤル
ナルタン

クマ川

テレク川

カスピ海

セルジェン=ユルト

リオニ川
ファシス
サムタヴロ
トリ
クラ川
アラガツ川

チョロフィ川

ミンゲチャウル

マールイ

付図3　スキティアおよびその周辺の民族と遺跡群

付図 259

草原北限ライン

サルマタイ

サウロマタイ

Ⅸ

ボリュステネス川

タナイス川

ⅩⅢ

マタイ

カウカソス

Ⅰ. トランシルヴァニア・グループ
Ⅱ. ゲタイ=トラキア・グループ
Ⅲ. 西ポドリエ・グループ
Ⅳ. 南ブグ川上流グループ
Ⅴ. ドニェプル川中流右岸グループ
Ⅵ. ドニェプル川中流左岸グループ
Ⅶ. ヴォルスクラ・グループ
Ⅷ. セーヴェロドニェツ・グループ
Ⅸ. ドン川中流グループ
Ⅹ. セイマ川流域グループ
Ⅺ. 草原スキティア・グループ
Ⅻ. クリミア・グループ
ⅩⅢ. ドン川下流グループ

付図4　小スキティアにおけるスキタイ遺跡の分布

◯：第1期　　⬭：第2期　　⌒⌒：第3期
⬭：第4期　　◯：第5期

1. アク=カヤ
2. チャルダクルイ
3. タイガン
4. ノヴォクレノヴォ
5. アルギン
6. ネイザツ
7. ズイスコエ・ヴェルフニェエ
8. ズイスキエ集落址
9. ズイスキエ城塞址
10. ソロヴィエフカ
11. ゴロツィ
12. トルバシュ
13. ハン=エリ
14. ドルジュノエ
15. ブルシロヴォ
16. カリノフカ
17. サラブア
18. ドミトロヴォ
19. ケルメン=クル, フルクトヴォエ
20. ネアポリス
21. ザレシエ
22. ロゾヴォ
23. タフタ=ジャマ
24. ピオネルスコエ
25. ジャルマン
26. ゾロトエ・ヤルモ
27. ドブロエ
28. クジル=コバ
29. タヴェリ
30. テレク=エリ
31. タシュ=ジャルガン
32. ズメイノエ
33. ラズヴィルカ
34. クラースノエ・ゴルカ
35. ドルギー・ブゴル
36. ベシュイ
37. スカルストエ
38. カラガチ
39. ブルガナク
40. ポシトヴォエ
41. ヴィリノ
42. ザヤチエ
43. ゴラ・チャボフスコヴォ
44. アリマ=ケルメン, ザヴェトノエ
45. バルタ=チョクラク第1
46. バルタ=チョクラク第2
47. スタロセリエ
48. トプチ=コイ第1
49. トプチ=コイ第2
50. クラスノゾリンスコエ
51. ウスチ=カチンスキエ集落址
52. ウスチ=カチンスキエ城塞址
53. ウスチ=ベリベクスコエ
54. ベリベグ
55. インケルマン
56. チェルノルチエ
57. ペシャノエ
58. ウスチ=アリミンスコエ
59. キジル=ヤル
60. カラ=トベ第1
61. カラ=トベ第2
63. チャイカ
64. テレクルイ=コンラト
65. ベレゴヴォエ
66. アイルチ
67. ユジュヌ=ドンズラフスコエ
68. ベリャウス
69. クルチュク
70. ラズルノエ
71. テルバンチ
72. ジャン=ババ(マリイノ)
73. カラジ
75. ベロジョルカ
76. ポニャトフカ
77. ニコラエフカ
78. リュビモフカ
79. カイルィ
80. スラロシヴェツコエ
81. クラースヌイ・マヤク
82. ゴルノスタエフカ
83. コンスロフカ
84. ボリシャヤ・レペティハ
85. サブルコフカ
86. ヂノフカ
87. ガウリオフカ
88. ゾロタヤ・バルカ
89. ズナメンカ

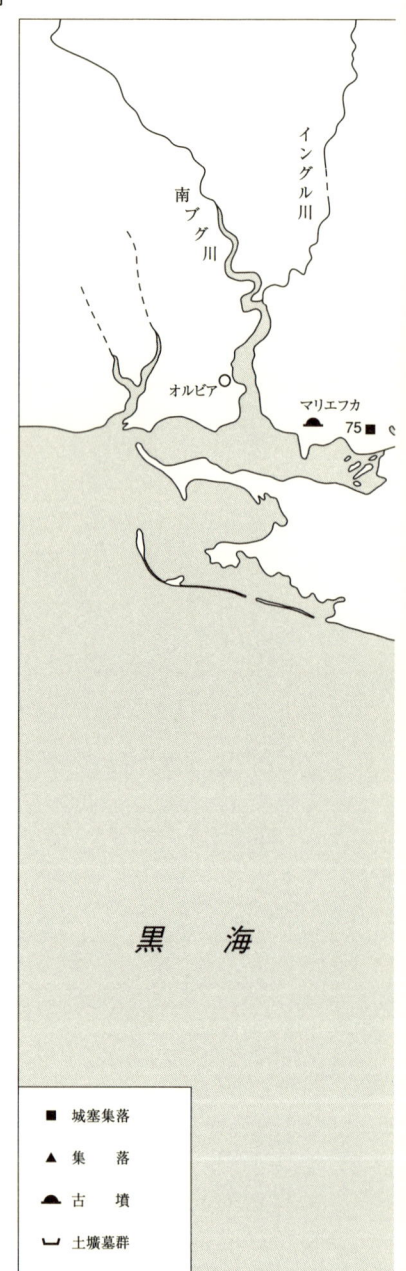

■　城塞集落
▲　集　落
⬟　古　墳
⌣　土壙墓群
◯　ギリシア植民市

付図 261

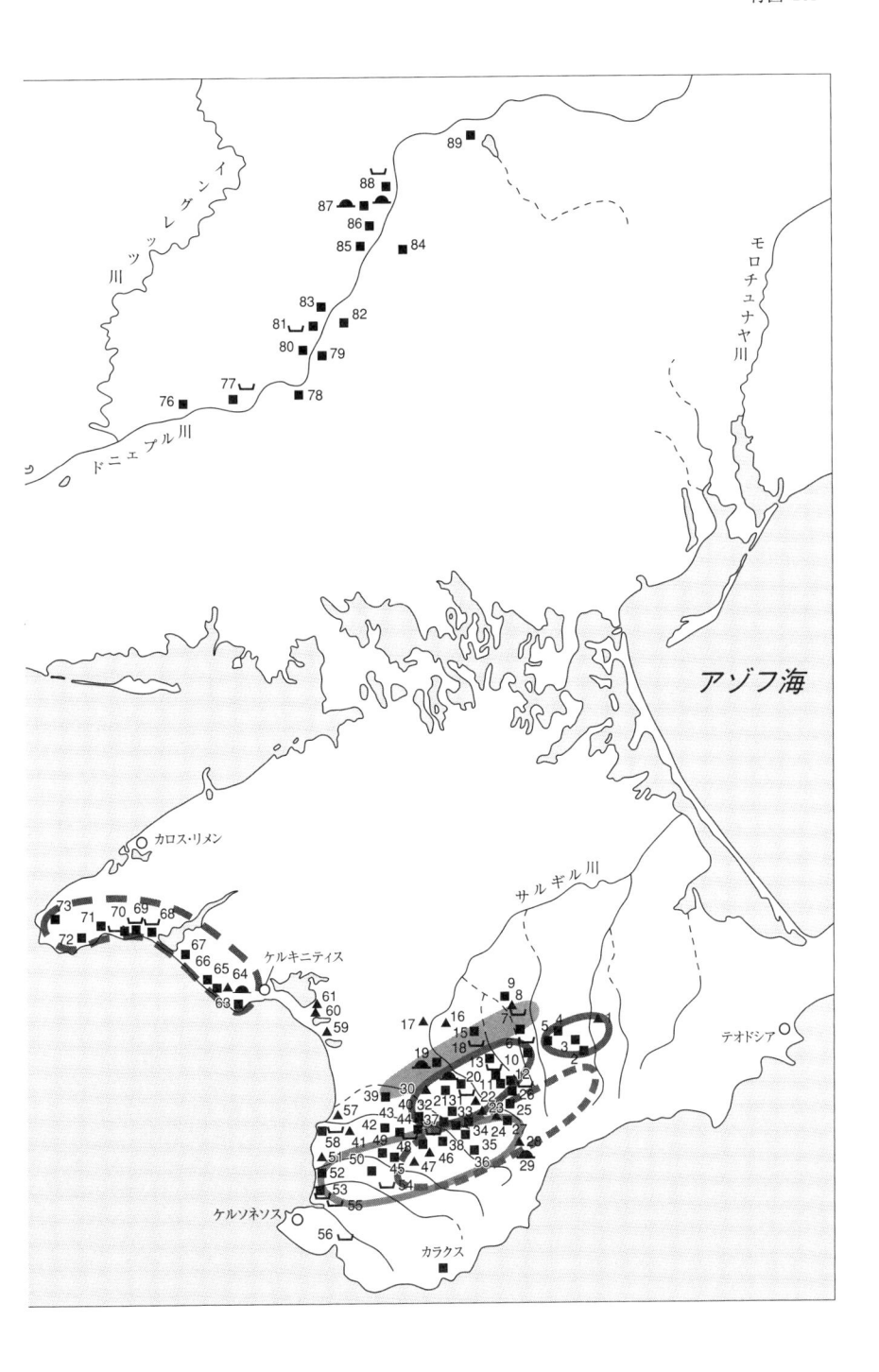

索　引

【あ】

アーサー王伝説　224, 225
合阪學　187
アイルチ城塞址　206
アウカタイ　144
アオルソイ　203, 204
アガテュルソイ　134, 145, 167, 168, 172
アガテュルソス　143, 148
アガロス　27, 130, 137, 138, 142, 188
アキナケス型剣　69
アキレス　153, 156
アクシュティンツィ　178
アクシュティンツィ２号墳　150, 151
アクシロコス　191
アク＝ブルン５号墳　179
アク＝メチェト古墳　150
アケメネス朝ペルシア　4, 72, 132, 141
アシュクザーヤ　4, 45, 49, 52, 53
アシュクザ国　87
アッシュルバニパル　52, 54, 59, 93, 122
アッシリア　4, 19, 25, 45, 49, 53～55, 59, 60, 62, 65, 85～88, 93～96, 100, 104, 105, 122, 125, 127, 221, 222
アッシリア＝ウラルトゥ美術　116
アッシリア国家文書集　52
アッシリア史料　52～55, 57, 59, 60, 63, 85, 87, 88, 92
アッシリア人　96
アテアス（アタイアス）　26, 27, 130, 137, 138, 159, 161, 187
アテーナイ　9, 131, 222

アナカルシス　11, 129～131, 222
アナトリア文明博物館　104
アナニノ　109
アバーエフ（Abaev, V. I.）　164
アフロディーテ　160
アプロディテ・ウラニア　89
アマゲ　191
アミュルギオン　6
アミュルギオンのサカイ人　5
アヤニス　87, 105, 108
アラクス川　87
アラクセス川（河）　71～74, 143
アラクリ文化　78
アラン人　217, 224～226
アラン文化　217
アリアペイテス　10, 130, 131, 134～136, 142
アリアラムネス　134
アリアンタス　130, 136
アリステアス　11, 60, 71
アリストファネス　222
アリゾネス（人）　162, 163
アリファルネス　138
アリマ＝ケルメン（城塞址）　206, 219
アリマスポイ人　71～73
アリマスポイ物語　11
アリュアッテス　59, 61, 62, 97
アルギンパサ　161
アルケイオン　140, 141
アルゴタス（前５世紀）　27, 130, 135, 136
アルゴタス（前２世紀）　197, 198, 210

アルジャン（古墳・古墳群） 18, 19, 34, 36, 37, 117
アルジャン1号墳 41, 46, 78, 79, 83, 106, 124
アルジャン2号墳 42, 149, 150
アルタクシアス 191
アルタクルクセス2世 134
アルタモーノフ（Artamonov, M. I.） 17, 18, 26, 95
アルデュス 58, 59, 60
アルハンゲリスカヤ・スロボダ村5号墳 152
アルポクサイス 5, 145
アレクサンドローポリ古墳 14, 43, 46, 181～184
アレクサンドロス大王 187
アレクセエフ（Alekseev, A. Yu.） 26, 37～39, 42, 43, 45, 46, 62, 63, 95, 96, 115, 129, 137, 181
アレクセエフスキー古墳 82
アレクセエフスコエ（城塞址） 206, 207
アレスの聖所 140
アンドロファゴイ 167, 168, 169, 172

【い】

イアジュゲス族 224
イアソン 143
イヴァンチク（Ivanchik, A. I.） 52～54, 61, 95, 108, 112, 225
イエッセン（Iessen, A. A.） 33, 70
イオニア 56, 58, 59
イオニア軍 132, 133
イオニア人 12
イオニア美術 116
イシュクザーヤ 4, 45, 49, 52～55, 63, 85, 87～89, 105
イシュクザ国 87, 91
イシュタル女神像 122, 123
イシュパカー 27, 45, 53, 86, 87, 130
イスタンブール考古学博物館 63, 65, 109
イストリア 135, 137
イストロス川（河） 132, 133, 161, 168, 177, 196
イスマギロフ（Ismagilov, R. B.） 36
イダンテュルソス 12, 27, 130～134, 136, 137, 139, 167, 184
イッセドネス人 71～73
一般戦士 141
本来（いにしえ）のスキィティア 133
イニスメイオス 204, 205
イネンシメオス 204, 205
イミルレル 105, 107, 109～111
イリイチェヴォ1号墳（6号墓） 151, 152, 178, 179
イリインスカヤ（Il'inskaya, V. A.） 17, 20, 176
イリインツィ古墳 156
イロン 224
印欧神話三機能論 20

【う】

ウアシヒトゥ1号墳 43, 44, 46, 78, 80～82
ウァレリウス・フラックス 143
ウイガラク 36, 78, 106, 109
ウイガラク18号墳 41
ウイガラク33号墳 84, 85
ウィグルマッチ法 41～43, 58
ヴィソーカヤ・モギーラ 64, 65
ヴィノグラードフ（Vinogradov, Yu. G.）

142, 187, 189
ウヴァーロフ（Uvarov, A. S.） 208
ヴェセロフスキー（Veselovskiy, N. I.） 15, 21, 114
ヴェリカヤ・ズナメンカ1号墳　177, 184
ヴェリカヤ・ズナメンカ13号墳　177
ヴェルフニー・ロガチク（古墳）　160, 181, 185
ウクライナ科学アカデミー考古学研究所　21
『ウクライナ共和国考古学』　21
ウクライナ国立歴史博物館・歴史宝物館　223
ウスチ＝アリミンスコエ（城塞集落址）　207, 219
ウスチ＝カーメンノゴルスク　109
ウスチ＝ラビンスカヤ古墳　67, 68
内田吟風　27, 91
海の向こうのサカ族　6
ウラニア・アフロディーテ　161
ウラルトゥ　49, 52, 53, 64, 87, 88, 98, 100, 102, 104, 105, 107, 108, 223
ウラルトゥ美術　147
ウランドリク第4墓群1号墳　42
ウリスキー（古墳群）　15, 125
ウリスキー1号墳　126, 129, 132

【え】

エウセビオス　58, 90, 95
エウノネス　203, 204
エウパトリオン　201
エウメロス　138
エウロペオイド　5
エカテリーナ2世　13
エキドナ　143, 148

エクサンパイオス　10
エクバターナ　88
エサルハッドン　52, 54, 86, 87, 125
エジプト人　54
エトルスク　195
エナレエス　11
エピテデオタトイ　141, 173, 175
エフォロス（エポロス）　13, 129, 222, 131
エミナコス　130
エリザヴェトグラード　14
エリザヴェトフスコエ城塞集落址　177
エリュトラ海　73
エルミタージュ博物館　13, 14, 16, 17, 21, 43, 115, 223
エルリヒ（Erlikh, V. R.）　108
『エレミヤ書』　89, 90, 95, 113
エンジャ2号墳　36, 45, 78, 106, 107, 108

【お】

オアロス川　162
王権神授　148, 158〜161, 221, 222
王族スキタイ（スキュタイ）　5, 139, 144, 161, 165〜167, 169, 173, 174
オグーズ（古墳）　15, 43, 160, 181, 184
オクタマサデス　10, 130, 135, 136
オケアノス　55, 75
オストラヤ・ノガイスカヤ・モギーラ　177〜179
オセット人　20, 95, 224
オデッサ（考古学）博物館　223
『オデュッセイアー』　55
オドリュサイ　136
オポイア　130, 135
オリコス　27, 130, 135, 137
オリホフスキー（Ol'khovskiy, V. S.）

68
オルシャヌィ 45
オルデッソス川 162
オルビア 9, 15, 134～137, 142, 161, 163, 164, 169, 187, 189, 190, 193, 198, 199, 201, 204, 210, 222
オルビオポリタイ 163, 164

【か】

カーメンスコエ（城塞集落址） 16, 26, 185, 186, 203, 205
ガイマノヴァ・モギーラ 17, 20, 148, 158, 159, 181, 184, 185
カウアロス王 190
カエサリア 57
カシタリトゥ 53
カジョンナヤ（古墳） 181
加速器質量分析計（AMS） 41, 42
カタコムブナヤ文化（地下式横穴墳文化） 18
ガタロス 191
カッリッピダイ（カリピダイ） 162, 163
カティアロイ 144
加藤謙一 28
カバイオイ 201, 202
カボン 200, 202
カマサリュエー 197
カマン・カレホユック 63, 64, 65, 105～108, 110～112
ガミル 49, 52
カムィシンスコエ集落址 206
ガメラーヤ 49
カラクス 204
カラゴデウアシュフ古墳 153, 154
カラスク文化 19, 66, 69

ガラティア人 188～190, 192, 193, 195
ガラニナ（Galanina, L. K.） 115, 116
カリア 10
ガリア 224
ガリア人 190
カリニコス顕彰碑文 187
カリュアンダのスキュラクス 188
カルィシコフスキー（Karyshkovskiy, P. O.） 205
カルキニティス（湾） 133, 196
カルミル＝ブルール 87, 98, 107, 110～112
カルラティス 137
環状動物文（モチーフ） 84, 85, 100, 102, 104
カンリフ（Cunliffe, B.） 187

【き】

儀式用ゴリュトス 155
キジル＝コバ文化 168, 210
北の海 73
キプチャク 25
ギミッラ 49, 86, 98,
ギミッラーヤ 45, 49, 52～55, 59, 60, 63, 85, 88
ギミル 53
キュアクサレス 61, 93～97
ギュゲス 54, 59, 60
キュロス 62, 72
ギョイ・テペ 88
匈奴 25, 27, 28, 91
京都文化博物館 224
極北人→ヒュペルボレオイ
キリキア 55
ギリシア史料 55, 57, 60, 87, 92
ギルシュマン（Ghirshman, R.） 104

キンメリア 56, 71
キンメリア・ボスポロス 56
キンメリオイ（キンメリア人） 7, 12, 29, 31, 33〜40, 45, 49, 54〜63, 65〜68, 72〜76, 88, 90, 92, 96〜98, 113, 221
キンメリコス・ボスポロス 55

【く】

クヴァシノ駅構内古墳 192, 195
クヴィトキ古墳 82
ククリナ（Kuklina, I. V.） 60, 73
クセノフォン 13
クセルクセス1世 6, 62
グテイ 53, 86
クテシアス 134
クニドスのエウドクソス 188
グヌロス 130, 131
グマロヴォ1号墳 68
グマロヴォ1号墳3号墓 36, 76〜78, 106, 108, 109
グラーコフ（Grakov, B. N.） 16, 18, 26, 132, 169
クラースノエ・ズナーミャ1号墳 113, 117〜119, 124
クラースノエ・ズナーミャ1号墳南墓 107, 109, 120〜125
クラースノエ・ズナーミャ6号墳 124
クラースノエ・ズナーミャ8号墳 124
クラースノエ・ズナーミャ9号墳 125
クラースノエ・ズナーミャ古墳群 41, 117, 124
クラウディウス 204
クラスノクツキー（古墳） 181, 184
クラノダール（地方誌）博物館 223
クリ＝オバ（古墳） 14, 20, 22, 148, 157, 159, 160, 181, 185

グリフィン 100, 110, 111, 116, 126, 150, 152, 153, 155, 156, 214, 218, 223
グリャズノフ（Gryaznov, M. P.） 18, 19
クリン＝ヤル第3墓群186号墓 65
グレコ＝スキタイ美術 161
クレムノイ 166, 167
クロイソス 58, 59
クロシコ（Klochko, V. I.） 34, 35, 41, 108
軍事的民主制 28

【け】

ゲタイ 11, 132
ゲッロイ人（ゲロイ人） 173, 174
ゲッロイ人の国 176
ゲッロス 174
ゲッロス（ゲロス）川（河） 162, 164〜167, 174
ケラミコス博物館 223
ケルソネソス（ケロソネス） 189, 199, 201, 202, 204, 206, 207, 214
ケルト系 186, 188, 189, 190
ケルト人 193, 196, 207
ケルメン＝クル 206, 207
ケルメンチク丘 17, 197, 203, 207
ケレルメス（古墳・古墳群） 15, 21, 33, 41, 102, 111〜117, 122, 124, 125, 127, 181
ケレルメス・シュリツ発掘1号墳 85, 127, 147, 148
ケレルメス・シュリツ発掘3号墳 148
ケレルメス・シュリツ発掘4号墳 150, 151
ケレルメス24号墳 43, 46, 107〜109
ケレルメス26号墳 43

ケレルメス27号墳（ヴェセロフスキー発掘1号墳）114
ケレルメス31号墳（ヴェセロフスキー発掘2号墳）43, 46, 84, 85
ゲロノイ 145
ゲロノス 148, 170
ゲロノス人 139, 167, 170～172
原スラブ文化 225

【こ】

後期スキタイ時代 31
『考古学論集』 17
較正曲線 41
コーカサス（カウカソス）山 74, 75
ゴート人（ゴート族）207, 219, 221, 223
『後漢書南匈奴伝』 28
コサック（Kossack, G.）35, 36
コジア＝サハルナ文化 44
コジョル（古墳）181, 184
コストロムスカヤ（古墳群）15, 125
ゴダール（Godard, A.）104
古代オリエント博物館 224
『古代史通報』 16
『古代の南ロシア』 16
『古代北方ユーラシア』 16
コダルゾス 130, 203
コテュス1世 203
コバン文化 41, 61, 65, 112
コボス 61
コモントリオス 190
コラクサイス 5, 25, 133, 144, 145, 160, 166
コラクセス 143, 144
ゴリュトス 150～156, 159, 198
コルキス人 72, 73

ゴルディオン 57, 58, 105, 107, 112
コルトゥホフ（Koltukhov, S. G.）206, 219
ゴロヴァチノ 69
コンスタンチノフカ古墳 178
コンスタンチノフカ15号墳 82
コンダコフ（Kondakov, N. P.）208

【さ】

サイ族 189, 190
サイタファルネス 189
ザイツェフ（Zaytsev, Yu. P.）197, 210, 211, 213, 215, 216
ザウター（Sauter, H.）61
サウダラタイ 189
サウマコス 202
サウリオス 130, 131
サウロマタイ 11, 139, 165, 167, 168, 172, 177, 188
サウロマタイ文化 110
サカ 13, 64, 222,
サカー 4, 6
サカセーネ（サカの土地）92
サカ族 6
サカル＝チャガ 78, 109
サカル＝チャガ第6墓群20号墳 64, 106
サカル＝チャガ第6墓群23号墳 84, 85
サスペイレス人 72, 73
サデュアッテス 59, 97
サテュロス 138, 142
サトラペース 141
サバチノフカ期 37
サフノフカ（古墳）20, 159, 160
サプルイキン（Saprykin, S. Yu.）200
ザベーリン（Zabelin, I. E.）14

索 引

サマリア　113
サムタヴロ墓群　107
サルィ＝カヤ城塞址　206
ザルヴィンツィン文化　226
サルゴン2世　52, 57
サルディス　58, 59, 97, 104, 110, 111
サルマタイ　7, 12, 29, 138, 142, 177, 186〜196, 199, 201, 203〜205, 207, 217〜219, 222, 224, 225
サルマタイ時代　31, 47
ザレシエ（クリミア）　206
ザレシエ（ドニェプル川中流域）　193
沢田勲　91
三種の神器　146, 147
サンダクシャトル　54

【し】

14C（炭素同位体14）年代測定　41, 42, 46, 58
ジヴィエ　19, 88, 92, 100〜105, 111, 147
ジェベリョフ（Zhebelev, S. A.）　26, 202
鹿石　34, 36, 40, 60, 66〜69, 79
『自然誌』（Naturalis Historia）　13
シタルケス　136
シチューキン（Shchukin, M. B.）　204, 219
シノーペ（シノポ）　56, 202
ジムニチェア　195
ジャボチン2号墳　35, 36, 45, 78, 83, 127, 130
ジャボチン524号墓　82, 107
ジャボチン集落址　44
十字架峠　75
シュラムコ（Shramko, B. A.）　170, 171
シュリゴフカ　181

シュリツ（Shul'ts, D. G.）　15, 21, 114, 115
シュリツ（Shul'ts, P. N.）　17, 208, 211, 214〜216
シュルギス川　162
シュルマタイ　188
ジュロフカ古墳群　129, 178
小スキティア　17, 26, 29, 31, 142, 145, 187, 195〜198, 201, 203, 205〜207, 219, 221〜223
初期遊牧文化　79
ショルダネシュティ遺跡　44
ジョルトカーメンカ（古墳）　18, 181, 184
シラケス（シラケス族）　138, 142, 188
シラケス王　188
新アッシリア文書集成プロジェクト　52
シンドイ　142
新バビロニア　94
シンフェローポリ　17
シンフェローポリ博物館　223
森林草原（交雑）地帯　3, 129, 226

【す】

スカコフ（Skakov, A. Yu.）　108
スキタイ起源神話（建国神話）　5, 10, 11, 20, 71, 133, 134, 143
スキタイ系文化　6
『スキタイ古墳の宝物』　17
『スキタイ＝サカ諸民族のイデオロギーの概要』　20
スキタイ＝サルマタイ考古学会議　17
『スキタイ＝サルマタイ時代のソ連邦ヨーロッパの草原』　21
スキタイ式青銅製鏃　36, 98

スキタイ時代　31
『スキタイ社会史』　19
スキタイ主義　225
スキタイの鹿（文）　100, 102
スキタイのネアポリス　197, 203, 206, 208
スキタイのプロテクトラート（保護統治）　142
スキティア遠征　131, 132, 134, 138
スキティア誌　10, 12
スキト＝シベリア文化　6
スキト＝シベリア動物文様　19
杉山正明　29
スキュタルベウス　134
スキュテス　143, 144, 148
スキュラクス　11
スキュレス　10, 130, 134～136, 142
スキルロス　130, 198～202, 208, 210, 215, 216, 222
スキロイ　189
スクンカ　6
スコパシス　130, 133, 139
ズボフスキー古墳　67, 68
スコロトイ　144
スコロピトス　95
スタールシャヤ・モギーラ　107, 109
スタイキン・ヴェルフ1号墳　184
スッボトヴォ　69
ステブレフ15号墳　40, 43, 46, 78, 108, 127, 129
ステンプコフスキー（Stempkovskiy, J. A.）　14
ストラボン　13, 54, 56, 59, 61, 129, 137, 196, 199, 200, 222
ストルーヴェ（Struve, V. V.）　132
ズナメンカ城塞（址）　191, 205, 215

スパルガペイテス　27, 130～132, 135
スパルトコス5世　197
スミルノフ（Smirnov, K. F.）　192, 195
ズメイノエ城塞址　206
スリミルスキ（Sulimirski, T.）　98
スルーブナヤ文化（木槨墳文化）　18, 33, 34, 37, 38

【せ】

青銅製三角鏃　122
青銅製三翼鏃　105, 108, 113, 122
青銅製袋穂（式）鏃　63, 98, 99, 100, 105
青銅製両翼鏃　64, 88, 105～107, 109, 113, 122
ゼウス　143, 145
世界史研究所　16
石人　117
セナモティス　199
セミ・ブラチエフ（古墳）　43, 148
セミ・ブラチエフ4号墳　43
セミ・ブラチエフ6号墳　43
セルジェン・ユルト集落址35号墓　65
単于　28
前期サルマタイ時代　192, 195
前期スキタイ時代　31, 35, 44, 70, 110, 111
先スキタイ時代　31, 32, 37, 39, 40, 43～45, 49, 60, 62, 64, 65, 68, 69, 76, 79, 84, 169, 221
『前7－4世紀のスキティア』　20

【そ】

ソヴィエト科学アカデミー物質文化史研究所　16
『ソヴィエト考古学』　16

草原のシルクロード展実行委員会　224
塞　6
ゾピュリオン　187
ソローハ（古墳）　15, 20, 43, 46, 137, 148, 153, 159, 175, 179, 181, 184, 185
ゾロトイ古墳　151, 152
ソロモニク（Solomonik, E. I.）　202
ソロン　131, 222

【た】

タールグレン（Tallgren, A. M.）　16
第1ザヴァツカヤ・モギーラ　175, 177〜179
第1モルドヴィンスキー古墳　160
大王　141
代官（エピトロポス）　10, 134
大スキティア　187, 225
『対比列伝』　54
太陽の象徴　82
タウリケ　133, 166〜168, 191, 202
タウロイ　133, 167, 168, 172, 196
タウロイ人　166
タウロスキタイ　168, 204
タガール文化　19, 85
高浜秀　109, 112
タギスケン　78, 124
タキトゥス　13, 203
タクサキス　130, 133, 139
タシオス　200
タショヴァ　105
タショヴァ＝ラディック　107, 108
タス＝テペ城塞址　207
タタールのくびき　225
タナイス　193, 219
タナイス川（河）　55, 75, 76, 133, 162, 166〜168, 177, 188, 201, 204

タビティ　160, 161
タムガ　204, 205, 218
ダラガン（Daragan, M. N.）　44, 45
タルギタオス　143
タルブ　193
ダレイオス（1世・王）　6, 12, 46, 132〜134, 139, 161, 167, 172, 184
弾丸形鏃　109
ダンダリオイ　142

【ち】

チェルトムルイク（古墳）　14, 15, 20, 21, 43, 46, 148, 153, 156, 159, 160, 175, 179, 181, 184
チェルトムルイク・シリーズ　153, 155
チェルニャホフ文化　219
チェルネンコ（Chernenko, E.V.）　132, 155, 156, 171
チェルノゴロフカ　32
チェルノゴロフカ型（文化類型）　33, 34, 37, 40, 62, 83
チェルノゴロフカ期　31
チェルノレス文化　41, 44, 82, 169, 226
チェレムシノ古墳　42
チャヴシュテペ　87, 105, 111
ヂヤコノフ（D'yakonov, L. M.）　53, 94
チャストィエ（古墳群）3号墳　148, 157, 159
中期スキタイ時代　31
チュムィリョヴァ（古墳）　181
チョクルチャ　219
チリクタ（古墳）　36, 78, 85
チリクタ型文化　36
『地理書』　13
チレノヴァ（Chlenova, N.L）　34, 40, 60

【つ】

ツクル・リマン古墳　127
鶴嘴型斧　109

【て】

ティアラントス川　161
デイオケス　61, 97
ディオドロス　13, 75, 76, 143, 145, 202, 222
ディオファントス（ディオパントス）　198, 200, 202, 203
ディオファントス顕彰碑文　201, 202
ディオファントス戦争　207, 216
ディオン・クリュソストモス　9, 222
ティサマタイ　189
ティル・バルシブ　53
テウシュパ　53, 55, 86
デエフ（古墳）　181
テオドシア　142
デミデンコ（Demidenko, S, V.）　70
テミル・ゴラ　127, 178
デミルジヒュユック＝サルケト　107
デュブリュクス（Dubrux P.）　14
デュボア・ドゥ・モンペロー（Dubois de Montpereua, F.）　208
テュムネス　10, 134
デュメジル（Dumezil, G.）　20
テュラス川　162, 196
テュリス　190
テル・ジェンメ　113
テルモドン川　95
テレス　136
テレノシュキン（Terenozhkin, A. I.）　17, 20, 26, 33～35, 37, 40, 60, 65, 169, 171

【と】

ドイツ考古学研究所　22
トゥエクタ1号墳　41
トゥキュディデス（Thucydides）　13
東京国立博物館　224
ドゥグダッメ　54, 55, 96
動物闘争文　126, 149, 150
動物文様　18, 19, 35, 36, 62, 66, 68, 84, 88, 92, 98, 100, 116, 147, 150, 152, 214, 223
ドゥボフスカヤ（Dubovskaya, O.R.）　34
トゥムルスKY（ゴルディオン）　112
東洋諸民族芸術博物館　223
トゥリイ　9
ドゲエ・バアル第2墓群8号墳　42
ドニェプロペトロフスク博物館　223
ドブルジャ地方　196
トライアノス帝　218
トラキア　11, 60, 75, 76, 132, 136, 138, 187
トラキア人　190, 197
トラコ＝キンメリオイ期　44
トラスピエス　144
トリ墓群68号墓　36
トリポリエ文化　3
ドリュフォロイ　141
トルスタヤ・モギーラ　18, 175, 181, 184, 185
トレイステル（Treister, M. Yu.）　195
トレタイ　142
トレレス族　57, 62
尖帽子をかぶるサカ族　6
尖帽のサカ族　6

索 引 273

【な】

ナクシェ・ロスタム碑文　6
ナパイ族　75, 145
ナピス　202
ナピテス　202
ナペス　145, 202
ナルタン　125
ナルト叙事詩　20, 95, 224, 225
南方の海　72〜74

【に】

新潟県立近代美術館　224
ニコニオン　135
ニコポリ　16
ニコラエフスキー　184
ニネヴェ　62, 65, 95, 96, 98
ニノス　93, 96
日本アナトリア考古学研究所　63

【ぬ】

ヌビア人　54
ヌル文化　37

【ね】

ネアポリス（ネア・ポリス）　17, 195, 197, 198, 200〜203, 207〜212, 216〜219, 222
ネウロイ　163, 167〜169, 171, 172
ネロ（ローマ皇帝）　204
年輪年代測定（法）　41, 42, 58

【の】

ノヴォグリゴリエフカ5号墳　177, 184
ノヴォザヴェジョンノエ（古墳群）　125
ノヴォザヴェジョンノエ2号墳　43
ノヴォザヴェジョンノエ9号墳　43
ノヴォザヴェジョンノエ12号墳　43
ノヴォザヴェジョンノエ13号墳　43
ノヴォチェルカッスク　32
ノヴォチェルカッスク期　31
ノヴォチェルカッスク型（文化類型）　33, 34, 35, 37, 40, 44, 45, 62, 70, 78, 82, 83, 115, 125
農耕スキタイ（スキュタイ人）　139, 144, 162, 163, 164, 171
ノヴゴロドヴァ（Novgorodova, E. A.）　66
農民スキタイ（スキュタイ人）　139, 144, 163, 164
ノサキ古墳　160
ノサチョフ（ノサチフ）古墳　65
ノマルケース　141
ノモス　140, 141
ノルシュンテペ　61, 105, 111, 112

【は】

パイリサデス3世　197
パイリサデス4世　197
パイリサデス5世　199, 201, 202
ハウマ崇拝のサカ族　6
ハウマ＝ソーマ　124
ナクシュ・ロスタム碑文　6
ハザーノフ（Khazanov, A. M.）　19, 26, 29
バサラビ文化　44
ハザル　17, 25, 226
ハサンル　111
パシス河　73
バシマチカ6号墳　181
バシャダル古墳　42

パジリク1号墳　41
パジリク2号墳　41, 42
パジリク5号墳　41
パジリク文化　42
バシレイア　139, 140, 141
バシレウス　142
バスタム　88, 99, 100
パパイオス　143
バビナ・モギーラ　184
バビロニア　95, 96
バブィ古墳　177, 178
パフラゴニア　56, 57
林俊雄　28, 102
パラキオン　145, 200, 202
パラコス　130, 145, 198～200, 202, 208, 210, 215, 216
パララタイ（族・氏族）　4, 25, 134, 144, 145
ハリカルナッソス　9
パリュサデス　138, 142
パリュサデス1世　138, 142
ハルシュタット文化　42, 44
バルタ＝チョクラク城塞址　207
バルタトゥア（プロトテュエス）　45, 87, 88, 93, 125, 130
パロイ族　75, 145
パロス　145, 202
バンヴェニスト（Benveniste, E.）　144
蛮族　49, 54, 55, 60, 95
パンティカパイオン　193, 197, 202
パンティカペス川（河）　162～164
パンノニア　224

【ひ】

ビイ＝エリ　219
ビーソトゥーン碑文　6

ビート・ハンバン　54
ピオトロフスキー（Piotrovskiy, B. B.）　53, 98
東イラン語　5
ビザンティン史料　223
ヒスティアイオス　10
ヒストリエー（研究）　9
ヒッタイト人　54
ヒッポクラテス　188
『ビブリオテーケー』　13
ピャチ・ブラーチエフ（古墳）　156, 181, 184
ビュザンティオン人　190
ビュザンティオンのステファノス　6, 188, 202
ヒュパキュリス川（河）　162, 165, 166
ヒュパニス川（河）　162, 163
ヒュペルボレオイ人（「極北人」）　11, 71, 73
ビュユックカレ　105, 107
ヒュライア　163, 164
ヒュルギス川　162
ピュレトス川　161
ピョートル1世シベリア・コレクション　83, 85

【ふ】

ファナゴリア　14, 193
ファルゾイオス　204, 205
ファルマコフスキー（Farmakovskiy, B. V.）　15
フィリッポス2世　13, 137
『フィリッポス史』　13
フィリッポフカ古墳　188
フヴァルィンスク文化　37
フェリジェレ　44

索　引　275

鍑　69, 70
プサンメティコス　62, 89
藤縄謙三　60, 142, 146, 150
プセッソイ　142
ブディノイ　139, 167, 168, 170〜172
フブシュキア　54
フブシュナ　53, 86
ブラーランベルク（Blaramberg, J. de）　14, 208
プラウティウス・シルウァヌス　204
フラオルテス（プラオルテス）　54, 97
ブラトリュボフスキー（古墳）　18, 148, 149, 181
ブリアン（Briant, P.）　132
プリエネ　58
プリニウス（Gaius Plinius Secundus）　13
フリュギア　49, 55, 57, 59, 87, 105, 113
プリュタニス　138
プリュノス　95
ブルガナク（城塞址）　206, 207
プルタルコス　54, 75, 200
ブレンノス　190
プロトゲネス碑文　189, 190, 195
プロト・スキタイ　35
プロトテュエス（パルタトゥア）　62, 87, 93
フン族　222

【へ】

ヘカタイオス　13, 55, 56, 60
ベシュタウ山　69, 70
ペチェネグ　226
ベッソノヴァ（Bessonova, S.S.）　160
ペトゥホフ（Petukhov, Yu. D.）　225
ペトレンコ（Petrenko, V. G.）　124

ヘラクレイデス　199
ヘラクレス　136, 143, 144, 148, 150, 156
ペカリ　193
ベリスク集落址　170, 171
ベリャウス城塞址　206
ベリャエフスキー　95
ペルシア人　72, 73
ベルジャンスキー　18, 181, 184
ペルセポリス　6
ベレリ　42
ベログラデツ　36, 45
ベロジョルカ期　37
ヘロドトス　4, 5, 9, 12, 13, 31, 46, 49, 56〜62, 71〜74, 87, 88, 90, 93〜98, 113, 129, 131, 132, 134, 136, 139, 140, 141, 143, 145, 147, 158, 161, 163, 165, 169, 171, 173, 175〜177, 221, 222
ペロフスキー（Perovskii, L. A.）　14

【ほ】

ボアズキョイ　105, 107, 109
ポグレボヴァ（Pogrebova, M. N.）　53
ポグレボヴァ（Pogrebova, N. N.）　215
ポスト・スキタイ時代　17, 31, 47
ポスト・フリュギア時代　107
ボスポロス王国　76, 138, 142, 145, 187, 189, 197〜199, 201〜204, 207, 214, 218, 219
ボスポロス海峡　132
ボスポロス地方　56
ポドゴロドノエ7号墳　179
ポドゴロドノエ11号墳　177
ボブリンスキー（Bobrinskiy, A. A.）　15
ホミナ・モギーラ　17, 181
ホメーロス　13, 55, 57, 131

ポラタ川　161
ボリシャヤ・ツィンバルカ（古墳）
　181, 184
ポリュアイノス　191
ボリュステネイタイ　163, 164
ボリュステネス　187
ボリュステネス川（河）　162, 163, 165,
　173, 174, 196, 199, 201
ポリュビオス　13, 189, 191
ボロフカ（Borovka, G. I.）　18
ポントス（黒海）　12, 55, 56, 191
ポントス王国　54, 198, 199, 202, 216
ポンペイウス・トログス　13, 95, 137,
　187

【ま】

マーラヤ・ツィンバルカ（古墳）　64
マールイ古墳　92, 112
マイエミール期　19
マイエミール草原　83, 85
マイオタイ　114, 177, 197
マイオティス湖　55, 75, 76, 166, 167,
　188
マイコープ　15
マクロビウス　187
マケドニア　137, 187
マスカレッラ（Muscarella O. W.）　87
マッサゲタイ人　71, 72
マデュエス（マデュス）　27, 45, 61, 62,
　93, 94, 96, 124, 125, 130, 132,
マホルトィフ（Makhortykh, S.V.）　39
マリエフカ　193, 194, 195
マリス川　168
マルサゲテス　134
マンナイ　53, 54, 86, 88, 104, 105

【み】

ミールノエ古墳　153, 154
ミダス　57,58
ミトリダテス6世　198, 199, 200, 201
ミトリダテス8世　203, 204
南匈奴　27
ミヌシンスク　69
ミレトス　9, 55, 58, 127
ミンゲチャウル　112
ミンズ（Minns, E. H.）　16

【む】

ムシュキ（フリュギア）　53
ムルジン（Murzin, V.Iu.）　34, 35

【め】

メディア　49, 53～57, 62, 74～76, 87～
　89, 92～98, 105, 166
メディア人　72, 73, 88, 93, 96
メディア＝スキタイ　100
メデロヴォ古墳　177, 179
メドヴェッカヤ（Medvedskaya, I. H.）
　36
メドサッコス　191
メランクライノイ　133, 167～169, 172
メリグノフ（Mel'gunov, A. P.）　14
メリド　53
メリトーポリ（古墳）　17, 156, 160, 181
メリトーポリ古墳1号墓　156
メリトーポリ古墳2号墓　155, 156

【も】

モイラ　138, 139, 140, 141
モゾレフスキー（Mozolevskiy, B. N.）
　17, 176, 180, 181, 184

索 引

モルドヴィノフスキー1号墳　181
モルドヴィノフスキー2号墳　181

【ゆ】

遊牧スキタイ（スキュタイ）　164, 165, 166
『ユーラシア古代文化』　22
『ユーラシア草原諸民族』　22
ユジュノ＝ドンズラフスコエ城塞址　219
ユピテル　143

【ら】

ラエフスキー（Raevskiy, D. S.）　20, 143, 145, 159, 160, 202～205, 218
ラスコパナ・モギーラ　177～179
ラッポ＝ダニレフスキー（Lappo-Danilevskii, A. S.）　25
ラディック　105
ラ・テーヌ文化　193, 195, 215, 216
ラトィシェフ（Latyshev, V. V.）　15
ランフランキ（Lanfranchi, G. B.）　52, 54, 93

【り】

リトイ（メリグノフ）古墳　14, 108, 126, 127, 129, 178, 181
リニャエヴォ　193
リポクサイス　5, 145
リュグダミス　54, 59
リュコス（王）　130, 131
リュコス（王？）　130, 137
リュコス川　162
リュディア　54, 58, 59, 61, 62, 97, 98, 104
リュビモフカ　179

【る】

ルィジャノフカ大古墳　21, 181
ルイバコフ（Rybakov, B.A.）　132, 161, 163, 167, 169
ルーシ　225, 226
ルキアノス　13, 131

【れ】

レウコン　142
レスコフ（Leskov, A.M.）　34
レピャタホヴァヤ・モギーラ2号墓　107, 109, 111, 149
レメショフ1号墳　181, 184
攣鞮氏　28

【ろ】

ローマ帝国　203
ロクソラヌィ城塞集落址　135
ロクソラノイ　200, 201, 225
ロシア国立歴史博物館　223
ロストフツェフ（Rostovtsev, M. I.）　15, 20, 25, 208
ロストフ・ナ・ドヌー博物館　223

著者略歴

雪嶋　宏一（ゆきしま　こういち）

1955年生まれ
1978年3月　早稲田大学第一文学部卒業
1978年4月～2008年3月　早稲田大学図書館司書
現在　早稲田大学教育・総合科学学術院准教授
論著　『中央ユーラシアの考古学』（共著）同成社、1999年
　　　『古代王権の誕生』Ⅲ（共著）角川書店、2003年
　　　ほか

2008年9月5日　初版発行　　　　　　《検印省略》

●ユーラシア考古学選書●
スキタイ騎馬遊牧国家の歴史と考古

著　者　雪嶋宏一
発行者　宮田哲男

発行所　株式会社 雄山閣
　　　　〒102-0071　東京都千代田区富士見2-6-9
　　　　ＴＥＬ　03-3262-3231㈹／ＦＡＸ　03-3262-6938
　　　　ＵＲＬ　http://www.yuzankaku.co.jp
　　　　e-mail　info@yuzankaku.co.jp
　　　　振　替　00130-5-1685

印　刷　株式会社三秀舎
製　本　協栄製本株式会社

© Koichi Yukishima　　　　　　　Printed in Japan 2008
ISBN978-4-639-02036-3 C0022